律师法学：理论、规范与实务

主 编 林 卉
副主编 吴红列

国家开放大学出版社 · 北京

图书在版编目（CIP）数据

律师法学：理论、规范与实务／林卉主编. —北京：中央
广播电视大学出版社，2016.8（2018.12 重印）
ISBN 978-7-304-07363-3

Ⅰ. ①律… Ⅱ. ①林… Ⅲ. ①律师法—法的理论—
中国—开放教育—教材 Ⅳ. ①D926.5

中国版本图书馆 CIP 数据核字（2016）第 179026 号

律师法学：理论、规范与实务
LÜSHIFAXUE：LILUN、GUIFAN YU SHIWU
主　编　林　卉
副主编　吴红列

出版·发行：国家开放大学出版社（原中央广播电视大学出版社）
电话：营销中心 010-68180820　　　总编室 010-68182524
网址：http：//www.crtvup.com.cn
地址：北京市海淀区西四环中路 45 号　　邮编：100039
经销：新华书店北京发行所

策划编辑：马建利　　　　　　版式设计：赵　洋
责任编辑：秦　潇　　　　　　责任校对：赵　洋
责任印制：赵连生

印刷：北京密云胶印厂　　　　印数：3001~7000
版本：2016 年 8 月第 1 版　　2018 年 12 月第 2 次印刷
开本：185 mm×260 mm　　　印张：17　　字数：374 千字

书号：ISBN 978-7-304-07363-3
定价：38.00 元

PREFACE   前　言

　　本教材适用于广播电视大学"人才培养模式改革和开放教育"本科法学专业，该教材作为优质资源项目于2014年6月由浙江广播电视大学批准立项。

　　随着我国律师法学理论与制度的发展、演进，对律师的定义由最初的"国家的法律工作者"到"为社会提供法律服务的执业人员"，再到"为当事人提供法律服务的执业人员"，律师的性质和职能也被越来越清晰地勾勒出来。我国目前有近30万名执业律师和近2万家律师事务所，但人均拥有律师法律服务的比例远远低于英、美等发达国家。作为法治的建设者和推动者，律师正在成为我国社会主义法治进程的重要力量，律师制度和律师执业行为也在不断地完善和规范。然而，在法律服务市场中，仍有不少律师事务所和律师为了案源在激烈竞争，甚至恶性竞争。此外，律师在执业过程中也仍存在因执业行为给当事人造成损害，或者律师的权利受到他人不法侵害的情形。正因为如此，我国自1996年第一部《中华人民共和国律师法》（简称《律师法》）颁布后，就在律师管理和规范工作中不断吸取教训、积累经验，分别于2001年、2007年、2012年对《律师法》进行了修订并重新颁布，从而使律师制度更加完善。

　　本书定名为《律师法学：理论、规范与实务》，充分考虑到广播电视大学开放教育学习者的实际情况和学习需求，在全面涵盖《律师法》内容的前提下，结合最新修订的《中华人民共和国刑事诉讼法》（简称《刑事诉讼法》）、《中华人民共和国民事诉讼法》（简称《民事诉讼法》）、《中华人民共和国行政诉讼法》（简称《行政诉讼法》）及相关法律、法规、规章、司法解释等，将教学内容精简为十五章，力求既能够完整、准确地展现律师法学的基本理论、规范以及实务方法，又不过于烦琐、冗长。教材中添加了不少实例解析和文书样本，在每章最后以案例分析的形式设置了课后思考题，并在附录中提供参考答案，为学习者的自主学习和自我评价提供了便利。本书既可作为广播电视大学开放教育本科法学专业学习者的文字主教材，也适合广大法律工作者和法律爱好者阅读。

　　与本课程配套的精品在线资源网站的网址为 http://cw-law.zjtvu.edu.cn（"律师实务"网络课程），移动学习应用"我是大律师"及其使用说明、教学微信公众号（zjou-lawyer）等配套资源均可在上述网站首页通过扫描二维码的方式获取并安装试用。

　　本书主编林卉老师毕业于浙江大学光华法学院，法学博士，执业律师，现为浙江广播电视大学教学中心法政教研部专职教师，副教授职称。林卉老师自2003年以来担任"律师实务"课程主持教师、主讲教师，对该课程具有丰富的教学经验和理论积累。林卉老师自

2008 年以来，针对开放教育法学专业"律师实务"课程坚持不断地进行了课程建设、教学创新与改革等研究与实践，获得多项学校和厅级以上项目资助立项，多项成果获奖。在此基础上，编写组研究拟定编写、修订提纲并组织撰稿，经过两年的努力，终于完成本书全部文字内容并最后审改定稿。感谢中央广播电视大学出版社为本教材的审稿、出版所付出的辛勤努力；感谢副主编吴红列教授的审阅、建议；感谢浙江大学光华法学院蔡未、杨礼丽、常小明、王耕宇、于维影、徐杰、谷向阳等学友的参与撰稿（排名不分先后），感谢方玲双、吴永安等人对本课程的配套精品在线资源网站和移动学习应用在设计和技术等方面的支持。

尽管我们在撰写时尽力做到规范、准确，但由于学术水平、网络制作技术和审稿时间的限制，教材中难免存在疏漏和错误，敬请广大专家、读者批评指正。

林 卉

2016 年 4 月 19 日，于杭州

CONTENTS 目 录

上编 律师法学基本理论与律师管理规范

下编　律师主要业务与实务操作指导

上　编

律师法学基本理论与律师管理规范

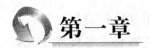

第一章

律师法学概述

学习目标

　　作为全课程学习的入门章节，本章为学习者提出并解答了以下问题：律师从何而来，有何特征，为何存在？律师在我国经历了怎样的发展过程？为什么要有律师法？律师法具有哪些内容，主要用于规范什么？律师法学是什么？为什么要学习律师法学？希望学习者通过本章的学习，能够了解律师的概念、特征、性质、职能以及发展过程等知识，同时，理解并掌握律师法和律师法学的基本概念和内容。

第一节　律师

一、律师的概念和特征

　　中文的"律师"，与英文中的"lawyer"及日语中的"弁護士"在含义上是一致的，即指通晓法律的人或从事法律工作的专业人员。从汉语的字面意思来看，"律"是指法律；"师"是指专业人员，即具有专门知识和技能的人，如经济师、会计师、工程师、医师、教师等。因此，"律师"就是具有法律知识的专业人员。

　　"律师"一词在我国古已有之，它最早是一个宗教用语，载于《大般涅槃经·金刚身品》："能否佛法所作，善能解说，是名律师。"即把能善于解答戒律的人称为"律师"。而后，在我国长达两千多年的封建历史中，出现了一种专门为当事人写诉状、在公堂之上为其辩驳的人，被称为"讼师"或"刀笔先生"。他们所行使的职能在一定程度上可谓是律师的一部分职能，是中国律师的雏形。现代意义上的"律师"，主要源于晚清社会对外文的翻译，指的是依法取得执业资格为社会提供法律服务的执业人员。"律师"一词于1906年正式进入国家法律文献，记载于沈家本、伍廷芳拟定的《大清刑事民事诉讼律草案》。

　　在西方国家，律师制度萌芽于公元前3世纪至公元前2世纪的古罗马共和国时期和罗马帝国时期，一些通晓法律、能言善辩并专门从事诉讼代理、辩护的人被称为"辩护士"，他们能够取得一定的报酬，违反职业操守时须承担一定的法律责任，这就是古罗马律师以及律师制度的雏形，也是世界各国律师制度的起源。

近现代西方国家对于"律师"一词的解释各有不同。例如，美国《律师职业行为示范规则》中提到，律师是当事人的代理人，是法制工作者，是对法律的顺利实施和司法质量负有特殊责任的公民。这一概念的表述说明律师具有两个特点：一是具有专业性，即精通法律规定。二是具有受托性，即其权利来源于当事人的委托，目的是维护当事人的合法权益。又如，日本《律师法》在第一条中规定，律师的使命是"维护基本人权，实现社会正义"。这体现了律师的公正性，律师除了维护当事人的合法权益外，还必须维护法律的正确实施。我国《律师法》第二条明确规定："本法所称律师，是指依法取得律师执业证书，接受委托或者指定，为当事人提供法律服务的执业人员。"

因此，可以说，律师具有以下特征：

（1）专业性。律师需要具备扎实的法律专业知识、良好的法学理论素养，受过法律专业训练。在我国，律师必须通过国家司法考试，依法取得律师执业证书。换言之，一个公民想要从事律师工作，就必须具备相关专业知识并按照法定程序获得国家认可。

（2）执业性。我国《律师法》规定律师是执业人员。在我国，律师是作为一种职业而存在的，也就是说，只有执业了才能称得上是律师，如果只有律师执业资格而不从事律师工作的话，也算不上是一个真正的律师。

（3）受托性。律师从事法律相关工作不同于法官、检察官，法官、检察官的权利来源于国家，而律师的权利来源于当事人的授权。无论是哪种律师，其从事法律服务的前提都是接受当事人的委托或者有关机关的指定。如果没有当事人的委托或者有关机关的指定，律师的法律服务便无来源，也难以开展业务活动。

（4）公正性。律师在司法过程中代表当事人参与诉讼，除了维护当事人的合法权益外，还必须维护法律的正确实施。在参与诉讼过程中，律师制约、监督司法工作人员办案，监督他们严格以事实为依据，以法律为准绳，避免审判人员出现差错、枉法裁判，以维护社会的公平与正义。

二、律师的性质

所谓事物的性质，是指事物本身所固有的区别于其他事物的要素和特征。律师的性质，通常是指律师职业的性质，是国家法律规定的律师职业特有的本质属性。我国对于律师的性质的认识，经历了一个漫长、曲折的过程，主要经历了三次变化。

第一次变化，是在1980年第五届全国人民代表大会常务委员会第十五次会议通过的《中华人民共和国律师暂行条例》①（简称《律师暂行条例》）第一条中明确规定，"律师是

---

① 《中华人民共和国律师暂行条例》，1980年8月26日第五届全国人民代表大会常务委员会第十五次会议通过，1980年8月26日全国人民代表大会常务委员会令第五号公布，自1982年1月1日起施行。

国家的法律工作者……"根据这一规定，在当时，律师的性质实际上是国家公职人员，属于司法工作人员的一部分。当然，这种性质的界定是有其特殊的政治历史原因的。我国的律师制度曾受"反右运动"的影响，空白期长达21年，加上中国传统封建观念对律师的排斥，在这种大背景下，将律师的性质界定为国家公职人员，既有利于促进律师制度的恢复和发展，也有利于提高律师的社会地位，使律师具有较强的法律权威性，在制约司法权力滥用的同时，也能保障公民、法人和其他组织的合法权益。

第二次变化，是1996年我国颁布的第一部《律师法》[1]第二条规定："本法所称的律师，是指依法取得律师执业证书，为社会提供法律服务的执业人员。"《律师法》把律师界定为"为社会提供法律服务的执业人员"，突出了律师的"社会性"，相对于"国家法律工作者"而言，更能准确地反映律师的性质，也更符合历史事实。具体来看，其主要有两点明显变化：第一，"工作者"变为了"服务者"。"工作者"在当时的语境下体现着一定的行政职能，律师由"工作者"转变为"服务者"，进一步明确了律师的角色定位，有利于律师把维护当事人的合法权益作为服务中心，促使律师提高专业服务水平和职业道德修养，同时获取合理的服务报酬。第二，"姓公"变为了"姓私"。"国家法律工作者"赋予了律师与公、检、法等公务人员同等的政治地位和公权力，强调的是律师的公务性，而"社会法律服务者"则更加强调律师的社会性和服务性，体现了律师在辩护和代理过程中的私权性。[2]这个转变的过程，实际上是将律师从国家法律工作者转变成为社会法律工作者。随着改革开放和社会主义市场经济的不断发展，公民、法人和其他组织等的法律意识不断增强，对律师的需求也越来越大，但是当时的律师属于法律工作者，占用国家编制，靠国家财政发工资，显然，律师的数量是难以满足日益增长的社会需求的。将律师转变为社会法律工作者，一方面满足了日益增长的社会需求，另一方面减轻了国家的财政负担。

第三次变化，是2008年修订试行的《律师法》[3]对律师性质的修正，该法第二条规定："本法所称律师，是指依法取得律师执业证书，接受委托或者指定，为当事人提供法律服务的执业人员。"律师由社会法律服务人员变为了当事人法律服务人员。这一转变较为科学、准确地定位了律师的性质，也更加符合转型时期的国情发展和律师社会发展的要求。

我国现行的《律师法》[4]中规定的律师的性质主要体现在服务社会性、工作专业性、从业资证性等三个方面。首先，律师的服务应当具有社会性，主要包括服务对象的社会性和服

---

[1] 《中华人民共和国律师法》，1996年5月15日第八届全国人民代表大会常务委员会第十九次会议通过，中华人民共和国主席令第六十七号公布，自1997年1月1日起施行。

[2] 黄振中：《论新中国律师的性质变化与转型期之定位》，载《法学评论》，2010（4），52-58。

[3] 《中华人民共和国律师法》，2007年10月28日第十届全国人民代表大会常务委员会第三十次会议第二次修订通过，中华人民共和国主席令第七十六号公布，自2008年6月1日起施行。

[4] 《中华人民共和国律师法》，2012年10月26日第十一届全国人民代表大会常务委员会第二十九次会议第三次修订通过，中华人民共和国主席令第六十四号公布，自2013年1月1日起施行。

务领域的社会性，即律师所服务的当事人涉及各行各业的公民、法人、社会团体以及涉及经济、行政、民事、商事、科技、军事、文体等各个领域；其次，律师的工作应当具有专业性，即律师通过专业的法律素养为当事人提供辩护、代理、调解、代书等服务；最后，律师的工作具有从业资证性，律师必须要通过国家司法考试，并依据相关程序申请并依法取得律师执业证。现行《律师法》规定的律师性质较之前有了巨大的进步，更具有科学性和完整性。

三、律师的职能

律师的职能即律师的基本任务，由律师的性质所决定。我国《律师法》第二条第一款规定了律师是"为当事人提供法律服务的执业人员"。该条第二款规定："律师应当维护当事人合法权益，维护法律正确实施，维护社会公平和正义。"通过《律师法》的立法宗旨，结合律师的执业活动实际，可以看出，我国律师主要有以下三项职能：

（1）维护当事人的合法权益。维护当事人的合法权益可以说是律师最为核心的职能。律师执业的主要目的在于帮助公民、法人和其他组织依法行使权利，保护他们的利益，即维护当事人的各种合法权益。在刑事诉讼中，律师可以担任辩护人，帮助犯罪嫌疑人行使辩护权，依据事实和法律提供无罪、罪轻或者减轻、免除刑事责任的材料和意见。在自诉案件和刑事附带民事案件中，律师可以担任代理人，维护当事人的合法权益。在民事、行政诉讼以及非诉讼业务中律师也可以成为代理人，分析案情，提供相关证据，维护当事人的合法权益。

（2）维护法律的正确实施。律师对于维护法律的正确实施起着重要的作用。一方面，律师通过提供法律服务，维护当事人的合法权益，维护国家法律的正确实施；反之，如果当事人的合法权益得不到维护，则相关法律就得不到遵守和执行。另一方面，律师在提供法律服务的过程中，应当坚持自身地位的独立性，必须严格遵守法律的规定，不得盲目听从当事人的非法诉求，歪曲法律，甚至故意规避或违反法律去迎合当事人，损害国家和集体的利益，破坏法律的统一和尊严。

（3）推进社会主义法治进程。律师在参与诉讼的过程中，对司法工作人员的各个工作环节有监督义务，发现司法权力滥用行为应及时制止，对于维护社会公平正义有着重要的积极作用，这与我国社会主义法治理念不谋而合。律师正在成为推动社会主义法治进程的重要中坚力量，在法治进程中，发挥着中流砥柱的作用。

第二节　律师法

一、律师法的概念

律师法是国家制定的，规定律师、律师事务所和律师管理机构的法律地位及其相互关系，以及律师进行业务活动所必须遵守的行为规范的总称。律师法是从属于宪法的部门法，同法官法、检察官法、警察法、注册会计师法乃至人民法院组织法、人民检察院组织法一样，属于组织法的范畴。从广义上来说，其也属于程序法的范畴。

律师法也可分为广义和狭义两种。狭义的律师法，是指由国家最高立法机关通过的《律师法》法典。1996年5月15日，我国第一部《律师法》由第八届全国人民代表大会常务委员会第十九次会议通过，该法共分八章、五十三条，内容包括：第一章"总则"，第二章"律师执业条件"，第三章"律师事务所"，第四章"律师业务及权利、义务"，第五章"律师协会"，第六章"法律援助"，第七章"法律责任"，以及第八章"附则"。

广义的律师法，是指除了《律师法》法典以外，还包括中央国家机关制定和发布的有关律师工作的单行法规、实施条例、管理办法，以及地方国家机关制定和发布的规范律师工作的法规、规章等。具体包括：

（1）国务院制定的有关律师工作的行政法规。例如，按照我国现行《律师法》第五十七条、第五十八条的规定，对军队律师的具体管理办法，由国务院和中央军事委员会制定；外国律师事务所在我国境内设立机构从事规定的法律服务活动的管理办法，由国务院制定。

（2）国家律师管理机关制定的有关律师工作的管理办法。例如，按照现行《律师法》第五十九条规定，律师收费的具体办法，由国务院价格主管部门会同国务院司法行政部门制定，如国家发展改革委员会和司法部共同制定的《律师业务收费管理办法》，司法部制定的《律师事务所登记管理办法》《国家出资设立的律师事务所管理办法》《合作制律师事务所试点方案》《合伙律师事务所管理办法》《律师违法行为处罚办法》等。

（3）省、自治区、直辖市国家权力机关制定的规范当地律师工作的地方性法规。到目前为止，全国二十余个省、自治区、直辖市的人民代表大会及其常务委员会制定了《律师管理条例》《律师管理办法》或《律师执业条例》等地方性法规。

二、律师法的调整对象

我国律师法的调整对象主要包括以下几个方面：

（1）确定律师、律师执业机构、律师行业组织和律师管理机关的法律地位。例如，规定律师的概念和性质、律师的执业条件与律师的权利和义务；确定律师执业机构的组织形式及其设立程序，律师协会的性质、职责以及律师管理机关的职权；等等。

（2）调整律师、律师执业机构、律师组织和律师管理机关之间的关系。例如，规定律师与律师事务所之间的关系，律师、律师事务所与律师协会之间的关系，律师、律师事务所、律师协会与律师管理机关之间的关系。

（3）调整律师与服务对象之间的关系。例如，规定律师接受公民、法人和其他组织的委托，从事各项业务活动时与当事人之间形成的不同的权利、义务关系等。

（4）调整律师在业务活动中与有关国家机关或社会组织的关系。其主要包括：律师在侦查阶段为犯罪嫌疑人提供法律帮助时与公安机关、国家安全机关和人民检察院之间的关系；律师在审查起诉、审判阶段为犯罪嫌疑人或被告人进行辩护时与人民检察院、人民法院之间的关系；律师在代理民事诉讼、行政诉讼时与人民法院之间的关系；律师在代理行政复议、办理企业登记等法律事务时与有关行政机关之间的关系；律师在代理参加仲裁、代办公证等法律事务时与仲裁、公证机构等社会组织之间的关系；等等。

三、律师法的地位和作用

（一）律师法的地位

我国社会主义法律体系是由宪法以及若干部门法构成的。按照法律效力的不同，部门法可以分为基本法律和一般法律。其中，由全国人民代表大会通过的法律称为"基本法律"，由全国人民代表大会常务委员会通过的法律称为"一般法律"。《律师法》是由全国人民代表大会常务委员会通过的，因此属于一般法律，其地位低于基本法律而高于行政法规。

律师法调整对象的独特性决定了它是一个独立的法律部门。律师的各项业务必须在律师法规定的业务范围内进行，并依据律师法关于某一业务中的具体规定办事。在一定意义上讲，律师法是律师开展各项业务，为公民、法人和其他组织提供法律服务的"基本法"。没有律师法，律师开展各项业务活动就会缺乏约束和失去保障，必然会出现混乱而使律师等同于一般辩护人或代理人，进而使律师的作用完全消失。

此外，由于律师以为社会提供法律服务为天职，因此律师法与其他部门法又有着广泛而密切的关系。例如，律师接受民事诉讼或行政诉讼当事人的委托担任代理人，就必须按照《民事诉讼法》或《行政诉讼法》的有关规定参加诉讼活动，并根据法律的规定提出代理意见；律师接受犯罪嫌疑人或被告人的委托或者人民法院的指定担任辩护人，就必须依据《刑法》的有关规定为犯罪嫌疑人或被告人进行辩护；律师接受非诉讼当事人的委托，办理有关法律事务，就必须根据与接受的非诉讼事务相关的部门法开展活动。因此，其他部门法是律师开展各项业务的依据，也是律师从事法律服务的力量源泉。离开了其他部门法，律师在各项业务中也会显得无所依据，失去提供法律服务的方向和动力。可以说，其他部门法越完备，律师的业务就越规范；其他部门法调整的范围越广泛、越深入，律师的活动就越活跃、越充满生命力。

综上所述，律师法是一个独立的法律部门，是律师的组织法和保障法，它和其他部门法相辅相成、互相促进，从而成为我国社会主义法律体系的一个重要组成部分。

（二）律师法的作用

我国《律师法》第一条规定了律师法的立法宗旨，即立法目的。立法宗旨或立法目的的实现，也就是某一法律的作用得到充分发挥的结果。因此，律师法的立法宗旨应当和律师法的作用是一致的。根据律师法的立法宗旨，我国律师法具有以下几个方面的作用：

1. 有利于律师制度的完善

律师制度是决定一个国家法治文明程度的重要因素，其完善与否，是衡量一个国家民主与法制建设水平的重要标志。因此，世界上很多国家都采取有力的措施促进律师制度的完善。1980年制定颁布的《律师暂行条例》，对我国律师制度的恢复和发展起到了积极作用。随着多年的发展，我国社会发生了翻天覆地的变化，政治、经济、文化、科技、教育等方面的体制改革稳步推进，社会主义法律体系逐步完善。与此同时，我国的律师工作也进行了多方面的改革，获得了长足的发展，《律师暂行条例》中的某些规定已被突破，如律师的工作机构已经由原来的法律顾问处改为现在的律师事务所，出现了合作制律师事务所和合伙制律师事务所；律师资格的取得已经由原来的分类考核制改为全国统一的资格考核制，并且实施了律师资格与律师职务相分离的制度；对律师工作的管理已经由原来的司法行政机关单一管理体制发展到由行政管理与行业管理相结合的管理体制；等等。因此，在总结经验的基础上制定律师法，有利于确认和巩固改革成果，从而使律师工作走向法制化和专业化的道路，促进律师制度的完善、规范和指导律师行业合理有序地发展。

2. 有利于保障律师依法执行业务，规范律师执业行为

随着社会主义法治进程的不断推进，律师法的规定不断细化和完善，各项规定也越来越细致，对于律师的执业条件、律师的业务范围、律师的权利和义务、律师的职业保障措施以及法律责任等都做了明确的规定。这对于保障律师依法执业，规范律师的行为，促进律师廉洁从业，维护律师的神圣形象，起到了十分重要的作用。

3. 有利于维护当事人的合法权益，维护法律的正确实施

我国现行《律师法》详细地规定了律师的执业条件、律师执业的基本原则、律师执业的权利和义务、律师执业的纪律及法律责任。律师、律师事务所、律师组织和律师管理机关应当严格遵守和执行这些规定，打造一支素质优良的律师队伍，形成廉洁高效的工作作风，严守忠于事实和法律的行为准则，养成宣传法制的良好习惯，从而既维护当事人的合法权益，又推动国家法律高效地实施。

4. 有利于发挥律师在社会主义法制建设中的作用

自《律师法》实施以来，广大律师认真履行法律所赋予的责任和义务，在维护国家法律的正确实施，维护公民、法人和其他组织的合法权益，推动改革开放，促进经济发展和法制建设等各个方面，发挥了十分重要的作用。律师法规范了律师的执业行为，这为律师依法执业，维护当事人的合法权益，维护法律的尊严提供了强有力的法律保障，有利于推动社会主义法治进程。

第三节　律师法学

一、律师法学的概念和任务

在我国，律师法学是一门以律师法、律师制度和律师实务作为研究对象的独立法学学科。正是由于其不同于其他学科的特殊性，决定了律师法学能成为一门独立的法学科学，其特点主要包括：① 律师法学学科的综合性。律师属于实务部门，业务涉及面相当广泛，这也就决定了律师法学的综合性特点。只要与法律调整有关的地方就会出现律师的身影，因此，律师法学和其他部门法学有着千丝万缕的联系，包括了刑法学、民法学、行政法学、诉讼法学以及法理学等。② 律师法学学科的实践应用性。律师法学的研究目的在于为律师的实践服务。律师法学离开了律师工作的实践，就成了无源之水、无木之本。③ 律师法学学科的职业性。律师法学是从刑事诉讼法学、民事诉讼法学等学科中分化出来，以律师为研究主体，以律师的活动为研究客体，以律师法和律师实务为研究对象的专门性学科。

律师法学的任务主要有以下几点：

（1）研究律师法的立法宗旨和具体规定。律师法学以律师法为研究对象，通观律师法的法条，其内容主要包括：律师法的立法宗旨以及律师法关于律师执业的原则，律师执业的条件，律师执业机构的条件、组织形式及设立程序，律师的业务范围，律师的权利和义务，律师的管理，法律援助以及律师的法律责任等具体规定。在实际研究中，律师法学不仅要研究这些规定的含义和内容，而且还应当研究做出这些规定的立法背景及立法精神。

（2）研究律师制度的历史沿革。律师制度历史悠久，在各个国家都有较长的发展历史。虽然律师制度在我国产生较晚，但早在两千多年前，世界上就有了类似于律师的辩护士和代理人。因此，古今中外的律师制度是如何产生和发展的，以及其作用和规律等，都应当成为律师法学研究的内容。"古为今用，洋为中用"，研究、学习和借鉴他人有益的经验，必将有利于我国律师制度的进一步完善。

（3）研究律师进行活动的程序和技巧。律师法学是一门实用性较强的应用学科。在律师法规定的执业范围内，对于如何根据实体法和程序法的规定开展业务活动、采取何种方式开展各项业务活动、遵循哪些程序、掌握哪些技巧、注意哪些事项等问题，都是律师贯彻实施律师法、做好律师工作所要研究、了解和熟悉的问题。

（4）研究律师法实施的环境和条件。律师法的有效实施和国家的政治、经济、文化环境以及律师法律地位的提高，国家对律师工作的重视等方面都有着紧密的联系。但这些内容主要是法学基础理论和宪法学的研究对象，作为律师法学的研究对象略显偏颇。实际上，影响律师法的有效实施的主要因素还是在于律师自身。这是因为，律师素质的优劣、律师的职业道德乃至律师形象的好坏都将对律师法的实施产生至关重要的直接影响。因此，如何提高律师素质、培养律师职业道德、树立良好的律师形象等也是律师法学研究的重要任务。

二、律师法学的体系

为实现律师法学的任务和目标，律师法学的体系应当由以下两个部分组成：

第一部分，研究和论述律师制度的基本理论以及基本规范，包括：律师的概念和特征、律师的性质和职能、律师制度的沿革和比较、律师执业的基本原则、律师资格与执业、律师素质、律师管理体制、执业律师的权利和义务、律师职业道德、法律援助制度、律师法律责任等。

第二部分，研究和论述律师实务问题，包括：律师业务概述、刑事法律帮助、刑事辩护、刑事诉讼代理、民事诉讼代理、行政诉讼代理、申诉代理、担任法律顾问、非诉讼法律事务、法律咨询与代书等。

三、律师法学的研究方法

辩证唯物主义和历史唯物主义是科学的世界观，对于我们研究一门科学具有指导意义。律师法学作为一门专门研究律师法科学的学科，必须牢牢地把握辩证唯物主义与历史唯物主义的世界观和方法论，将其作为研究的指导思想和方法。有了正确的指导，研究才能从一般到抽象，从实践到理论，具体情况具体分析，全面、科学地进行研究，以达到研究目的。因此，律师法学的研究和学习主要采取以下几种方法：

（1）从实际出发，理论联系实际的方法。律师无论是在进行刑事辩护或代理、民事诉讼代理、行政诉讼代理等诉讼业务，还是在担任法律顾问、进行法律咨询等非诉讼业务时，首先都要了解事件的真实情况。在查明事实真相时，应当坚持从实际出发，依靠群众，实事求是地调查研究，对案件进行深入、细致、客观、全面的分析，要确保如实地反映事件的本来面目。只有这样，律师提出的法律论证或法律帮助才能更可靠、更具有说服力。

（2）系统综合研究的方法。系统法是指在已经认识本质的基础上，将对象的各个方面有机地结合成为一体的研究方法。律师法学是一门综合性法学，不仅与民法学、刑法学、行政法学、诉讼法学等学科有着密切的联系，与政治学、哲学、经济学、逻辑学、心理学的某些原理也有着千丝万缕的联系。

（3）比较研究的方法。比较法是我们认识、把握某一事物规律，找出事物的本质并进行科学研究的基本科学方法。在律师法学中，采取比较研究的方法就是根据一定的标准，将律师法学涉及的有关情况加以对照，从而确定两者之间的异同关系，把握其内在联系或本质区别，找出其产生和发展的规律，为律师法学的建立和完善提供一定的依据或参考。

（4）加强语言表达和写作能力训练的方法。对于律师而言，在其执业过程中，会出现无数的材料收集整理、文书写作以及与当事人沟通的工作。因此，若想在律师行业游刃有余，在学好法律知识的同时，必须要具备较强的语言表达能力和写作能力。只有具备这两项技能，才能在法庭上或谈判桌上表达自如、陈述清晰、辩驳有力；写出的诉状、代理词、辩护词才能表达准确、逻辑清晰、文笔流畅，从而树立起才华横溢、认真严谨的律师形象。因此，在平时的学习研究中，应当加强针对自身语言表达能力和写作能力的训练与培养，为执业打下坚实的基础。

▌ 课后练习题

1. 邓析是一名基层的小官吏，关心弱势群体，很同情百姓的处境，他积极传授自己的满腹学问，不遗余力地普及法律知识。他冒险私自向百姓讲解法律（这在当时被多数统治阶层所禁止），向他求学的人不可胜数。《吕氏春秋·离谓》记载，他的学生学成后，可以"以非为是，以是为非，是非无度，而可与不可日变，所欲胜因胜，所欲罪因罪"。邓析的做法大大提高了百姓打官司的信心，所以在他所处的时代，郑国的"诉讼量"有所增多。

请据此分析中国律师的起源。

2. 王律师是某市著名律师，二十世纪八十年代中国律师行业刚刚恢复的时候，他刚好大学毕业被分配去做律师。当时的律师是国家法律工作者，仍然属于国家干部。但由于没有如"公、检、法"的所谓"实权"，律师只能算作"三等干部"，但毕竟还是干部。

试分析造成这种现象的原因。

第二章

律师制度的产生与发展

● **学习目标** ●

　　本章的学习内容主要是律师制度的概况，即国家法律对于律师群体和律师活动的认可和规范。本章分别对律师制度的基本理论、域内外律师制度的产生与沿革、律师制度的存在价值等方面进行介绍。希望学习者通过学习，能够了解律师制度的基本理论，尤其应掌握律师制度的概念和特征；在学习域内外律师制度时，注意理解两者在不同文化、经济、宗教和社会背景下的发展轨迹。

第一节　律师制度的概念和特征

　　律师制度是国家法律制度的重要组成部分，是法律制度发展到一定阶段的产物，是在国家与法律出现相当长的一段时间后，为了适应社会发展需要而产生的。律师制度有广义和狭义之分。广义的律师制度是指国家制定或认可的，规范律师、律师组织和律师管理机关的法律地位、相互关系，以及律师执业活动的一系列行为规范的总称。其包括《律师法》以及其他国家机关制定的关于调整律师行为的法律、单行法规、条例、实施细则、管理办法等规范性文件。狭义的律师制度是指我国现行的《律师法》中有关律师的制度体系，具体包括律师的性质、律师的资格、律师的任务、业务范围、管理体制、律师的权利和义务、活动原则，以及如何向社会提供法律服务的一系列规章制度的总称。

　　律师制度规定着律师执业行为的各方面，是规范律师执业行为的重要准则。律师制度是由国家的政治制度决定的，属于国家上层建筑。作为一项重要的法律制度，律师制度一般都具有以下几个方面的特征：

　　1. 律师制度以国家法律确认为其前提

　　律师制度全面规范着律师的执业行为以及律师执业机构的组织行为。作为律师，主要的业务是向当事人提供法律服务、给当事人提供解决纠纷的策略。律师能否为当事人提供法律服务、如何给当事人提供法律服务以及为当事人提供何种法律建议等业务活动，都建立在律师执业行为遵守法律、符合法律的基础上，没有国家法律确认，律师的执业行为就不能产生效果，律师制度也就不可能存在。因此，律师制度必须建立在国家法律确认的基础上，用国家强制力约束并保障律师依法执业，保障社会秩序在法律框架下有序进行，保障人民群众的合法权益。

2. 律师制度以提供法律服务为主要内容

律师的主要工作是向社会提供法律服务。律师在执业时，以接受当事人的委托为前提，充分利用自己掌握的法律知识和法律技能为当事人提供法律服务，维护当事人的合法权益，协助司法机关正确实施法律，促进司法民主化、行政民主化。当今社会，随着社会经济的迅速发展以及法制进程的不断推进，国家的法律体系越来越完善，法律规范浩如烟雨，一般不是专业的法律人士很难全面地知晓法律的相关规定。在这个背景下，处理法律事务就需要律师参与，向社会提供专业的法律服务，保障当事人的合法权益。

3. 律师制度以维护司法制度和保障人权为宗旨

在司法实践过程中，公、检、法作为国家权力机关，行使着侦查、检察、审判等司法职能，以国家强制力为后盾，在诉讼活动中往往比较强势，当事人面对国家权力机关时，往往显得无所适从。为了有效地调和这种司法状况，最大限度地维护当事人的合法权益，使其能够获得平等的申辩权利，律师制度应运而生，其建立的目的就是为了防止公权力被滥用，维护当事人的合法权益，实现权利平等，保障法律公平、公正地实施。

第二节　国外律师制度的产生与发展

一、国外早期的律师制度

律师制度的产生和发展经历了一个漫长的历史过程，律师制度起源于西欧，最早可以追溯到古希腊、古罗马时期。

据史料记载，类似于当事人委托律师进行诉讼的活动可以追溯到公元前6世纪的古希腊。公元前594年，雅典开始了历史上著名的"梭伦改革"，在这次司法改革中，雅典创立了陪审法院，将诉讼分为私人诉讼和公共诉讼，诉讼的程序也被分为审查和裁判两个阶段。在案件审查的过程中，首先由裁判官宣读原告的起诉书和被告的辩驳书，然后分别由原、被告双方当庭发言并进行辩论。后来，法庭又逐步允许当事人委托他人撰写发言稿，并让受托人在法庭上代为宣读以及参加法庭辩论。一般来说，那些精通法律并能言善辩的受托人的发言，经常会影响法官的判决，所以，很多当事人为了打赢官司，会不惜花重金雇用这些人为自己进行辩护。于是，雅典的"辩护士"出现了。然而遗憾的是，古希腊并没有把这种代理、辩护活动发展成一项专门的职业活动，不过，这项活动对于古罗马律师制度的形成却产生了深远的影响。

公元前5世纪左右的古罗马共和国，手工业和商业逐步发展起来，社会经济日渐繁荣，市场贸易中的契约行为也日益频繁。在这种情况下，为调整各种新的社会关系，确定民事关系当事人之间的权利和义务关系，古罗马共和国逐步制定了包括《十二表法》在内的一系列法律，同时，由于法律条文繁杂晦涩，普通的罗马市民难以了解、掌握法律，一些当事人由于不了解法律，往往在法庭辩论中处于劣势，他们需要精通法律的人为他们代理或辩护。因此，在当时的社会中形成了"保护人制度"，即保护人可以代表被保护人出庭并在法庭上代为发言，反驳控诉人提出的各种指控。在当时，对于古罗马共和国的司法机关来说，也需要专门的法律人才来协助司法官员处理案件，这样，一批专门研究法律、帮助当事人辩护并能够在法律方面协助司法官员的职业法学家就出现了。

公元前 3 世纪，古罗马共和国私有制高度发达，加上统治者的鼓励和扶持，法学家人才辈出，古罗马共和国的法学进入了鼎盛时期，古罗马法学家的活动范围和关注的领域也在不断地扩大，这使得法学家也产生了一次大的分化，一些法学家的活动已经不仅仅是著书立说了，而是逐步成为统治阶层的顾问，或者授权担任法院的特别顾问，他们的理论观点、解释法律和指导司法活动的意见、撰写的法律教科书和编撰的学说汇编，都具有法律效力，可供法院审理时直接使用。更多的法学家则是指导和参与各种诉讼活动，成为了诉讼代理人和刑事辩护人。随着越来越多的法学家加入到代理人和辩护人的行列，到了公元 3 世纪，罗马帝国的统治者以诏令的形式确定了法学家从事的是"以供平民咨询事项"的职业。这些专门从事解答法律咨询、代写法律文书、代理参加诉讼工作的法学家，被称为"代言人"。当时的法律规定：要成为代言人，必须品行端正，有相应的行为能力，接受过 5 年的专门法学教育，并通过考试才能申请取得资格。为了和著书立说、阐释法律的法学家区分开来，法律规定将"代言人"称为"律师"，至此，出现了"律师"的正式称谓。这些精通法律、能言善辩的律师逐步形成了一个团体，即辩护人团体，其中的刑事辩护人被称为"阿多克梯斯"。"阿多克梯斯"的产生标志着罗马帝国时代律师已经有了专业化分工，并被认为是西方律师制度的雏形。

二、国外中世纪的律师制度

公元 476 年罗马帝国灭亡至文艺复兴和大航海时代（约公元 15 至 17 世纪），这一段漫长的时间在欧洲历史上被称为"中世纪"，而源于古罗马的律师制度在这个时期也发生了戏剧性的转变。中世纪的欧洲，封建等级制度森严，罪刑擅断主义盛行；以刑讯逼供为主要特征的纠问式诉讼代替了弹劾式诉讼；国王与教会的权利斗争导致世俗法院与宗教法院长期共存，诉讼活动带有浓重的宗教色彩，律师制度也逐渐被尘封。

由于长期处于地方割据和自给自足的小农经济形态之下，中世纪西欧的商品经济发展受到了极大的阻滞，海上货物贸易与陆上商品交易逐渐减少，导致整个社会都减少了对专门法律顾问的需求。这一时期，当事人在诉讼活动中的权利受到了种种限制，失去了包括聘请代理人在内的许多正当权益，几乎都不能聘请诉讼代理人为他们提供法律帮助或参加法庭诉讼。在刑事诉讼中，为了维护封建统治，统治阶层基本上废除了古罗马时期就早已存在的辩论式诉讼，而采用纠问式诉讼。在纠问式诉讼中，法院实施的是有罪推定，往往采用专横、野蛮的审讯方式，对被告人、证人进行刑讯逼供。只要是法官认定有严重罪行的人，就没有权利聘请辩护人。在案件中，一旦某人被指控犯了某种罪行，在没有确凿证据的情况下，便先假设他有罪，再采用刑讯逼供的方式逼迫其承认有罪，被告人在法庭上基本上不享有任何抗辩权，法庭享有任意裁判权。在这种诉讼模式中，律师可以说是形同虚设。此外，西欧中世纪宗教势力不断扩大，在相当长的一段时间内，有的案件虽然允许被告人聘请律师，但是接受聘请、出庭辩护的往往都只能是僧侣，"僧侣律师"在中世纪存在了很长的一段时间。

中世纪的法国，虽然保留了律师制度，但是在很长的一段时间内，只允许宗教教职人员以律师的身份参加诉讼，并且主要是在宗教法院里担任律师职务。直到 12 世纪，随着国王势力的上升和宗教势力的下降，宗教教职人员参加诉讼活动才逐步受到限制。13 世纪，法国实行全国性的司法改革，受过封建法律教育，经过宣誓并注册登记的世俗律师在法国大量出现，并开始代替僧侣律师。

中世纪的英国，初期时，允许代理人在取得国王许可后，接受代理委托，代表当事人到庭参加民事诉讼活动。公元 1066 年，诺曼王朝建立，同时设立教会法院，并规定只有僧侣律师才能承担诉讼代理的职能。到了爱德华一世时期，国王法院开始在法院系统中占据中心地位，世俗律师开始在诉讼代理中占有一席之地，世俗律师分为辩护律师和初级律师。13 世纪末，英国产生了辩护律师职业团体，职业化的辩护律师又称为"高级律师"，在国王法院拥有垄断辩护业务的特权。到了 15 世纪中期，英国为了培养律师人才，在伦敦先后设立了四所传授法律知识和律师技能的学院，包括：林肯律师学院、格雷律师学院、内殿律师学院和外殿律师学院，被称为"四大律师学院"。学院由学生、专门律师和学院监督组成。律师学院成为了英国律师和法院工作人员的"摇篮"。

三、国外近现代的律师制度

国外近现代的律师制度是 17、18 世纪资产阶级革命的产物。1640 年，英国的资产阶级革命揭开了近代资本主义民主革命的序幕。在欧洲资产阶级启蒙思想家洛克、孟德斯鸠、伏尔泰、卢梭、杰斐逊等人的推动和号召下，"自由、平等、民主、博爱"等资产阶级民主思想在欧洲和北美得到了广泛的传播并深入人心。同时，在司法制度方面，他们对封建时期专横的诉讼制度进行了猛烈的抨击，并主张司法独立、程序公正、罪行相适应、无罪推定，主张用辩护式诉讼代替纠问式诉讼，被告人有权为自己辩护，也有权聘请律师或其他人为自己辩护。这为辩护式诉讼制度奠定了思想基础。

资产阶级革命胜利后，资本主义国家先后将律师制度以法律的形式固定下来。1679 年，英国斯图亚特王朝查理二世签署并公布了《人身保护法》，明文规定在诉讼过程中遵循辩护原则，承认被告人有获得辩护的权利；1695 年，英国威廉三世颁布法律规定，严重叛国案中的被告人可以聘请律师为其辩护；1836 年，英国威廉四世颁布法律规定，不论任何案件的预审或审判，被告人都享有辩护权。①

1787 年，美国在其宪法修正案中规定，刑事被告人有权要求司法机关以"强制手段取得对本人有益的证据，并受法庭律师辩护之协助"。1789 年，美国《司法条例》以及各州制定的民事诉讼法典中均明确规定了律师在民事诉讼中享有作为代理人的权利。1791 年，美国在其宪法修正案中进一步规定，被告人在一切刑事诉讼中均享有法庭律师为其辩护的权利。

1789 年，法国制宪会议通过了法律规定，从追诉被告人犯罪开始，就应允许辩护人参与诉讼；1791 年，法国宪法规定，从预审阶段开始就不得禁止被告人接受辩护人的援助；1793 年，法国雅各宾派执政时期的宪法中也规定，国家要设有公设辩护人；1808 年，法国在《刑事诉讼法》中将辩论原则、辩护权和律师辩护制度等确认下来，规定被告人有权自行选择辩护人，如果自己不选的，则由法官代为选择辩护人，如果没有辩护人在场参加诉讼，那么各种法律文书应为无效。

1836 年，日本司法省颁布和实行了《代言人规则》，规定了代言人为专门职业，干预他人纠纷，以进行诉讼、谈判为职业者即为代言人。1880 年，日本司法部修改了关于代言人的有关规定，主要是修改了代言人的规则，规定要实行代言人资格全国统一考试，同时废除了按照审级和法院级别设置代言人的做法，规定如果代言人考试合格取得许可证，便可以在全国任何法院执行职务。1893 年，日本正式制定了《律师法》，将代言人改称为"律师"，规定律师接受当事人的委托或遵照法院的命令，在普通法院依照法律履行职务。

在资产阶级革命后，各国的律师制度都以法律的方式被固定下来，并在以后的实践中不断地得到发展和完善，这就给资产阶级现代律师制度的发展提供了坚实的法律保障。由于资本主义具备律师制度发展的政治、经济和法律等各种条件，因此，律师制度确立后，获得了空前发展，并延伸到社会的各个领域，律师所提供的服务也涉及各个行业，对资本主义市场经济的发展起到了积极的促进作用。以下主要介绍英、美、德等国现代律师制度的发展和演进。

（一）英国的现代律师制度

英国的现代律师制度定型于 19 世纪的司法改革。英国的现代律师制度根据从业方式和范围的差别，将律师分为事务律师和出庭律师，两者没有隶属关系，并且在地位、资格、业务范围等方面差别很大。

1. 事务律师

事务律师（Solicitors），又称小律师、诉状律师、初级律师、"沙律师"等。事务律师是指那些直接接受当事人委托，在地方法院及诉讼外法律事务中，为客户提供有关其个人及商业生活的法律建议、具有独立执业资格和执业能力的律师。事务律师负责直接接触和处理客户的法律事务，进行大量的取证和法律文书的书写和准备工作。在实践中，事务律师以个人或合伙的形式，办理涉及土地转让、合同及遗嘱的起草等业务，承担不动产管理事务，并为

---

① 陈有西：《律师百年：在社会法治进程中崛起》，载《中国改革》，2012（9）：35 – 37。

其客户提供有关税务、商务、保险和公司运营等方面的法律建议。

根据英国 1974 年《事务律师法》及其相关管理条例的规定，获得事务律师资格应当具备以下四个条件：第一，是英国公民，性别、民族不限；第二，年满 21 周岁；第三，进入四大律师学院之一进行学习，参加由事务律师公会组织的为期一年的法律事务课程①；第四，在律师事务所实习时间满两年②。

2. 出庭律师

出庭律师（Barristers），又称大律师、专门律师、高级律师、"巴律师"，是指能够在高等法院出庭参加辩论的律师。在英国，除了出庭律师，任何人不得在没有法律顾问的前提下以个人的名义出现在高等法院的法庭之上。出庭律师的业务范围大致包括有关普通法的案件、有关衡平法的案件以及审查遗嘱案件和离婚案件。在代理案件中，依照惯例，英国的出庭律师不能和当事人即客户之间存在直接的合同关系，当事人只能通过小律师来聘请大律师出庭辩护，而大律师出庭的一切准备工作均由助理律师完成。因此，如果是一个在高等法院有待审理的案件，当事人一般得同时聘请三名律师：大律师、小律师和助理律师。

英国的出庭律师有着较高的社会地位，因而申请获得出庭律师资格的条件也比较苛刻。具体而言，其有四个方面的要求：第一，要受过高等教育，即获得英国高等院校的法律学位（Bachelor of Law，LL. B）或其他学位，其中，获得其他学位的申请者必须先完成法律研究生学位课程培训③并通过普通业务考试；第二，必须进入英国四大律师学院之一进行学习，完成学术与职业训练④，通过出庭律师资格考试；第三，年满 25 周岁且品行良好，必须提供品行良好的证明书；第四，通过出庭律师资格考试后，在有经验的大律师的指导下实习一年（Training Contract），签署入会誓言。只有在同时满足以上四个条件后，申请人才能被英国出庭律师公会（Bar Council）纳为正式成员，成为注册执业的出庭律师。

---

①　即 LPC（Legal Practice Course）课程，课程内容包括商法，民事、刑事程序法，文书写作，律师职业道德等，是以实务为导向的；选修课程可以根据学习者日后的职业规划和所属事务所的要求在广泛的实务领域内选择，比如融资、并购、婚姻、继承、劳动合同、仲裁、诉讼等。

②　在两年实习期内实习者每半年要换一个岗位（seat），一共换四个岗位，其中至少要涉及 3 个完全不相关的领域。在每个岗位上都有一位合伙人或者资深律师直接对其进行指导。

③　即 PgDL（Postgraduate Diploma in Law）课程，这一课程是为那些想从事律师职业但没有英国法学学位的人设计的，它可以使学习者了解英国的法律和法律环境。PgDL 的上课方式有全日制一年、业余学习两年或远程学习两年三种，其课程结构分为三个部分：第一部分是法律研究方法，主要集中学习立法和案例法的解释及欧盟法对英国法的影响，另外还要学习法律图书和计算机及网络的使用方法；第二部分是英国法的七个主干课程，包括宪法与行政法、合同法、侵权法、刑法、衡平法和信托法、财产法、欧盟法；第三部分是选修课程，学习者可以按照自己的爱好及发展方向选择课程。

④　即 BVC（Bar Vocational Course）课程，目的是使学员具备成为实习律师所应具备的执业技巧，并进一步强化学习者的法律知识，引导其学习逻辑知识、提升辩论技巧和法律研究能力等。BVC 的核心课程还包括怎样进行法律研究、会见客户、法律文书写作、谈判技巧、律师的财务问题等。课程以 20 人左右的小班授课方式为主，并以大量的实践模拟进行教学，如模拟会见客户、模拟辩护等。

（二）美国的现代律师制度

美国的现代律师制度是借鉴了英国的现代律师制度，但又对其进行了不断的发展，并逐步形成具有美国特色的现代律师制度。

美国的律师概念与一般国家的律师概念都有所不同，美国的律师是个大概念，是指从法学院毕业并取得了律师执业资格证书的人。美国的律师大体可以分为三类：一类是政府雇用的律师，即"政府律师"；一类是企业雇用的律师，即"企业律师"；还有一类是在律师事务所里执业的律师。

美国没有统一的律师法，而且每个州对获得律师执业资格的要求都不一样，在一个州取得律师执业资格，并不意味着可以去另一个州执业，如果要去另一个州执业，还需要考取另一个州的律师执业资格或者经另一个州的承认。虽然每个州对获得律师执业资格的要求不同，但是获得律师执业资格的条件在大体上是应当符合以下四项：第一，应当是美国公民或拥有永久居住权的人；第二，具有良好的道德品质，由考试机构进行品行调查，证明其品德良好；第三，必须从美国法律院毕业并获得法学学士学位；第四，申请人必须通过州律师执业资格考试。

（三）德国的现代律师制度

德国的律师制度较为有特色的是申请者在取得律师执业资格前必须要有法官资格。所谓的法官资格指的是作为法官、检察官、公证人、高级行政官应具备的资格。取得法官资格后，申请者还必须到州法务部申请许可，然后到法院宣誓，并经该法院许可后，才能在该法院的辖区内从事律师业务。

第三节　中国律师制度的产生与发展

一、中国古代的讼师

在我国古代两千多年的封建社会里，政治上实施的是封建专制，在司法中采用的是纠问式的审判程序和刑讯逼供式的审案方法，当事人毫无诉讼权利可言。因此，中国古代并没有出现律师以及律师制度，只有一些与律师类似的辩护士或讼师。

春秋末年，郑国人邓析曾任郑国大夫，他好刑名之学，并广招弟子，传授法律知识和诉讼方法，当时跟他学习法的人不可胜数。此外，邓析还帮助别人诉讼，他的"以非为是，以是为非，是非无度，而可与不可日变，所欲胜因胜，所欲罪因罪"，"操两可之说，设无穷之词"，"持之有故，言之成理"等论述，对后世都产生了深远的影响。邓析可以说是我国古代最早的一位有偿提供法律服务的人，具有后世讼师的色彩。但是，当时的统治者认为邓析"巧辩而乱法"，因而将其处死。

在我国之后的封建社会中，一直存在专门帮助他人书写诉状的人，被称为"刀笔先生"或"讼师"。各个朝代的法律一般都规定，打官司需要递交诉状，但是一般的百姓对法律条文并不知晓而且文化水平有限，往往需要讼师的帮助。但是讼师的作用仅仅是限于帮助诉讼者代写诉状和出谋划策，不能出庭辩护或代理诉讼。为了防止讼师挑词架讼，封建统治者在律法中对讼师的活动方式、活动范围等都做出了严格的限制。由于受中国古代政治、经济、纠问式审判模式和刑讯逼供的野蛮方法等因素的影响，中国古代的律师制度一直未能真正形成。

二、中国近代律师制度的产生和发展

中国近代律师制度是仿效西方律师制度的产物。1840 年，英国发动鸦片战争，打开了中国的大门，中国开始逐步沦为半封建半殖民地国家，外国列强在各方面对中国进行疯狂的掠夺，也包括在司法方面的干涉。1843 年，上海开埠，标志着中国近代租界的开端。1845年，英国驻沪领事巴尔福根据中英《南京条约》，在华设立了第一个租界。随后，英、美等各国殖民者不断地在中国划分势力范围，设立租界，同时，他们在租界内逐步设立各种统治机构，包括监狱、法院等。后来列强们通过"会审公廨"制度，攫取中国的司法权，当时中国人民的合法权益得不到保障，因此变法图强的呼声日益高涨。清政府为了缓和国内矛盾，维护封建统治，不得不进行法律改革。

1902 年，清政府设置修订法律馆。1906 年，在修订法律大臣沈家本的主持下，修订法律馆完成了《大清刑事民事诉讼法草案》。该法共 5 章 260 条，附颁行例 3 条。其中，第四章"刑事民事通用规则"中，将律师专列一节，涉及律师的资格、注册登记、职责、违纪处分、外国律师在通商口岸公堂办案等方面的内容。这是我国第一次对律师制度做出明确的规定，但是这部草案由于受到各省督抚的反对而未能颁布实施。此后，修订法律馆开始重新编撰诉讼法典：1909 年，编撰了《各级审判厅试办章程》；1910 年，编撰了《法院编制法》，对律师代理、律师辩护等问题均做了具体的规定；1911 年，编撰了《刑事诉讼法律草案》和《民事诉讼法律草案》，再次对律师在刑事、民事诉讼中的职责等内容做了规定，后因辛亥革命爆发，清政府被推翻，这两部法律均未得到实施。

1911 年，辛亥革命胜利后，孙中山领导的南京临时政府成立，南京临时政府法制局起草了我国第一部关于律师制度的成文法典——《律师法草案》，后因南京临时政府解散未能颁布实施。1912 年，北洋政府成立，先后制定了《律师暂行章程》《律师登录暂行章程》《律师惩戒会暂行规则》《律师甄别章程》等，并颁布实施，初步建立了包括资格、条件、考试、甄选、职责、义务等多方面内容的律师制度体系，律师的地位和作用已经得到法律的确认。这些规章制度的颁布标志着我国近代律师制度的建立。1921 年，中华民国律师协会宣告成立。

1927 年，中华民国国民政府在南京成立，同年 7 月颁布了《律师章程》。章程效仿英、法的律师制度，将律师分为"出庭律师"和"事务律师"，规定出庭律师可以承办所有的案件，可到法院出庭辩护或者代理诉讼；事务律师只能承办代写诉状等法律业务。1930 年，国民政府成立了律师协会。1941 年，国民政府正式颁布了《律师法》，同时还颁布了《律师法实施细则》《律师登录规则》《律师惩戒规则》《律师检核办法》等规定，逐步代替了北洋政府颁布的律师法规，并规定了许多新的内容，例如：允许律师私人开业；允许女性担任律师；增加律师消极资格条款；增加律师惩戒特别程序和设立惩戒复审委员会；增加外国律师执业职务的条款；等等。这些内容促进了我国律师制度的进一步规范，促进了律师行业的发展壮大，在当时基本建立了一套较为完整的律师制度。

三、新中国律师制度的建立和发展

1949 年，新中国成立前夕，中共中央发布了《关于废除国民党的六法全书与确定解放区的司法原则的指示》，全面废除了国民党的"六法全书"，在批判旧的律师制度的基础上，着手建立新的律师制度。

早在新民主主义革命时期，在各个革命根据地就实施了辩护和代理制度。1932 年 6 月 9 日，《中华苏维埃共和国裁判部暂行组织及裁判条例》确定了诉讼中被告人为本身的利益，经法庭许可，可派代表出庭辩护。1948 年 2 月，东北解放军制定了《法律顾问处组织简则》，其中规定在人民法庭设法律顾问处，为诉讼当事人解答法律及诉讼制度中的疑难问题。这些都为新中国的律师制度的建立积累了经验。

1950 年 7 月，中央人民政府政务院颁布了《人民法庭组织通则》，通则明确规定："县（市）人民法庭及其分庭审判时，应当保障被告人有辩护权及请人辩护的权利。"1953 年，上海市人民法院设立"公设辩护人室"，帮助刑事被告人辩护。不久后，公设辩护人改称为"律师"。1954 年 7 月，中央人民政府司法部发出《关于试验法院组织制度中几个问题的通知》，指定北京、上海、天津、重庆、武汉、沈阳等大城市试办"法律顾问处"，开展律师相关工作。同年 9 月，通过了《中华人民共和国宪法》（简称《宪法》），《宪法》规定："被告人有权获得辩护。"1954 年 9 月 21 日第一届全国人民代表大会第一次会议通过的《中华人民共和国人民法院组织法》（简称《人民法院组织法》）对此有了具体的规定，该法第七条第二款规定："被告人除自己行使辩护权外，可以委托律师为他辩护，可以由人民团体介绍的或经人民法院许可的公民为他辩护，也可以由被告人的近亲属、监护人为他辩护。人民法院认为必要的时候，也可以指定辩护人为他辩护。"这一规定既保障了公民的辩护权，也为律师制度的建立提供了法律依据。到 1957 年 6 月，经统计，全国共 19 个省、自治区、直辖市先后成立了律师协会或筹备机构，共建立法律顾问处 817 个，律师 2 878 人。[①] 新建立的律师制度处于蓬勃发展阶段，这对于加强社会主义法制建设，保护公民权益起到了重要作用。但是，我国的律师制度遭到了"文化大革命"的冲击。在 1957 年反右派斗争扩大化时，很多律师被打成了"右派"并受到了迫害。此后的 20 多年我国都处于律师制度的空白时期。

---

① 陈根发：《新中国的司法成就与展望》，载《河南省政法管理干部学院学报》，2008（5）：31－36。

1976 年，粉碎"四人帮"后，特别是 1978 年党的十一届三中全会召开以后，中共中央开始重新大力发展社会主义民主，大力加强社会主义法制建设，律师制度逐步开始恢复。1979 年 7 月，我国制定和颁布了第一部《中华人民共和国刑事诉讼法》（简称《刑事诉讼法》），对辩护做了专门规定，重新恢复了律师辩护制度。1980 年 8 月，第五届全国人民代表大会常务委员会第十五次会议通过并颁布了《律师暂行条例》，对律师的性质、任务、权利、资格条件以及工作机构等都做了明确的规定，使我国的律师制度得到了重新建立，有力地推动了我国律师业的发展。律师队伍不断地发展壮大，律师提供的服务开始涉及社会的各个方面。1985 年，法律顾问处改成了律师事务所，开始进行经费体制改革，逐步实行自收自支的经费管理体制。1996 年 5 月，第八届全国人民代表大会常务委员会第十九次会议通过了《律师法》，对律师的性质做了进一步的明确规定，律师是依法取得律师执业资格，为社会提供法律服务的执业人员，律师不再是国家法律工作者。《律师法》总结了《律师暂行条例》实施以来的律师的工作实践经验，对律师制度的一系列重要问题做了新的规定。它的颁布标志着我国律师制度的进一步完善，是新中国律师制度发展史上的重要里程碑。

1997 年 10 月，党的十五大报告将律师事务所定位为"社会中介组织"。自此，社会上的国资律师事务所开始逐步被推向市场，并出现了合作律师事务所、合伙律师事务所和个人律师事务所等新形式的律师执业机构，并先后在《律师法》的几次修订中得以确认。此外，2008 年出台的《律师事务所管理办法》（2012 年修正）第五条也规定了"律师事务所可以由律师合伙设立、律师个人设立或者由国家出资设立"，确认了律师执业机构的三种主要形式。总之，《律师法》和《律师事务所管理办法》对于完善律师制度、保护律师执业、规范律师执业以及发挥律师的作用都起了非常重要的作用。

第四节 律师制度的价值

一般而言，价值的前提是人的需求，对于律师制度来说，在西方国家，律师制度之所以能够发挥重要的作用，是因为人们对律师的需求量很大，除了刑事辩护、民事代理外，社会生活中很多方面都需要律师提供服务。律师与社会生活中的金融贸易、商品流通、人际关系等都有着紧密的联系。人的各种需求决定着律师制度的价值，律师制度的价值主要体现在以下几个方面：

1. 律师制度的正义价值

正义是社会制度的首要价值，人们设立各种社会制度，从确立到执行均应体现社会正义原则。为了使这种正义的社会制度被广大人民所遵守，国家会以法律的形式将其确定下来。以法律的形式确定下来并存在的社会制度即为法律制度。因此，法律制度具有正义价值。

律师制度的正义价值主要在律师参加诉讼活动的过程中体现出来。律师制度的主要内容是律师向社会提供的各种法律服务，其意义在于保证律师合法地向社会提供服务。在律师制度比较完善的国家，当事人的权利一旦受到侵害，或陷入某种纠纷中，他们就会立刻想到求助于律师，请求律师以专业的法律知识和技能来保护自己的合法权益。可见，这些国家的律师制度都将维护人权作为律师的重要职责。例如，日本《律师法》第一条规定："律师以维护基本人权、实现社会正义为使命。"同样，我国 2007 年修订的《律师法》第二条也规定："律师应当维护当事人合法权益，维护法律正确实施，维护社会公平和正义。"因此，律师是当事人权益的捍卫者，也是社会正义的捍卫者、法律公正的维护者。律师在执业过程中，应当维护法律原则、明辨是非、正确实施法律，维护社会的公平和正义。

2. 律师制度的民主价值

律师制度是国家民主制度和法律制度的重要内容。一方面，律师制度的存在是以民主的发展、法制的完善为基础的；另一方面，律师制度又以其自身的功能促进国家民主和法制建设。民主、文明的本质特征应当是公民的各项合法权益能够得到充分的保护，从而推动社会发展。我国宪法规定了公民享有广泛的民主权利，然而，要使民主权利得到实际上广泛的实施，还存在着一定的障碍，主要表现在两个方面：一是历史原因，我国曾经经历了长期的封建统治时期，人们往往对犯罪嗤之以鼻，而且习惯把犯罪和刑罚联系在一起，缺乏法律上赋予犯罪人民主权利的意识；二是政治原因，由于我国存在了数千年的"官本位"文化，一些国家机关工作人员不自觉地使法律规定的民主权利变形走样，具有官民不平等的独断思维。律师的作用正是通过作为辩护人、代理人、法律顾问等途径，参与诉讼或非诉讼的法律事务，向社会提供多方面的法律服务，保护当事人的合法权益，帮助当事人维护自己的权利，使民主得到发扬、法治得到维护。

3. 律师制度的效益价值

一般来说，效益是指以较少的投入获得较大的产出。效益主要包括经济效益，但是并不局限于经济效益。除了经济效益以外，还存在着其他很多种效益，有的效益以经济效益的形式存在，并可以用经济效益来衡量；有的效益不能以经济效益的形式存在，也很难用经济效益来衡量。律师制度的效益价值则是指律师制度能够使社会或当事人以较小的投入而获得较大的产出，以满足人们对效益的需求。

在社会生活中，律师通过接受当事人委托，为当事人提供各种诉讼和非诉讼法律服务，帮助当事人获得从事各种经济活动所期待的利益，尽量避免或减少经济损失，从而调动生产者的积极性，创造最有效的经济运行模式。在市场经济体制下，社会经济高速运转，社会交往更加密切，各种社会关系日益复杂，加上市场经济是一种自由经济，因此，产生了越来越多的纠纷，为了及时、有效地解决这些纠纷，我们不仅需要大量的法律规范，还需要一批精通法律的人参与到纠纷解决的过程中，快速、有效地处理好各种纠纷。例如在签订合同时，当事人可以委托律师介入合同的签订过程之中，并就有关合同内容咨询律师，从而做到防患于未然。

课后思考题

1912 年，一桩太监离婚官司，让一个名叫曹汝霖的年轻律师名声大振。既然是太监，为何会结婚？结了婚为何又要离婚？

清末，一位姓张的老太监被允许出宫独居。后来经过媒婆介绍，他认识了一个名叫王月贞的暗娼。王母提出，如果张太监能够为王月贞支付 300 两银子的身价，并帮王家偿清债务，就把女儿嫁给他。张太监答应了王母的要求，随后，王月贞嫁给了张太监。然而，转眼清王朝画上句号。另有打算的王月贞，趁着张太监外出会客，悄悄带着财物离开了。王月贞还一纸诉状递到了地方审判庭要求离婚。王聘请的律师，正是曹汝霖。

曹汝霖，1877 年出生于上海，曾留学日本学习法律专业。辛亥革命后，曹汝霖成为中国第一批取得律师资格的律师。在法庭辩论中，曹汝霖认为，买卖人口，在清朝就是法律禁止的，所以，如果要求王家归还 300 两银子，就等于认可人口买卖合法。另外，张太监和王月贞结婚，意味着家中财产属于夫妻共有，所以，张太监帮王家偿还债务的说法也就不成立。而王月贞带走的财物，大都是个人首饰和用品，如果以此为理由不许他们离婚，等于限制人身自由，这和共和体制以及民国法律精神相悖。这起案件最后的审理结果是，审判官几乎全盘接受了曹汝霖的意见。

王月贞背弃诺言，卷财逃走，在当时是受到社会舆论谴责的。然而，巧舌如簧的曹汝霖却为她打赢了这场关系。一时间，从业不久的曹汝霖红透京城。

请结合以上案例，回答下列问题：

1. 1912 年，北洋政府成立，先后制定了包括资格、条件、考试、甄选、职责、义务等多方面内容的律师法体系，这些法律的颁布标志着我国（　　）的建立。

A. 近代诉讼制度　　　　　　　　　　　B. 现代诉讼制度

C. 近代律师制度　　　　　　　　　　　D. 现代法律制度

2. 1921 年，（　　）宣告成立，曹汝霖作为律师可以申请加入。

A. 中华民国大律师协会　　　　　　　　B. 北洋政府律师协会

C. 北洋政府大律师协会　　　　　　　　D. 中华民国律师协会

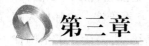

第三章

律师管理体制

● **学习目标** ●

　　本章主要对律师管理体制进行介绍。律师管理体制是一国法律对律师的群体形成、执业活动以及职业发展等所进行的规范、引导和监督。希望学习者通过学习本章的知识，对各国律师管理体制的不同模式有所了解，重点掌握我国律师管理体制的模式、内容及其发展特点，同时，也应当认真思考我国律师管理体制所存在的问题，以及如何完善。

第一节　国外律师管理体制概览

　　律师管理制度是律师制度中的重要内容，是指律师在执业过程中，所要遵守的行政管理和行业管理制度，主要涉及律师执业的各项制度，是一个国家法律规定或者认可的对律师进行管理的制度。国家通过设立律师管理制度，能够促使律师依法规范执业，引导、促进和监督律师行业的发展。

　　由于国情和法制进程的差别，世界上不同国家的律师管理制度也呈现出不同的特点。整体而言，目前国际上通行的有三种律师管理模式，即单纯的律师行业协会管理体制、司法行政管理机关监督指导下的律师协会行业管理体制，以及律师协会行业管理与法院监督相结合的管理体制。

一、单纯的律师行业协会管理体制

　　采用单纯的律师行业协会管理体制的主要代表国家是法国和日本。

（一）法国的律师管理体制

　　根据相关统计，截至 2005 年，法国共有正式律师 43 977 人，实习律师 7 123 人，每十万人中就有 7 名律师。1990 年以前，法国并没有建立全国性的律师组织，而仅在各大审法院管辖区内设律师公会。根据法国相关法律①规定，律师公会的性质是独立自治的私法人。各律师公会均有独立的预算、内部规范和组织机构，彼此互不隶属，互不干涉。律师加入哪一个区的律师公会，完全以律师个人的意愿而定。1990 年法律改革后，法国设立了全国律师公会（Le Conseil National Des Barreaux），其职责是负责全国律师行业的一般运作事宜以及向公共权力机构反映律师行业的意见。②

律师公会内部包括三大机关，分别是：会员大会、理事会和公会会长。会员大会由在该公会登记执业的所有律师组成，其任务是选举理事会成员和公会会长，还可以以咨询的形式参与行业相关问题的讨论，所有公会成员享有同等的发言权与投票权。公会理事会是律师公会的常设机构，由会员大会选出 8 名以上在本公会登记执业的律师组成，每届任期三年，每年改选三分之一成员，其职责是处理所有与律师执业相关的问题，并负责监督律师恪守职业纪律、保护律师权利等。律师对公会理事会的决议不服，可以向高等法院声明异议。律师公会会长是公会首脑，亦由全体会议成员选举产生，其职责有四：一是代表律师公会的所有法律行为；二是召集会员大会、主持公会理事会；三是对违反执业规范的律师发出告诫、训勉或介入、调解律师执业纠纷；四是就政府或其他行业采取的影响律师权益的措施提出相关意见供相关机关或团体咨询。公会会长实际上只是律师公会的代表而已，所以本身没有太多的行政性特权，其本人也应遵守律师执业规范。此外，在 1990 年法国法律改革的过程中，新创设了全国律师公会，其职能主要有：整合全国律师界的相关意见，代表律师界与公权力机构接洽，充分表达律师界的意义和建议；统一制定全国律师行业的规则及惯例；负责制定全国律师培训计划和培训规则等。③

（二）日本的律师管理体制

日本的律师管理制度始于明治五年（1872 年），以法国的律师管理制度为蓝本。日本律师管理制度的最大特点是由严密的律师组织实施高度的行业管理，其律师组织在律师制度中占有重要的地位。日本的律师组织主要分为两类：一类是法定组织，即依据日本《律师法》规定成立的组织，主要包括日本律师联合会和地方律师协会；另一类是非法定组织，即由律师自愿结合的团体，如"青年法律家协会""妇女法律家协会""国家法律家协会"等。

根据日本《律师法》的规定，律师完全由律师组织根据法律和律师组织章程进行管理。日本的律师组织分为日本律师联合会和地方律师协会。日本律师联合会和地方律师协会不受任何政府机构的领导和监督，享有高度的自治权。地方律师协会是日本律师联合会的地方组织，其使命与日本律师联合会是相同的。日本律师组织的主要职责包括以下四个方面：

---

① 法国未制定单行的《律师法》，现行规定其律师制度的主要是其"1971 年 12 月 31 日第 71 – 1130 号关于修改某些司法及法律职业的法律"，以及其他以该法律为基础而形成的条例、裁定、法令和行业纪律等。参见施鹏鹏：《法国律师制度述评》，载《当代法学》，2010（6）：87 – 94。

② 同上引。

③ 有关法国律师管理制度的相关内容，亦可参见我国台湾学者李錪澄的《法国律师制度》一文，载《法学丛刊》，2002（2），http://www.doc88.com/p-909285712991.html。

（1）律师执业资格审查权。日本律师联合会行使日本的律师资格审查权，日本的司法考试实行法官、检察官、律师三证合一的考试制度，是在法务大臣的监督下，在由一位法官和一位检察官组成的司法考试委员会领导下进行的。申请人在取得司法考试合格证书后，还需要完成在司法研习所一年半的实习，方可通过地方律师协会向日本律师联合会提出申请。

（2）律师惩戒权。日本的律师惩戒权一般由日本律师联合会行使，如果日本律师联合会认为有必要，也可以由地方律师协会行使。对违纪律师的惩戒建议，一般是由日本律师联合会、地方律师协会或相关人员提出，由纲纪委员会审查后对需要惩戒的违纪律师进行调查，然后交律师惩戒委员会审查，并对需要惩戒的违纪律师做出决议，最后交由日本律师联合会或者地方律师协会最终执行惩戒。对于日本律师联合会依据律师法所做的处分决定，当事人不得依据行政不服审查法提出不服审查请求。[①]

（3）对需要改善的立法、司法内容进行调查研究，然后会同最高法院向国会提出建议。

（4）调查相关工作。日本最高法院如果认为必要，可以要求日本律师联合会提出有关其执行事务情况的报告，或委托它进行有关律师及律师协会事务的调查。

二、司法行政管理机关监督指导下的律师协会行业管理体制

采用司法行政管理机关监督指导下的律师协会行业管理体制的主要代表国家是德国。

在德国，律师被认为是不具有经营性质的自由职业者，是独立的司法工作人员，从事的是一种自由职业。德国的律师协会为公法社团，是律师自律管理的行业组织。律师协会依照法律的规定，经司法行政机关批准后设立，律师必须加入一个地方律师协会。在德国，律师行业组织受司法部的领导与监督，律师协会主席团主席每年必须向司法部长作一次书面工作报告。全国律师协会是由地方律师协会发起成立的全国性的律师自律组织，具有联合会性质，由地方律师协会的会长组成理事会，由理事会成员从中选举产生会长。全国律师协会只负责协调地方律师协会之间的关系，制定行业性规范，对外联络等，其会员为各地方律师协会，律师和律师事务所并非其会员。全国律师协会与地方律师协会之间相互独立、互不隶属。各个地方律师协会是地区性律师行业管理组织，行使法律赋予的各项管理职责，不具有授予律师资格和处罚律师的权利，具体职能主要包括：制定律师执业的行为准则、职业教育和培训计划、会员福利计划等；对会员提供业务咨询和指导；根据申请，调解会员之间、会员与委托人之间的纠纷；监督会员履行义务，并有权给予其训诫的处分；推荐律师担任律师纪律法庭法官和司法考试委员会成员；向司法行政机关出具申请律师资格人员的鉴定书；对实习律师进行培训；等等。

---

① 日本的行政不服审查法大体相当于我国的行政复议制度，是指当行政相对人认为行政机关的公权力行使行为侵犯其权益时，直接向有关行政机关提出申诉，请求审查该行政机关行为的制度。参见王树良、李成玲：《日本行政不服审查法的改革动向》，载《东吴法学》，2012（2）：105。

德国的律师管理制度形成较早，体系较为完善，是很多国家效仿的对象。德国的律师管理体制的特殊性主要体现在以下几个方面：

（1）律师执业资格审查权。德国的律师执业资格审查权是在地方律师协会出具鉴定书的基础上由司法行政机关行使的。德国的律师执业资格是首先由申请者提出申请，然后司法行政机关应从该申请人想要从业的地区所属的地方律师协会索取关于该申请人的鉴定书，司法行政机关再根据鉴定书决定是否授予申请人律师执业资格证书。

（2）律师的管理权。德国对于律师的监管是由司法行政机关、律师协会和法院三个部门组成的。律师协会只能对律师违反职业道德的轻微行为进行处分，处分的方式只能是训诫。律师对处分不服的，可以向律师协会设立的申诉委员会进行申诉；对于申诉结果不服的，可以向法院提起诉讼。

（3）司法行政机关对律师协会的监督和指导。司法行政机关认为律师协会的选举或做出的决议违反法律或者章程的，可以提请法院宣布无效。当然，司法行政机关下发各种文件或决议时，也应当征求律师协会的意见。

三、律师协会行业管理与法院监督相结合的管理体制

采取律师协会行业管理与法院监督相结合的管理体制的主要代表国家是美国和英国。

（一）美国的律师管理体制

美国律师管理体制的最大特点是以行业协会，即律师协会为主进行管理，联邦政府的司法行政机关并不直接管理律师。在美国，全美律师协会（American Bar Association，ABA）不仅是整个律师界的"代言人"，而且还是法律工作者的全国性机构。

美国的律师协会分为全美律师协会和州律师协会。全美律师协会主要负责起草《司法行为示范守则》（*Model Code of Judicial Conduct*）[①] 与《律师职业准则》（*Model Rules of Professional Conduct*），起草部分法律、法规以及处理全国范围内会员的日常事务，还组建了法律研究机构，甚至创办了《美国律师协会杂志》（*ABA Journal*）。州律师协会是律师管理的主体，主要负责本州范围内的律师管理的具体工作。全美律师协会与州律师协会并不存在领导与被领导的关系，相互之间的地位是平等的。全美律师协会制定和通过的规章制度，经过

---

① 在美国，律师（Lawyer）一词涵盖了法律家和法律工作者的范畴，律师、法官、法学教授等均属于这一范畴。作为美国最有影响力的律师行业自治组织——全美律师协会于1924年制定了《司法道德准则》，这是全美律师协会对司法行为进行调整的第一次尝试，但由于该准则结构上的缺陷而未被各州采纳。1972年，全美律师协会又制定了一部《司法行为守则》，采取了更符合常规的形式，后为各州广泛采用。1990年，全美律师协会全面修改了该守则，并将其改名为《司法行为示范守则》，虽然只简单规定了五条准则，但每一条准则之下都包括具体的规则、术语和注释。该守则后于1997年、2003年、2007年进行了多次修订，最近一次的修订是在2010年。详情参见全美律师协会官方网站 http://www.americanbar.org/aba.html。

州律师协会通过方能在各州生效。

作为律师的实际管理机构，美国州律师协会的管理职能除日常工作（包括律师培训）外，还体现在以下几个方面：

（1）认证律师从业资格。州律师协会主要负责报名申请登记，并且组织律师资格考试、评卷等相关工作，同时还负责对申请者的道德品德等问题进行考查。申请者等到考试、考查全部通过后，才能取得律师从业资格证。

（2）制定本州律师应遵守的守则。通过制定律师应当遵守的规范来对律师进行约束管理，对律师进行纪律、道德等方面的教育。

（3）对律师进行惩戒。对违纪律师进行惩戒，一般由州律师协会接受控告、检举，组织调查听证，进行听训质证，做出建议性决定，最后是提交法院确定。

（4）律师法制建设。州律师协会自己制定一系列的职业规则、资格申请标准、惩戒标准及程序、职业道德标准等，同时，还包括向州内的公民进行法制宣传，开展法制宣传教育。

除律师协会外，美国的法院在律师管理中也起着不可替代的作用，其职责主要包括：第一，颁发律师执业资格证；第二，对律师有惩戒权，如暂停律师执业、取消律师从业资格等；第三，创制或通过有关律师执业的法规、规则；第四，行使司法监督权，如对律师的渎职犯罪行为或类似行为进行调查，并确定赔偿等。

（二）英国的律师管理体制

英国的律师管理体制和美国的律师管理体制有一定的相似性，但其区别也较为明显，具有一些自己的特点。

英国是由英格兰、苏格兰、威尔士和北爱尔兰四个地区组成的，共有三种不同的法律体系，英格兰和威尔士传承的是英美法传统，苏格兰传承的是大陆法传统，而北爱尔兰的法律制度虽然与英格兰、威尔士较为相似，但也有所不同。由于英国75%的律师都集中在英格兰和威尔士这两个地区，通常我们普遍认为的英国高级律师和初级律师主要是指在这两个地区中已经取得高级律师和初级律师资格的律师。因此，我们这里主要介绍的也是英格兰和威尔士的律师管理制度。

英国没有统一性的律师组织，律师协会对律师的管理主要体现在以下几点：① 具有颁发律师执业资格证书的权利，即为申请人做出是否适合当律师的证明并根据法院的决定颁发律师执业资格证书；② 制定相关的行业规范；③ 对律师进行监督管理；④ 具有律师名录的保管权，英国由法院和律师协会分别保管律师名录，律师只有将其名字录入律师名录后才能获得律师执业资格证书。

在英国，法院对律师同样具有监督职能，主要体现在以下几个方面：① 授予律师执业资格，在英国是由法院授予申请者律师执业资格，由律师协会颁发律师执业资格证书；② 具有律师的惩戒权，法院可以对律师做出吊销律师执业资格、暂时停止执业等处罚决定；③ 具有律师名录的保管权。

第二节 我国的律师管理体制

一、我国律师管理体制的发展历史

受历史、政治、法制进程等各个方面的影响，我国的律师管理体制主要经历了从单一的政府行政管理体制到司法机关主导、行业管理辅助的管理体制，再到行政管理与行业管理"两结合"律师管理体制的转变，不同的管理模式对我国律师行业的发展也产生了不同的影响。

（一）单一的政府行政管理体制

新中国成立后，废除了旧的律师制度，同时开始着手制定新的符合政府执政理念的律师制度。1950 年第一次全国司法工作会议上，司法部将《京、津、沪三市辩护人制度试行办法》（草案）提交会议讨论，并要求各地酌情试办。该草案规定暂设三种类型的律师：一是公设律师，由人民法院指派司法干部担任，并报司法部备案；二是职业律师，是指通过人民法院考试录用后报司法审查合格予以登记的职业性律师；三是诉讼辅佐人，是从人民团体中选任固定人员，经人民法院审查后登记为该团体的诉讼辅佐人。三者中以公设律师为主。

1954 年颁布的《宪法》规定"被告人有权获得辩护"。这为律师制度打下了坚实的基础。同年 9 月 21 日，第一届全国人民代表大会第一次会议通过《人民法院组织法》，规定了"被告人可以委托律师辩护"，这一规定为律师制度的恢复提供了程序上的法律依据。1956 年，国务院正式批准了《司法部关于建立律师制度的报告》，对律师的性质、任务、权利、活动原则以及组织机构等做了一系列规定，各地按照司法部要求开始组建律师协会，这些律师协会并不是律师行业的自我管理组织，而是司法行政机关管理律师的组织，隶属于行政司法机关。这种管理是带有政府行政管理性质的行政性管理。

1979 年，在经历过"文化大革命"后，第五届全国人大第二次会议通过了《刑事诉讼法》和《人民法院组织法》，恢复了被告的辩护权以及被告可以委托律师进行辩护的权利。1980 年，全国人大常委会通过《律师暂行条例》，条例中明确律师是国家的法律工作者并明确了律师管理体制，即单一的政府行政管理体制。

这一时期，中国律师处于单一的政府行政管理体制之下，律师及其执业机构的人、财、物等各个方面都不具有独立性，在组织上依附于司法行政机关。

（二）司法机关主导、行业管理辅助的管理体制

1986 年，第一次全国律师代表大会在北京召开，会上成立了中华全国律师协会，并通过了《中华全国律师协会章程》，该章程规定中华全国律师协会的主要职责是开展律师的业务指导、工作经验交流以及维护律师的合法权益。

1989 年，司法部颁布了《关于加强司法行政机关对律师工作的领导和管理的通知》，提出要充分考虑律师执业的现实情况，考虑律师工作的特点，尊重律师事务所的自主权。1993

年12月，在国务院转批的《司法部关于深化律师工作改革的方案》中提出了"司法行政机关对律师工作主要实行宏观管理"，"从我国的国情和律师工作的实际出发，建立司法行政机关的行政管理与律师协会行业管理相结合的管理体制"，"逐步向司法行政机关宏观管理下的律师协会行业管理体制过渡"，正式确立了"两结合"的律师管理体制基本框架，律师管理体制由单一的政府管理进入司法行政机关与律师行业协会共同管理的阶段。1995年，第三次全国律师代表大会召开，中华全国律师协会的理事会理事、常务理事、会长、副会长由选举出来的执业律师担任，司法行政机关的领导不再兼任协会的领导职务，这标志着律师协会获得了较大的自主权。1996年5月通过的《律师法》也确认了1993年关于律师管理体制改革的思路，明确了律师协会的性质，奠定了"两结合"律师管理体制的法律基础。

与前一阶段相比，这一时期的司法行政机关已经不再是唯一的律师管理主体，而是与中华全国律师协会共同对律师行业进行管理。此外，中华全国律师协会也有了自己的活动准则以及人事、财务自主权，此时的律师协会可以被看作一个相对独立的主体，律师事务所也初步开始参与律师管理。

（三）行政管理与行业管理"两结合"律师管理体制

1996年5月，第八届全国人大常委会第十九次会议审议通过了《律师法》，明确了律师协会是社会团体法人，是律师的自律性组织，有权按照章程对律师给予奖励或处分。同年10月，中华全国律师协会通过了第一部行业规范——《律师职业道德和执业纪律规范》。

2000年12月，中华全国律师协会在民政部进行了社会团体法人登记，进一步明确了我国律师协会的社会团体法人性质。2002年5月，第五届全国律师协会代表大会召开之后，新任的中华全国律师协会秘书长对"两结合"管理的内涵进行了界定，即"两结合"的律师管理体制是指以司法行政机关的宏观管理为核心、律师协会的行业管理为主体、律师事务所自律性管理为基础、政府宏观调控为保障的一种管理体制。

二、"两结合"律师管理体制

2007年10月28日，修订后的《律师法》得以通过，这次修订扩大了律师协会的职权，进一步确认和完善了"司法行政机关宏观管理下的律师行业管理"的律师管理制度，即"两结合"的律师管理体制。此后，"两结合"律师管理体制逐渐成为各级司法行政机关和律师界的共识，成为我国律师管理的主流，并在实践中不断发展、完善。

（一）律师行政管理

1. 律师行政管理的概念

律师行政管理，是指司法行政机关运用行政手段，对律师及律师事务所的执业活动、日常事务等进行管理。我国《律师法》第四条规定："司法行政部门依照本法对律师、律师事务所和律师协会进行监督、指导。"这一规定确立了司法行政机关对律师进行宏观管理的主导地位。

司法部和司法厅（局）、处、局是我国的司法行政机关，是各级人民政府的职能部门，主管律师、公证、人民调解、监狱等方面的工作。我国司法行政机关共分为四级：中央设司法部；省、自治区、直辖市设司法厅（局）；设区的市、自治区设司法局（处）；县、自治县、不设区的市、市辖区设司法局。各级司法行政机关内部，一般设有专门的律师管理职能部门。各级司法行政机关的律师管理职能部门主持律师行业的日常管理工作，掌握律师资格审批、律师执业许可、律师事务所的开业登记、律师及律师事务所的日常业务监督、纪律年检、年检注册等多项行政权力。

2. 律师行政管理的内容

律师行政管理的内容主要包括以下几个方面：

（1）制定律师行业发展规划。其主要表现在，对律师行业实行政治思想上的领导，把握律师制度发展的大方向，对律师业务活动中的原则性和方向性的问题作出规定。

（2）起草和制定有关律师工作的法律草案、法规草案和规章制度。例如，《律师法》中规定的"法律援助的具体方法，由国务院司法行政部门制定，报国务院批准"以及"律师收费的具体方法，由国务院司法行政部门制定，报国务院批准"。

（3）律师管理制度上的宏观监督权和指导权。司法行政机关依照《律师法》对律师、律师事务所和律师协会要进行监督和指导，同时享有对律师事务所和律师协会在律师管理方面的监督权和指导权。

（4）负责国家司法考试和律师执业资格审查。申请律师职业资格的人，必须通过国家统一司法考试，在律师事务所实习满一年。司法行政机关负责国家司法考试的报名、改卷、计算通过率等工作，以及司法考试通过证书的审核和发放。对于律师执业申请，《律师法》第六条规定："申请律师执业，应当向设区的市级或者直辖市的区人民政府司法行政部门提出申请，并提交下列材料：（一）国家统一司法考试合格证书；（二）律师协会出具的申请人实习考核合格的材料；（三）申请人的身份证明；（四）律师事务所出具的同意接收申请人的证明。申请兼职律师执业的，还应当提交所在单位同意申请人兼职从事律师职业的证明。受理申请的部门应当自受理之日起二十日内予以审查，并将审查意见和全部申请材料报送省、自治区、直辖市人民政府司法行政部门。省、自治区、直辖市人民政府司法行政部门应当自收到报送材料之日起十日内予以审核，作出是否准予执业的决定。准予执业的，向申请人颁发律师执业证书；不准予执业的，向申请人书面说明理由。"

（5）对律师事务所的管理职权。《律师法》第十八条规定："设立律师事务所，应当向设区的市级或者直辖市的区人民政府司法行政部门提出申请。"《律师法》第十九条规定："成立三年以上并具有二十名以上执业律师的合伙律师事务所，可以设立分所。设立分所，须经拟设立分所所在地的省、自治区、直辖市人民政府司法行政部门审核。"《律师法》第二十一条规定："律师事务所变更名称、负责人、章程、合伙协议的，应当报原审核部门批准。律师事务所变更住所、合伙人的，应当自变更之日起十五日内报原审核部门备案。"上述规定是司法行政机关对于律师事务所的管理职权。

（6）负责对违反律师法行为的行政处罚。对于律师违反《律师法》《律师职业道德和执业规范和执业纪律规范》的处罚，由省、自治区、直辖市司法行政机关实施；对律师事务所违反相关规定的处罚亦由省一级的司法行政机关实施。

此外，司法行政机关对律师行业的行政管理还包括对律师收费进行管理，以及对同级律师协会进行监督和指导工作。

（二）律师的行业管理

1. 律师行业管理的概念

律师的行业管理，是指律师的自律性组织即"律师协会"对所属会员律师的执业活动进行的行业约束和监督。我国的律师协会有中华全国律师协会和地方律师协会。全国设立中华全国律师协会，省、自治区、直辖市设立地方律师协会，设区的市根据需要可以设立地方律师协会。律师协会章程由全国律师会员代表大会统一制定，报国务院司法行政机关备案。所有执业律师都必须加入所在地的地方律师协会，成为地方律师协会会员的同时也是中华全国律师协会的会员。

2. 中华全国律师协会

中华全国律师协会，于 1986 年 7 月 7 日在北京成立，是我国律师组成的全国性、群众性的社会团体，在司法部的指导下开展活动。

中华全国律师协会设会长 1 人、副会长若干人，秘书长 1 人、副秘书长若干人。其组织机构为全国律师代表大会、理事会和常务理事会，常务理事会是理事会的常设机构，其组成人员包括中华全国律师协会会长、副会长、秘书长和常务理事等，由理事会全体会议选举产生。常务理事会在全国律师代表大会和理事会闭会期间，行使理事会的职权，执行全国律师代表大会的决议，主持日常会务。常务理事会对理事会负责，并代表理事会向全国律师代表大会报告工作。

中华全国律师协会现设有六个专门委员会：维权委员会、律师执业纠纷调处委员会、律师行业委员会、律师发展战略研究委员会、纪律委员会、财务委员会；八个业务委员会：刑事、民事（包括传统民法、房地产、公司法三个专业组）、海商海事、金融证券（包括金融、证券两个专业组）、知识产权、经济、涉外（包括反倾销、业务指导、对外联络交流三个专业组）和行政法律业务委员会。业务委员会由优秀的执业律师组成，负责制定行业规则，规范律师执业行为，交流、总结业务工作经验，提高业务素质和执业技能，参加相关业务领域法律、政策的制定，进行对外交流。

3. 地方律师协会

自我国律师制度恢复以来，省、自治区、直辖市逐步成立地方律师协会。1989 年，司法部在《关于地、市是否可以成立律师协会的批复》中认为，省以下一般不宜成立地方律师协会，沿海地区和经济发达地区的大、中城市如确有需要成立地方律师协会的，报司法部批准。随着律师管理制度改革的深化，我国现行《律师法》明确规定：设区的市根据需要可以设立地方律师协会。

4. 律师行业管理的内容

根据《律师法》相关规定，律师协会主要履行下列职责：① 保障律师依法执业，维护律师的合法权益；② 制定律师执业规范和律师行业管理制度；③ 进行律师职业道德和执业纪律的教育、检查和监督；④ 总结、交流律师工作经验，提高整体职业水准；⑤ 组织律师业务培训；⑥ 处理对律师和律师事务所的投诉或举报；⑦ 调解律师执业活动中发生的纠纷；⑧ 组织律师开展对外交流；⑨ 协调与相关司法、执法、行政机关的关系，提出立法和司法建议；⑩ 宣传律师工作，出版律师刊物；⑪ 受理律师的申诉；⑫ 法律、法规、规章及律师协会章程规定的其他职责。

第三节　中国律师管理体制的完善

经过多年的实践探索，中国的律师管理体制由原来的单一的政府行政管理体制发展为现在的行政管理与行业管理"两结合"律师管理体制，这种变化更符合中国国情，在实践中也取得了一定的成效。然而，随着经济社会发展、民主法治的进步，现行的律师管理体制也暴露出一些弊端，为了适应新形势的发展需要，我们就应当针对实践中出现的问题，不断地改进管理方式，提升管理水平，建立起更加完善的律师管理体制。

一、我国律师管理体制中存在的问题

1993 年，《司法部关于深化律师改革工作的方案》提出以"建立司法行政机关宏观管理下的律师协会行业管理体制"为我国律师管理体制改革的目标。此后，我国的律师管理改革一直朝着这个目标推进。但是，"两结合"的律师管理体制在制度设计和实际操作中仍然存在一些问题，需进一步完善。存在的主要问题包括以下几点：

1. 对"两结合"律师管理体制内涵的认识不清

"两结合"即政府行政管理和律师行业管理相结合，既不是两者之间简单的相加，也不是互相孤立，而是在政府司法行政机关宏观管理下的律师协会行业管理体制，其特点是行业管理并不完全独立或者脱离政府管理，行业管理是在政府宏观管理下的行业管理，行业管理接受政府监督。政府对行业进行监督是宏观管理，具体管理通过律师协会的行业管理进行，而不是政府包办代替律师协会。目前，大部分司法行政机关对于"两结合"的内涵认识不足，对于自身在律师管理体制中的自我定位还不够清晰，主要表现出两种极端：第一种极端是，司法行政机关认为律师既然是自由职业者，就应该完全属于律师行业协会自我管理，从而产生消极行使或不行使对律师、律师事务所的监督管理权；第二种极端是，受过去行政思维惯性的影响，一些司法行政管理机关不愿意放权，出现了插手律师事务所的具体工作、对个别案件提具体意见，甚至越权履行律师协会管理职责等情况。其实，早在 1993 年，司法部就要求全国各省完成司法官员退出省级律师协会，至 2005 年，已有 21 个省完成了这一要求。例如，从 2004 年开始，浙江者的律师协会中，司法行政官员的身影就已经全部消失，会长、副会长、常务理事及理事全部由执业律师担任。除浙江省以外，安徽、辽宁、山东等省也在 2005 年完成了这一转变，不过，根据《全国地方律师协会建设调研报告》中的数据显示，截至 2010 年 12 月，全国仍有 5 家省级地方律师协会会长由司法行政机关领导兼任，全国 443 个地级市及直辖市，有 357 家地方律师协会由司法机关代管，占全部地市级地方及直辖市律师协会的 71%。

2. 律师协会与司法行政机关职权范围划分不合理

按照现行的律师管理制度，其重心应当是"律师行业管理"，律师协会应当有行业组织管理的权限。但是，按照我国现行《律师法》规定，司法行政机关的管理权限主要包括制定律师管理的规章制度、许可律师执业、批准设立律师事务所及分所、对违反《律师法》的行为进行行政处罚、开展律师事务所年检考核、对律师执业年度考核结果进行备案等；同时，规定律师协会的主要职责是维护律师的合法权益、交流和总结律师工作经验、制定行业规则、对律师执业活动进行考核、对律师和律师事务所违规行为进行行业惩戒等。相比之下，司法行政机关管理律师的实质工作，而律师协会的管理就比较形式化了，导致律师协会缺乏应有的社会地位及相应的权威性，加大了律师协会工作的难度。

3. 律师协会管理职能存在一定的问题

律师协会的内部管理规章制度是规范律师协会内部运作、实现民主管理的重要保障，对于实现律师协会的管理职能具有很大的现实意义。然而，我国现在大部分的律师协会的内部管理规章制度都存在浓厚的行政色彩，行业管理行政化，因而，律师协会内部机构管理规章制度的建立并未得到重视，目前全国律师协会和地方律师协会的内部规章制度屈指可数。没有内部规章制度的后果是在管理律师协会内部事务时，律师协会没有规则可循，很容易导致律师协会管理者的独裁和腐败。

二、完善我国律师管理体制的途径

虽然我国现行的律师管理体制存在一定的问题，但是，在实践过程中不断加深对"两结合"律师管理体制的认识，不断明确司法行政机关与律师协会的权责，就能逐渐完善律师管理体制。完善我国律师管理体制的主要途径有：

（一）正确认识"两结合"律师管理体制的内涵

目前来看，符合中国实际的"两结合"律师管理体制，应当是政府行政管理与律师协会行业管理相结合的管理体制。为了能对"两结合"律师管理体制的内涵有一个深刻的理解和更加科学明晰的界定，我们应从以下几个方面对其进行理解：

1. "两结合"律师管理体制的形成与发展是一个循序渐进的过程

我国的律师管理体制经历了一个漫长的历史发展过程，在一段相当长的时间内，都是以政府管理为主的管理体制，而在今后的律师管理体制中，要实现由政府主导的体制向政府管理与行业管理相结合的体制转变，则必须要依法行事，这是一个循序渐进的过程，并不能一蹴而就。要确立政府管理在律师管理体制中的主导地位，这是由政府作为社会管理者的地位和性质决定的，一个社会要维持其生存的必要条件和正常秩序，就需要政府的行政管理。随着社会经济体制的改革，律师事业的蓬勃发展，加强律师行业管理是大势所趋，这是律师管理体制的完善，也是政府管理方式的转变。

2. 政府监管和行业自律有机的结合

在"两结合"的律师管理体制下，政府管理和协会管理是一个有机的结合，既有区别，也各有侧重，不能简单割裂两者之间的联系，也不能简单地将两者相加。而应是在政府主导下，司法行政机关与律师协会各有分工、各司其职、各负其责、互相协同，司法行政机关在履行监管职责时，也负有推进行业发展的责任；律师协会在履行行业自律职责时，也要积极配合政府监管的运行，形成一个组织有序、管理严密、协同和谐、运作有序、高质高效的律师管理制度。

（二）明确司法行政机关与律师协会的职能

为了实现"两结合"律师管理体制的目标，司法行政机关和律师协会要明确各自的职能，司法行政机关要转变管理理念，改变政府行政管理主导的惯性思维，把主要精力和工作重点转移到宏观管理和宏观调控上，在一些管理职能上做到一定程度的放权。具体来看，其主要涉及以下几个方面的职权调整：

1. 律师准入的一些程序上的职权

这部分职权包括，对于律师考试的组织权和审核权、律师资格证书和律师执业证书授予的初步调查权。这些属于律师资格把关的职权，是体现律师协会行业管理的重要方面，这些工作交由律师协会来做，无疑是律师行业管理的应有之义。西方大多数的国家，都是由律师协会来行使这项职权的。我国目前实行的是国家统一司法考试，律师资格考试的组织工作由司法行政机关行使，律师协会应负责对申请律师执业资格证书的人进行审查，包括对业务能力、人格品德等条件的考核，并初步确定可授予律师资格证书和律师执业证书的人员，然后报司法行政机关审批。

2. 律师的惩戒权

根据现行的《律师法》规定，律师的惩戒权主要由司法行政机关行使，《律师法》中对于律师协会对违反职业道德和执业纪律的律师进行处分也有一定的规定，但是由于司法行政机关的行政权威性存在，律师协会的惩戒权显得可有可无，产生的作用微乎其微。因此，可以适当缩小司法行政机关对律师惩戒权的范围，减少司法行政机关的惩罚种类。

3. 律师事务所的登记和年检注册

律师事务所设立时，应当由律师协会负责登记，可以向有关司法行政机关进行备案。年检注册是律师行业管理中最为具体、也最为重要的工作之一，为了完善律师管理体制，应当由律师协会负责此项工作，因为律师协会比较熟悉律师事务所的具体情况，有利于开展工作，提高管理效率。

（三）加强律师协会自身建设并完善相关立法

随着国家法制化进程的推进，律师协会在管理中承担着越来越多的职责，律师行业的自治程度不断加深。因此，律师协会通过制定行业规范、加强律师协会建设，实行较为完善的律师行业自治制度，既有利于排除过多的行政干扰，也有利于充分调动律师自我管理的积极性和有效性。

1. 加快律师协会对符合我国律师行业特点的行业规范的制定

全国律师协会应当加快制定行业规范，完善相关行业规范，尽快建立起一套系统的行业规范体系，覆盖律师行业活动的各个环节、各个层面，这有利于提高律师协会管理的有效性，也有利于推动律师协会的规范化、民主化进程。

2. 健全律师协会的工作机制

应建立和完善律师协会的工作机制，如实行协会领导专职制度，建立专门委员会和专业委员会报告制度，使律师协会能够高效、快速地解决律师管理过程中存在的问题。

3. 保障律师协会的经费来源

律师协会要成为完全独立的自治团体和法人，必须有一定的经济基础。随着管理权限由司法行政机关向律师协会转移，过去由律师向司法行政机关缴纳的费用应当转向向律师协会缴纳，应当保障律师协会的经费来源，确保各级律师协会正常运行。

■ 课后思考题 ■

2014 年 4 月 18 日，李某某一案中有 7 名相关辩护及代理律师受到处分。北京律师协会对律师周某、雷某、李某给予公开谴责的行业纪律处分，对 3 名律师分别给予训诫、通报批评的行业纪律处分，对 1 名律师发出规范执业建议书。北京律师协会称，2013 年 7 月 26 日，北京律师协会接到李某某等强奸案当事人对相关律师的投诉后，立即启动了受理审查程序。随后，律师协会纪律委员会召开工作会议进行专题研究讨论，决定依职权主动对李某某强奸案中其他虽未被投诉但涉嫌违反律师执业规范的相关辩护及代理律师进行调查处理，并与被投诉律师一并立案审查。

请结合以上案例，回答下列问题：

1. 根据《律师法》的相关规定，我国律师协会的主要职责包括（　　　）。

A. 保障律师依法执业，维护律师的合法权益

B. 进行律师职业道德和执业纪律的教育、检查和监督

C. 处理对律师和律师事务所的投诉或举报

D. 受理律师的申诉

2. 我国对于律师违反《律师法》《律师职业道德和执业纪律规范》的处罚，由（　　　）实施。

A. 公安局　　　　　B. 法院　　　　　C. 政法机关　　　　　D. 司法行政机关

 **第四章**

律师的职业道德、 执业纪律与法律责任

● **学习目标** ●

　　本章主要对律师的职业道德、执业纪律与法律责任进行介绍。律师作为一种特殊的职业，需要遵循一套较其他职业更为严格的职业道德和执业纪律，同时，由于律师的执业活动过错或失误给当事人造成的损失，也应当由律师和律师事务所承担相应的法律责任。希望学习者通过学习本章知识，了解作为一名律师应当遵守的职业道德和执业纪律，同时，对律师和律师事务所可能需要承担的民事、刑事和行政法律责任有较深刻的理解和掌握。

第一节　律师的职业道德

一、律师职业道德概述

（一）律师职业道德的概念

　　道德是人类社会评价个体行为的基本尺度，是调整人与人之间、人与社会之间关系的行为规范总和。道德主要依靠社会舆论、传统习惯和内心信念来规范人们的行为。在现代社会，道德具有教育示范、规范人们行为和意识的作用，良好的社会道德的养成对于促进人类个体文明的发展和社会进步具有十分重要的作用。职业道德是指在一定的执业范围内形成的比较稳定的道德观念、行为规范和习俗的总和。职业道德一般是约定俗成或通过一定的规范性形式所规定的执业行为的准则。律师职业道德是对律师执业活动具体操作加以指导的规范，也是律师在执行律师职务过程中所应遵守的道德规范。律师职业道德的主体内容从性质上讲，应当是一种程序法。① 从我国目前的律师职业道德规范的渊源来看，律师职业道德一部分是由法律、行政法规和规章等法律形式体现的；另一部分则是以律师协会制定的行业规范的形式体现的。

---

　　① 王进喜：《中国律师职业道德：历史回顾与展望》，载《中国司法》，2005（2）：40－42。

（二）律师职业道德的特征

我们认为，律师职业道德是律师执业人员所应遵从的行为准则，是在执行律师具体执业活动过程中应当遵守的道德规范。律师职业道德主要包括以下几个特征：

1. 形式的规范性与非规范性的统一

律师职业道德在表现形式上，一般包括大量的理论道德规范，如法律中有关职业道德的规定，即《刑事诉讼法》《民事诉讼法》《行政诉讼法》及《律师法》等法律中有关律师职业道德的规定。除了这些规范性的文件表现出来的职业道德外，还有大量律师协会等行业协会制定的非规范性的职业道德准则，如中华全国律师协会制定的《律师职业道德和执业纪律规范》等。因此，律师职业道德从形式上看，体现为规范性与非规范性的统一。

2. 他律性与自律性的统一

律师职业道德的价值在于在司法实践过程中能够有效地实施，换言之，在实施方面，律师职业道德比一般的社会职业道德具有更强的他律性。道德往往依靠人们内心信念、社会舆论等起到调解作用。而律师职业道德却有所不同，律师作为法律工作者，其违反职业道德，不仅仅会给当事人造成损失，还会极大地损害律师行业的整体形象。基于律师职业的这种特性，国家在《刑事诉讼法》《民事诉讼法》《行政诉讼法》及《律师法》等法律中将一些律师职业道德上升为具有法律性质的规范，运用法律约束律师的执业行为。因此，律师若违背律师职业道德，不仅要承担一般的行业纪律责任，还可能承担法律责任。此外，律师职业道德也具有自律性的一面，诸多律师职业道德规范要求律师自我管理、自我约束。并非所有的律师职业道德都以规范的形式要求律师遵守，律师更多地通过自律的方式自主地遵守职业道德。因此，律师职业道德是他律性与自律性的有机统一。

3. 抽象性与具体性的统一

道德的内容不像法律、法规、规章那样明确规定行为规范的具体内容、相应的法律后果和相关的惩罚措施。道德只是对人们的行为提出原则性的要求，而原则一般是具有高度概括性的，是一个抽象的概念。律师职业道德作为一般社会道德观念在律师执业领域的具体体现，也必然具有抽象性的特点。从内容来看，律师执业道德是抽象的；但从形式上来看，律师职业道德是一般道德要求在律师执业领域的具体化体现。举例来说，中华全国律师协会在2001年修订的《律师职业道德和执业纪律规范》中对律师在执业活动中应当遵守的道德标准做了明确的规定。尽管从形式上来说，律师职业道德规体现在《律师职业道德和执业纪律规范》和其他相关律师执业规章、行业规范中，但受限于道德的特点，这些规范只能对律师职业道德做出概括性的要求，这又体现了律师职业道德的抽象性特点。因此，律师职业道德是抽象性与具体性的统一。

二、律师职业道德的内容

根据中华全国律师协会2001年修订的《律师职业道德和执业纪律规范》和2009年修订

的《律师执业行为规范》的规定，执业律师应当遵守以下职业道德：

（1）律师应当忠于宪法和法律，坚持以事实为根据，以法律为准绳，严格依法执业。《律师法》第三条规定："律师执业必须遵守宪法和法律，恪守律师职业道德和执业纪律。律师执业必须以事实为根据，以法律为准绳。"律师必须以忠实执行宪法和法律作为开展执业活动的首要原则。我国《刑事诉讼法》《民事诉讼法》《行政诉讼法》中都规定了"以事实为依据，以法律为准绳"的原则，要求法律工作要做到一切从案件客观事实出发，以查证属实的证据和凭借这些证据认定的案件事实为基础，而不能以主观想象、推测和查无实据的主观臆测的评论作为根据，必须认真查清事实真相，在充分掌握客观事实的基础上做出判断。律师的执业行为不仅会对当事人的合法权益产生深远影响，还会影响法律的正确实施和社会公平正义的实现。因此，律师必须严格遵守宪法和法律以及相关法规的规定，依法执业，在处理案件时，以事实为依据，以法律为准绳。

（2）律师应当忠于职守，坚持原则，维护国家法律与社会正义。律师接受委托或指定，为当事人提供法律服务，维护当事人的合法权益。古语有云："受人之托，忠人之事。"律师一旦接受了委托，则必须忠于职守，尽己所能地为当事人提供法律服务，维护其合法权益。律师在提供法律服务的过程中，一方面要坚持原则，不受司法行政机关等的影响，用合法手段维护当事人的合法权益，但同时，律师也有权拒绝当事人的不合法要求。《律师法》第二条也对律师的这一职业道德进行了规定："律师应当维护当事人合法权益，维护法律正确实施，维护社会公平和正义。"

（3）律师应当诚实守信、勤勉尽责、尽职尽责地维护委托人的合法利益。律师的执业价值很大程度上反映在为当事人提供法律服务上。律师的行为对当事人的合法权益有很大的影响。律师在执业活动中，只有克勤克俭、用心尽责，才能够提升律师与当事人之间的信任感。而优良的信任关系可以促进双方之间的沟通，提升法律服务的效率，使律师的执业活动能够最大限度地维护当事人的合法利益。

（4）律师应当敬业勤业，努力钻研业务，掌握执业所应具备的法律知识和服务技能，不断提高执业水平。法律有时会有局限性，不能及时适应社会的发展需求，因此，立法机关必须不断地修订法律以满足社会的发展需求。法律不断地与时俱进，而律师的执业活动必须以法律为准绳，在一定程度上，法律是律师执业活动的工具。同时，随着社会经济的发展和法制建设的不断发展，律师的法律服务领域也在不断地扩大，法律服务的专业化、国际化程度也越来越高。因此，律师必须不断地学习法律知识，掌握最新的法律、法规，丰富自己的业务知识和业务技能，更新自己的知识结构，提升业务能力，不断提高执业水平。

（5）律师应当珍视和维护律师行业声誉，模范遵守社会公德，注重提高自身品行和职业道德修养。律师执业行为既会影响当事人的合法权益，也会在很大程度上影响社会的公平正义。律师是维护当事人合法权益的职业群体，有着维护社会正义的特殊使命。因此，律师的执业行为容易引起社会的广泛关注，也可能影响到社会公众对律师行业的评价，从而影响整个律师群体的形象和社会地位。因此，律师既要遵守宪法、法律、行政法规的要求，更要模范遵守社会公德，谨言慎行，提升自己的职业道德修养，树立起良好的律师职业形象，从而维护整个律师行业的声誉。

（6）律师应当严守国家机密，保守委托人的商业秘密及委托人的隐私。我国《律师法》第三十八条规定："律师对在执业活动中知悉的委托人和其他人不愿泄露的有关情况和信息，应当予以保密。但是，委托人或者其他人准备或者正在实施危害国家安全、公共安全以及严重危害他人人身安全的犯罪事实和信息除外。"律师在执业活动中难免会接触到各类秘密及各种隐私事项，律师因诚实守信而获得信赖。国家秘密涉及国家利益，基于社会的信赖，律师在接触国家秘密时，应主动严守国家秘密。基于委托人的信赖，律师在获知委托人的商业秘密以及委托人的隐私时，因事涉委托人的切身利益，律师也必须保守委托人的秘密。

（7）律师应当尊重同行，同业互助，公平竞争，共同提高执业水平。律师行业必然涉及竞争，良性竞争可以促进法律服务水平和质量的提升，有利于当事人的合法权益得到更好的维护，而在行业竞争中也必然会促使律师不断学习以提高个人的业务水平。在实践中，也存在律师为了获得案源不择手段，采取违反基本职业道德甚至违法的行为争夺案件的代理权的情况，这种行为严重损害了律师行业内部的公平竞争的秩序，也破坏了律师行业的整体形象。因此，律师行业在竞争时必须通过正当、合法的方式公平竞争，不能采取贬低同行的专业能力和专业水平、提供回扣、虚假宣传夸大自己能力等不正当竞争手段进行竞争。律师与同行之间应当相互帮助、相互尊重。在庭审或者谈判过程中，各方律师应当互相尊重，不得使用挖苦、讽刺或者侮辱性的语言。律师或律师事务所也不得在公众场合及媒体上发表恶意贬低、诋毁、损害同行声誉的言论。律师之间应互相尊重、互相学习、互相帮助，共同提升执业水平，从而提升整个律师行业的服务水平。

（8）律师应当自觉履行法律援助义务，为受援助人提供法律帮助。律师履行法律援助义务的依据在于以下职业特质：① 律师职业的正义追求。建立法律援助制度的动力在于，实践中存在着诸多生活贫困的弱势群体，其无力承担律师费，此时，律师无偿提供法律援助体现了律师对正义的追求和倡导。② 律师职业的伦理特质。律师应始终坚守社会公德和职业道德，履行法律援助义务，维护正义，这就需要律师在接受法律援助案件后，尽自己最大的能力去维护当事人的合法权益。法律援助将职业道德和社会道德联系在一起，充分体现了律师职业的伦理特质。③ 律师职业的社会属性。律师作为一种社会力量，在防止权力滥用、保护弱势群体方面发挥着越来越重要的作用。当下，国家为法律援助提供了制度、经费等各方面的保障，使得法律援助案件受到越来越多律师的青睐。

因此，律师和律师事务所应当按照国家规定履行法律援助义务，为受援助人提供高质量的法律服务，维护受援助人的合法权益。律师应当积极主动地提供法律援助服务，帮助那些贫困的弱势群体维权，维护法律的正确实施和社会的公平正义。

（9）遵守律师协会章程，切实履行会员义务，积极参加社会公益活动。

我国既通过司法行政机关对律师行业进行监管，也采用行业自律的手段对律师进行管理。我国《律师法》第四十五条规定，"律师、律师事务所应当加入所在地的地方律师协会。"作为律师的自律性组织，律师协会制定行业规范和惩戒规则，组织律师业务培训和职业道德、执业纪律教育，对律师的执业活动进行考核等，并通过以上方式对律师进行管理。律师必须遵守律师协会的章程，履行各项会员义务。同时，律师应当积极参加律师协会组织的律师业务研究活动，完成律师协会布置的业务研究任务，参加律师协会组织的公益活动等。

第二节　律师的执业纪律

一、律师执业纪律概述

律师执业纪律是指律师在执业活动中必须遵守的行为准则，也是律师职业道德的具体化体现，违反律师执业纪律的律师将会受到律师协会的惩戒，情节严重的还会受到司法行政机关的行政处罚，或被追究刑事责任。对律师的执业行为进行规范，有助于提升律师行业的整体形象，保证律师行业的健康发展。

律师职业道德和律师执业纪律既有联系又有区别，两者相互渗透、相辅相成。一方面，律师职业道德是社会道德的一种，是社会道德观念在法律执业领域的具体体现和要求，对律师的执业活动提出了原则性的要求，具有高度的概括性；而律师执业纪律则是律师职业道德的具体化体现，是确保律师执业行为符合职业道德要求的具体手段。另一方面，律师执业纪律较之律师职业道德而言，具有更明显的强制力和实践性，律师职业道德是依靠律师内心的信仰、良知和社会舆论的压力来保证实施的，本身并不具有法律上的强制力，而是更多地依赖自律来达成的；律师执业纪律则因律师由于违纪可能受到行业协会的惩戒和司法行政机关的行政处罚而具有明显的强制力，并以此保证律师切实遵守律师执业纪律。

二、律师执业纪律的内容

根据中华全国律师协会制定的《律师职业道德和执业纪律规范》等的规定，律师执业纪律包括：

（一）律师在执业机构中的执业纪律

（1）律师事务所是律师的执业机构，律师的执业活动必须接受律师事务所的监督和管理。律师因执业活动的过错给律师事务所造成损失的，应当承担相应的责任。根据我国《律师法》第二十五条的规定，"律师承办业务，由律师事务所统一接受委托，与委托人签订书面委托合同……"可见，律师个人不得私自接案，必须通过律师事务所与委托人签订委托合同，接受律师事务所的委派才能从事相关的法律服务工作。律师事务所应当建立健全执业管理、利益冲突审查、收费与财务管理、投诉查处、年度考核、档案管理等制度，对律师在执业活动中遵守职业道德、执业纪律的情况进行监督。律师事务所的监管，可以较好地维护律师的合法利益，促使律师遵守职业道德和执业纪律。同时，律师违法执业或者因过错给当事人造成损失的，由其所在的律师事务所承担赔偿责任。

（2）律师不得同时在两个或两个以上的律师事务所同时执业。律师事务所是律师的执业机构，对律师的执业行为进行监管，并对律师的执业行为承担相应的法律责任。律师事务所对律师进行人事管理，若一个律师同时在两个或两个以上的律师事务所执业，就会导致律师人事档案等管理的混乱，不利于律师事务所监管律师的执业行为。因此，我国《律师法》第十条规定，律师只能在一个律师事务所执业。

（二）律师在诉讼、仲裁活动中的纪律

根据《律师职业道德和执业纪律规范》第四章"律师在诉讼、仲裁活动中的纪律"的规定，律师在诉讼、仲裁活动中应遵守以下纪律：

（1）律师应当遵守法庭和仲裁庭纪律，尊重法官、仲裁员，按时提交法律文件、按时出庭。

（2）律师出庭时按规定着装，举止文明礼貌，不得使用侮辱、谩骂或诽谤性语言。

（3）律师不得以影响案件的审理和裁决为目的，与本案审判人员、检察人员、仲裁员在非办公场所接触，不得向上述人员馈赠钱物，也不得以许诺、回报或提供其他便利等方式与承办案件的执法人员进行交易。

（4）律师不得向委托人宣传自己与有管辖权的执法人员及有关人员有亲朋关系，不能利用这种关系招揽业务。

（5）律师应依法取证，不得伪造证据，不得怂恿委托人伪造证据、提供虚假证词，不得暗示、诱导、威胁他人提供虚假证据。

（6）律师不得与犯罪嫌疑人、被告人的亲属或者其他人会见在押犯罪嫌疑人、被告人，或者借职务之便违反规定为被告人传递信件、钱物或与案情有关的信息。

（三）律师与委托人、对方当事人的执业纪律

根据《律师职业道德和执业纪律规范》第五章"律师与委托人、对方当事人的纪律"的规定，律师在与委托人、对方当事人交往时应遵守以下执业纪律：

（1）律师应当充分运用自己的专业知识和技能，尽心尽职地根据法律的规定完成委托事项，最大限度地维护委托人的合法利益。

（2）律师不应接受自己不能办理的法律事务。

（3）律师应当遵循诚实守信的原则，客观地告知委托人所委托事项可能出现的法律风险，不得故意对可能出现的风险做不恰当的表述或做虚假承诺。

（4）为维护委托人的合法权益，律师有权根据法律的要求和道德的标准，选择完成或实现委托目的的方法。对委托人拟委托的事项或者要求属于法律或律师执业规范所禁止的，律师应告知委托人，并提出修改建议或予以拒绝。

（5）律师不得在同一案件中为双方当事人担任代理人。同一律师事务所不得代理诉讼案件的双方当事人，偏远地区只有一律师事务所的除外。

（6）律师应当合理开支办案费用，注意节约。

（7）律师应当严格按照法律规定的期限、时效以及与委托人约定的时间，及时办理委托的事务。

（8）律师应及时告知委托人有关代理工作的情况，对委托人了解委托事项情况的正当要求，应当尽快给予答复。

（9）律师应当在委托授权范围内从事代理活动，如需特别授权，应当事先取得委托人的书面确认。律师不得超越委托人委托的代理权限，不得利用委托关系从事与委托代理的法律事务无关的活动。

（10）律师接受委托后无正当理由不得拒绝为委托人代理。

（11）律师接受委托后未经委托人同意，不得擅自转委托他人代理。

（12）律师应当谨慎保管委托人提供的证据和其他法律文件，保证其不丢失或毁损。律师不得挪用或者侵占代委托人保管的财物。

（13）律师不得从对方当事人处接受利益或向其要求或约定利益。

（14）律师不得与对方当事人或第三人恶意串通，侵害委托人的权益。

（15）律师不得非法阻止和干预对方当事人及其代理人进行的活动。

（16）律师对与委托事项有关的保密信息，委托代理关系结束后仍有保密义务。

（17）律师应当恪守独立履行职责的原则，不应迎合委托人或满足委托人的不当要求，丧失客观、公正的立场，不得协助委托人实施非法的或具有欺诈性的行为。

律师与当事人之间的执业纪律是律师执业纪律中最重要的组成部分，这是因为律师的主要职能就是根据委托人委托合同的授权，为其提供法律服务。因此，律师工作的重心应当是竭尽全力地维护委托人的合法权益。

【案情】2006年2月21日晨，李某的丈夫杜某在浙江省海盐县华A公司因工死亡。杜某之父与某某律师事务所（以下简称"某某所"）达成委托代理协议，某某所指派律师周某承办该案件，双方签订的委托代理合同约定：按索赔金额给付代理费，若获赔偿额在10万元以内则收取代理费3 000元，超出10万元的部分则按8%收取代理费。2月23日，律师周某与杜某之父一行到达海盐县后，便立即进行调查取证和事故现场勘查，在双方调解时律师周某提出赔偿47万元的要求，因华A公司不同意而未果。双方共协商4次均未果，律师周某在与华A公司协商后未与当事人协商，擅自改变赔偿金额为15万元。杜某之父心中不满，2月25日组织老乡和亲友到华A公司"闹丧"，律师周某对事务所领导称自己接到两个电话威胁，征得领导同意后，以其拉肚子身体不适为由拒绝参与杜某之父组织的"闹丧"。后"闹丧"经警方平息事态并主持调解，杜某之父、李某等人与华A公司达成赔偿26.8万元的协议。事后，杜某之父于3月4日与某某所结算代理费，但因双方对费用无法达成一致而未按时结算，3月22日双方再次协商未果，某某所遂提起诉讼。

【提问】本案最后达成的赔偿协议是警方主持调解的结果，某某所能否以此赔偿结果收取代理费？为什么？

【评析】首先，某某所与杜某之父之间因签订有书面委托合同，同时也指派律师提供了法律服务，双方已经建立委托代理合同的法律关系，因此，双方应当按照合同的约定全面履行自己的合同义务。在本案中，某某所应当为杜某之父和李某提供优质高效的法律服务，帮助其获得最大限度的赔偿，杜某之父与李某也应当本着诚实信用的原则，在获得赔偿后按照合同的约定及时给付代理费。

本案中的委托人经历丧夫、丧子之痛，与某某所签订委托代理合同的目的是通过该所律师的帮助，获得最大限度的赔偿，某某所指派的律师应当尽职尽责地为其服务。律师周某在明知杜某之父与李某集结乡亲"闹丧"时，应当努力说服当事人要合法地维护自己的合法利益，并应当积极与华Ａ公司联系协商，合理合法地达成索赔，平息双方的矛盾。同时，律师周某应及时告知当事人有关代理工作的情况，对当事人了解委托事项情况的正当要求，应当尽快给予答复。正是由于律师周某没有将协商的具体情况全面、及时地告知当事人，才使得当事人与华Ａ公司的矛盾越积越深。因此，律师周某谎称身体不适，未参加最后一次的索赔协商，就不能认定周某已全面履行其职责，亦不能以警方调解达成的26.8万元作为给付代理费的依据。但是，该索赔结果是在律师此前参与的调解的基础上取得的，故应以律师实际付出的劳动作为给付代理费的依据，即以律师最后一次参加调解时华Ａ公司同意赔偿的数额作为依据计算代理费。

（四）律师与同行之间的执业纪律

根据《律师职业道德和执业纪律规范》第六章"律师与同行之间的纪律"的规定，律师在同行之间竞争交往时应遵守以下执业纪律：

（1）律师应当遵守行业竞争规范，公平竞争，自觉维护执业秩序，维护律师行业的荣誉和社会形象。

（2）律师应当尊重同行，相互学习，相互帮助，共同提高执业水平，不应诋毁、损害其他律师的威信和声誉。

（3）律师、律师事务所可以通过以下方式介绍自己的业务领域和专业特长：① 可以通过文字作品、研讨会、简介等方式普及法律，宣传自己的专业领域，推荐自己的专业特长；② 提倡、鼓励律师、律师事务所参加社会公益活动。

（4）律师不得以下列方式进行不正当竞争：① 不得以贬低同行的专业能力和水平等方式，招揽业务；② 不得以提供或承诺提供回扣等方式承揽业务；③ 不得利用新闻媒介或其他手段向委托人提供虚假信息或夸大自己的专业能力；④ 不得在名片上印有各种学术、学历、非律师业职称、社会职务以及所获荣誉等；⑤ 不得以明显低于同业的收费水平竞争某项法律事务。

第三节　律师的法律责任

律师的法律责任是指律师在接受当事人委托或者人民法院指定提供法律服务的过程中，

违反法律规定或者合同义务应当承担的不利法律后果的总称。《律师法》第六章对律师的法律责任做了具体规定。根据承担责任主体的不同进行划分，我们可将律师的职业法律责任分为律师的法律责任和律师事务所的法律责任；根据法律责任性质的不同进行划分，又可将律师的法律责任分为律师的民事法律责任、行政法律责任和刑事法律责任。

现代社会，律师在加强法制，维护公民、法人和其他组织的合法权益，促进改革开放和社会主义市场经济的发展等方面，发挥着越来越重要的作用。在此过程中，律师在社会公众心目中树立了良好的社会形象。但与此同时，也有许多律师个人素质低，职业道德观和执业纪律性差，受到社会不良风气的影响，做出有悖于律师职业道德和违反律师执业纪律的行为，败坏律师的声誉，因而，必须追究其法律责任。

一、律师执业的民事法律责任

律师执业的民事法律责任是指律师在执业过程中因违反法律责任或者存在过错，给当事人的合法权益造成损害而应当承担的民事赔偿责任。

律师的执业权利来源于当事人的委托或者法院的指定，律师与当事人之间存在委托合同关系，律师应当依法在委托代理权限内提供法律服务，维护当事人的合法权益，律师因执业活动给当事人带来损害，律师应当承担相应的赔偿责任。根据《中华人民共和国民法通则》（简称《民法通则》）第六十六条关于代理的规定，代理人不履行职责而给被代理人造成损害的，应当承担民事责任；第一百零六条规定，公民、法人违反合同或者不履行其他义务的，应当承担民事责任。确定律师的民事赔偿责任，对于促进律师自觉遵守职业规范，正确处理与当事人之间的权利与义务关系，提升法律服务质量，维护律师的社会声誉都具有重要意义。

（一）律师民事责任的构成

我国《律师法》第五十四条规定："律师违法执业或者因过错给当事人造成损失的，由其所在的律师事务所承担赔偿责任。律师事务所赔偿后，可以向有故意或者重大过失行为的律师追偿。"

律师民事责任的产生与律师履行执业行为相关，与执业无关的行为导致的民事责任不属于律师民事责任。律师民事责任是由"专家民事责任"[①] 引申而来的概念，有着特定的含义，而并非所有与律师有关的民事责任都能被称为"律师民事责任"。例如，律师个人为其家庭购买房屋，因逾期交付购房款而产生的违约责任，就不属于律师民事责任；又如，律师在与民事代理工作无关的情况下致人身体损害而产生的侵权责任，也不属于律师民事责任。律师的民事责任必须是与律师执业密切相关的专家民事责任，是基于其"专家"身份而产生的。律师承担民事责任必须是律师在执业活动中存在违法行为或过错，并给当事人造成损

---

① 田韶华：《专家民事责任制度研究》，杨清，译，北京，中国检察出版社，2005：20。

失，而律师的违法行为或过错行为与当事人的损失之间存在因果关系。只有基于以上几点才构成律师民事责任。

（二）律师民事责任的性质

律师因违法执业或者因过错而给当事人造成损失的，当事人可以律师违约为由起诉律师违约，要求律师承担违约责任，也可以律师侵权给自己造成损失为由起诉律师侵权，要求其承担侵权的民事责任。这就出现了违约之诉与侵权之诉的竞合的情形，当事人可自主决定有益自身的法律救济模式。而关于律师民事责任的性质，我国学界也有着不同的看法，概括起来主要有违约责任说、侵权责任说和特殊责任说三种观点，以下分别作简要说明：

1. 违约责任说

主张律师民事责任属于违约责任的学者认为，律师执业必须通过委托合同这个媒介，无论律师提供法律服务的前提是什么，必须是律师事务所和委托人之间存在合同关系。无论是律师或律师事务所违反合同中约定的给付义务或法律规定的注意义务，还是依诚实信用原则应负的附随义务，都是违反合同义务的行为，由此产生的民事责任应定性为违约责任。[①]

2. 侵权责任说

律师民事责任属于侵权责任的观点是目前比较能够被大众接受的一个观点。《律师法》第五十四条规定，"律师违法执业或者因过错给当事人造成损失的，由其所在的律师事务所承担赔偿责任。律师事务所赔偿后，可以向有故意或者重大过失行为的律师追偿。"根据这一规定，律师在执业活动中由于违法或过错，可能给当事人造成人身或财产上的损害，此时，这种执业活动即构成了侵权。由于当事人委托律师办理法律事务时，是与律师所在的律师事务所签订委托代理合同，因此，应当由该律师事务所承担侵权赔偿责任，事后再向有过错的律师追偿。

3. 特殊责任说

在学界还有一种观点认为，律师的民事责任既不能以违约责任概之，也不能等同于一般的侵权责任，而是一种特殊的责任，又称为"专家责任"。首先，委托代理合同不可能将律师所有的违法或过错情形一一列举，因此，一旦律师在执业活动中所做出的违法或过错行为不能与委托代理合同中列举的情形完全对应，那么，违约责任之说也就失去了它的功效。其次，当律师有违法或过错的执业行为并对当事人造成损害时，这种损害有可能存在两种特殊性：一是受损害的并非一定是委托人，也有可能是第三人，此时，第三人就有可能因与律师之间不存在合同关系而无法获得赔偿请求权；二是律师作为一种"专家"，其在执业过程中的违法或过错，对当事人造成的损害并非一定表现为人身或财产的损害，也有可能表现为丧失胜诉权，以及某种心理或信赖意义上的损害，甚至是对司法品质的损害。因此，律师的民事责任也可以被认为是一种特殊的"专家责任"。

---

① 章武生：《中国律师制度研究》，北京，中国法制出版社，1999：226。

（三）律师承担民事责任的内容

根据我国《律师法》第五十四条的规定，律师民事责任首先由律师事务所承担，事后才能向因故意或有重大过失而给当事人造成损失的律师个人进行追偿。这是因为，根据我国《律师法》的规定，律师不能以个人身份执业，必须依托律师事务所执业，后者对律师在执业活动中遵守职业道德、执业纪律的情况进行监督。只有律师事务所才有权与委托人签订书面委托合同，同意接受委托人委托，指派律师提供相应的法律服务，并按照国家规定统一收取律师费用并如实入账。因此，律师事务所才是委托合同的一方当事人，而非律师本人。律师为当事人提供法律服务，是基于律师事务所的指派，律师事务所应当对律师的执业行为负责。同时，由律师事务所先行承担律师民事责任也有利于保护当事人的合法权益，保证当事人得到实际的赔偿。

二、律师执业的行政法律责任

律师执业的行政法律责任，又称"律师惩戒"，是指律师在执业活动中，因违反有关法律、法规和规章的规定而应当承担的不利行政法律后果，即惩戒。我国司法行政机关是对律师、律师事务所进行监督和管理的主体，有权对律师违反法律、法规和规章的行为做出惩戒（行政处罚）。

（一）律师行政责任的种类

根据我国《律师法》的规定，司法行政机关有权对律师进行的行政处罚包括：警告、罚款、停止执业、没收违法所得和吊销律师执业证书；对律师事务所的行政处罚包括：警告、罚款、停业整顿、没收违法所得和吊销律师事务所执业证书。

警告是最轻微的行政处罚，是一种由司法行政机关对有违法行为的律师和律师事务所进行训诫的行政处罚方式。

罚款是司法行政机关对有违法行为的律师或者律师事务所处以一定数额的金钱给付的行政处罚方式。根据我国《律师法》第六章"法律责任"的规定，对律师的罚款分为五千元以下、一万元以下和五万元以下三种；对律师事务所的罚款只有十万元以下这一种。

没收违法所得是指司法行政机关将律师或者律师事务所的违法所得予以没收并上缴国库的行政处罚方式。

停止执业和停业整顿是司法行政机关责令律师或者律师事务所在法定期间内不得以律师身份执业或者提供法律服务的行政处罚方式。

吊销律师执业证书或者吊销律师事务所执业证书是最严厉的一种行政处罚方式。因为采取该行政处罚方式，律师将丧失执业资格，律师事务所也将不得继续执业。因此，有权做出吊销律师执业证书或吊销律师事务所执业证书的行政处罚的主体只能是省、自治区、直辖市人民政府司法行政机关。

（二）律师行政责任的内容

我国《律师法》第四十七条至第五十条规定，对律师或者律师事务所，根据违法事由、违法程度给予不同程度的行政处罚，具体包括以下四个方面的内容。

（1）律师有下列行为之一的，由设区的市级或者直辖市的区人民政府司法行政机关给予警告，可以处五千元以下的罚款；有违法所得的，没收违法所得；情节严重的，给予停止执业三个月以下的处罚：① 同时在两个以上律师事务所执业的；② 以不正当手段承揽业务的；③ 在同一案件中为双方当事人担任代理人，或者代理与本人及其近亲属有利益冲突的法律事务的；④ 从人民法院、人民检察院离任后两年内担任诉讼代理人或者辩护人的；⑤ 拒绝履行法律援助义务的。

（2）律师有下列行为之一的，由设区的市级或者直辖市的区人民政府司法行政机关给予警告，可以处一万元以下的罚款；有违法所得的，没收违法所得；情节严重的，给予停止执业三个月以上六个月以下的处罚：① 私自接受委托、收取费用，接受委托人财物或者其他利益的；② 接受委托后，无正当理由，拒绝辩护或者代理，不按时出庭参加诉讼或者仲裁的；③ 利用提供法律服务的便利牟取当事人争议的权益的；④ 泄露商业秘密或者个人隐私的。

（3）律师有下列行为之一的，由设区的市级或者直辖市的区人民政府司法行政机关给予停止执业六个月以上一年以下的处罚，可以处五万元以下的罚款；有违法所得的，没收违法所得；情节严重的，由省、自治区、直辖市人民政府司法行政机关吊销其律师执业证书；构成犯罪的，依法追究刑事责任：① 违反规定会见法官、检察官、仲裁员以及其他有关工作人员，或者以其他不正当方式影响依法办理案件的；② 向法官、检察官、仲裁员以及其他有关工作人员行贿，介绍贿赂或者指使、诱导当事人行贿的；③ 向司法行政机关提供虚假材料或者有其他弄虚作假行为的；④ 故意提供虚假证据或者威胁、利诱他人提供虚假证据，妨碍对方当事人合法取得证据的；⑤ 接受对方当事人财物或者其他利益，与对方当事人或者第三人恶意串通，侵害委托人权益的；⑥ 扰乱法庭、仲裁庭秩序，干扰诉讼、仲裁活动的正常进行的；⑦ 煽动、教唆当事人采取扰乱公共秩序、危害公共安全等非法手段解决争议的；⑧ 发表危害国家安全、恶意诽谤他人、严重扰乱法庭秩序的言论的；⑨ 泄露国家秘密的。

律师因故意犯罪受到刑事处罚的，由省、自治区、直辖市人民政府司法行政机关吊销其律师执业证书。

（4）律师事务所有下列行为之一的，由设区的市级或者直辖市的区人民政府司法行政机关视其情节给予警告、停业整顿一个月以上六个月以下的处罚，可以处十万元以下的罚款；有违法所得的，没收违法所得；情节特别严重的，由省、自治区、直辖市人民政府司法行政机关吊销律师事务所执业证书：① 违反规定接受委托、收取费用的；② 违反法定程序办理变更名称、负责人、章程、合伙协议、住所、合伙人等重大事项的；③ 从事法律服务以外的经营活动的；④ 以诋毁其他律师事务所、律师或者支付介绍费等不正当手段承揽业务的；⑤ 违反规定接受有利益冲突的案件的；⑥ 拒绝履行法律援助义务的；⑦ 向司法行政机关提供虚假材料或者有其他弄虚作假行为的；⑧ 对本所律师疏于管理，造成严重后果的。

律师事务所因上述违法行为受到处罚的，对其负责人视情节轻重，给予警告或者处两万元以下的罚款。

《律师法》第五十一条又规定，律师事务所因违反本法的规定，在受到停止执业处罚期满后两年内又发生应当给予停止执业处罚情形的，由省、自治区、直辖市人民政府司法行政机关吊销其律师执业证书。

三、律师执业的刑事法律责任

律师执业的刑事法律责任是指律师在执业活动中因违反《中华人民共和国刑法》（简称《刑法》）的相关规定而应当承担的刑事责任。律师刑事法律责任的基本特征表现在三个方面：① 责任的承担主体为律师，属于特殊主体；② 责任的前提是律师实施了与律师执业活动有关的犯罪行为；③ 承担责任是因律师违背职业责任。律师在社会中扮演的是一个特殊的角色，促进了社会公平正义，因而对从事律师行业的从业人员进行特殊的法律规制无疑是十分必要的。如果律师在执业活动中触犯我国刑事法律的相关规定，必须承担相应的刑事法律责任。《律师法》明确规定，律师因故意犯罪受到刑事处罚的，由省、自治区、直辖市人民政府司法行政机关吊销其律师执业证书。

根据我国《律师法》第四十九条规定，律师有下列行为之一的，由设区的市级或者直辖市的区人民政府司法行政机关给予停止执业六个月以上一年以下的处罚，可以处五万元以下的罚款；有违法所得的，没收违法所得；情节严重的，由省、自治区、直辖市人民政府司法行政机关吊销其律师执业证书；构成犯罪的，依法追究刑事责任：① 违反规定会见法官、检察官、仲裁员以及其他有关工作人员，或者以其他不正当方式影响依法办理案件的；② 向法官、检察官、仲裁员以及其他有关工作人员行贿，介绍贿赂或者指使、诱导当事人行贿的；③ 向司法行政机关提供虚假材料或者有其他弄虚作假行为的；④ 故意提供虚假证据或者威胁、利诱他人提供虚假证据，妨碍对方当事人合法取得证据的；⑤ 接受对方当事人财物或者其他利益，与对方当事人或者第三人恶意串通，侵害委托人权益的；⑥ 扰乱法庭、仲裁庭秩序，干扰诉讼、仲裁活动正常进行的；⑦ 煽动、教唆当事人采取扰乱公共秩序、危害公共安全等非法手段解决争议的；⑧ 发表危害国家安全、恶意诽谤他人、严重扰乱法庭秩序的言论的；⑨ 泄露国家秘密的。

根据以上列举的内容，我们发现，律师刑事法律责任涉及的犯罪主要包括：

1. 泄露国家机密

我国《刑法》第三百九十八条规定，国家机关工作人员违反保守国家秘密法的规定，故意或者过失泄露国家秘密，情节严重的，处三年以下有期徒刑或者拘役；情节特别严重的，处三年以上七年以下有期徒刑。非国家机关工作人员犯前款罪的，依照前款的规定酌情处罚。

虽然律师不是国家工作人员，但是在执业过程中可能接触到国家秘密，所以律师要保守在执业活动中知悉的国家秘密，如果因故意或过失泄露国家秘密，情节严重的，应承担故意或过失泄露国家秘密罪的刑事责任。我国《律师法》也规定了律师不得泄露自己在执业活动中知悉的国家秘密或当事人的商业秘密等隐私。律师因泄露国家秘密受到刑事追究的，应被吊销执业证书。

2. 向法官、检察官、仲裁员以及其他有关工作人员行贿、介绍贿赂或者指使、诱导当事人行贿

我国《刑法》第三百八十九条规定，为谋取不正当利益，给予国家工作人员以财物的，是行贿罪。《刑法》第三百九十条规定，对犯行贿罪的，处五年以下有期徒刑或者拘役；因行贿谋取不正当利益，情节严重的，或者使国家利益遭受重大损失的，处五年以上十年以下有期徒刑；情节特别严重的，处十年以上有期徒刑或者无期徒刑，可以并处没收财产。《刑法》第三百九十二条规定，向国家工作人员介绍贿赂，情节严重的，处三年以下有期徒刑或者拘役。

在律师执业过程中，个别律师自身素质不高，不凭借自己的法律专业知识帮助当事人赢得诉讼，反而凭着侥幸心理，指使、诱导当事人或律师直接向法官、检察官以及其他国家工作人员行贿。对此，《律师法》和《律师职业道德和执业纪律规范》都明确禁止该种行为，律师不得指使、诱导当事人行贿，甚至自己向法官、检察官及其他工作人员行贿，如果律师为谋求不正当利益，采取上述行为的，根据其行为的具体情况，构成《刑法》规定的行贿罪与介绍贿赂罪的，则依照《刑法》规定，承担刑事法律责任。

3. 提供虚假的证据或威胁、引诱他人提供虚假证据

有的律师为了片面地维护当事人利益，而指使、诱导当事人作伪证，妄图赢得诉讼。这是一种严重妨害司法公正的行为，同时也严重违背律师的职业道德，并且违反了《刑法》的相关规定。

《刑法》第三百零六条规定，在刑事诉讼中，辩护人、诉讼代理人毁灭、伪造证据，帮助当事人毁灭、伪造证据，威胁、引诱证人违背事实改变证言或者作伪证的，处三年以下有期徒刑或者拘役；情节严重的，处三年以上七年以下有期徒刑。辩护人、诉讼代理人提供、出示、引用的证人证言或者其他证据失实，不是有意伪造的，不属于伪造证据。

《刑法》第三百零七条规定，以暴力、威胁、贿买等方法阻止证人作证或者指使他人作伪证的，处三年以下有期徒刑或者拘役；情节严重的，处三年以上七年以下有期徒刑。帮助当事人毁灭、伪造证据，情节严重的，处三年以下有期徒刑或者拘役。司法工作人员犯前两款罪的，从重处罚。

【案情】2009 年，浙江某律师事务所律师何某接受当事人陈某的委托，代理陈某与其妻包某的离婚诉讼案件。诉讼过程中为使包某在夫妻共同财产分割时少分财产，律师何某提出让陈某串通他人虚构夫妻共同债务，然后通过虚假诉讼将陈某与包某共同购买的一套房屋用来清偿债务。何某与陈某及陈父要求陈某的朋友沈某作为虚假债权人，后何某打印了一份空白的借款协议，并让沈某、陈某分别以出借方、借款方的名义在协议书上签字，何某又在借款协议上填写了借款用途"资金周转"、借款金额"捌拾万元"、借款时间"2006

年4月20日至2007年4月19日"等内容。何某同时让陈某书写了一份"收到沈某借款80万元"的收条。何某还制作了起诉状、授权委托书等材料，并让沈某在"授权委托书"上签名。后由陈某支付了律师代理费。何某于2009年3月17日以沈某的诉讼代理人身份向杭州市江干区人民法院提起民事诉讼，并提交了之前伪造的借款协议书、收条等证据，要求判令陈某归还沈某借款及利息共计851 060元；何某同时还向法院递交了诉讼保全申请书等相关材料，要求将涉案的夫妻共有房屋予以查封。后被包某觉察并向公安报案，最终杭州市江干区人民法院判决陈某及其父构成妨害作证罪，律师何某及沈某构成帮助伪造证据罪。

【提问】本案中律师何某涉嫌了什么罪名？为什么？

【评析】本案中律师何某的行为构成帮助伪造证据罪。客观上，陈某及其父实施了指使他人作伪证的行为，而何某在此过程中非法提供帮助。陈某及其父与律师何某、沈某恶意串通，达成虚假的借款协议，虚构债务，并指使沈某提起虚假诉讼。因此，何某的行为符合帮助伪造证据的客观构成要件。主观上，何某出于谋取非法利益的动机，明知自己的帮助行为会产生妨害司法公正的后果，并且希望或者放任这种结果发生，具有帮助伪造证据的犯罪故意。何某的帮助伪造证据的行为造成了妨害司法活动的客观公正性的危害后果。律师何某在代理离婚案件时，片面地从扩大当事人利益的角度出发，违法帮助当事人伪造证据，是严重触犯法律的行为。

4. 扰乱法庭秩序

我国《刑法》第三百零九条规定，聚众哄闹、冲击法庭，或者殴打司法工作人员，严重扰乱法庭秩序的，处三年以下有期徒刑、拘役、管制或者罚金。在执业活动中，一方面，律师必须依法尽职尽责地为被告人辩护；另一方面，律师作为法律职业人员也要以身作则，维护良好的法庭秩序，有礼有节地表达自己的辩护、代理意见，不得唆使当事人采取扰乱法庭秩序的方式解决纠纷。

5. 故意或过失提供虚假证明文件

我国《刑法》第二百二十九条规定，承担资产评估、验资、验证、会计、审计、法律服务等职责的中介组织的人员故意提供虚假证明文件，情节严重的，处五年以下有期徒刑或者拘役，并处罚金。前款规定的人员，索取他人财物或者非法收受他人财物，犯前款罪的，处五年以上十年以下有期徒刑，并处罚金。第一款规定的人员，严重不负责任，出具的证明文件有重大失实，造成严重后果的，处三年以下有期徒刑或者拘役，并处或者单处罚金。

课后思考题

黎某洪，37 岁，贵州省贵阳市开阳县人，案发前为贵州某某投资开发有限公司董事长，身兼贵阳市第十二届人大代表、贵州省第十届政协委员、贵阳市青年企业家协会副会长等职务，是第四届"中国青年创业奖"获得者。2008 年 9 月，黎某洪因"涉嫌赌博罪"被贵阳市公安局刑事拘留，后转捕，被控"涉黑"。2009 年 3 月 25 日，贵阳市中院以组织、领导黑社会性质组织罪，非法持有、私藏枪支弹药罪，赌博罪，聚众扰乱社会秩序罪，非法采矿罪 5 项罪名一审判处黎某洪有期徒刑 19 年，并处罚金 30 万元。此案几经周折，于 2010 年 7 月被贵州省高院发回贵阳市中院重审，此后贵阳市检察院申请撤诉，并由贵阳市中院退回贵阳市公安局补充侦查，最终于 2012 年 6 月 8 日在贵阳市小河区法院再度开庭审理，被告增加至 57 人。审理过程中，多名被告的辩护律师提出公诉人员回避以及非法证据排除等要求，控辩双方一直僵持到当天庭审结束。第二天，审判长驳回前一天的回避申请，让公诉人宣读起诉书，引起多名被告的辩护律师纷纷抗议，最终审判长命令法警将迟某等四名律师驱逐出法庭，并对多名辩护律师进行了训诫。

请据此案例，回答以下问题：

1. 以上律师的行为，可能构成（　　　）。

A. 扰乱审判罪

B. 扰乱法庭秩序罪

C. 扰乱社会公共秩序罪

D. 寻衅滋事罪

2. 在此案例中，律师在执业活动中因违反《刑法》相关规定而应当承担的刑事责任即（　　　）。

A. 律师职业责任

B. 律师法律责任

C. 律师刑事法律责任

D. 律师非法责任

第五章

律师的权利与义务

学习目标

　　本章着重介绍律师在执业活动中的权利与义务，这也是与律师职业的特殊性相关联的。希望学习者通过本章的学习，不仅能够了解律师的权利与义务的基本理论，更重要的是，理解并掌握律师这类特殊从业者所享有的每一项具体的权利，尤其是业务发展权、拒绝辩护（代理）权、调查取证权、执业豁免权等在律师的执业活动中极易受到侵害的权利；还应重点理解并掌握律师不得私自接受委托和收受费用、接受委托后不得拒绝辩护或代理、保守秘密等各项义务的含义以及在实践中如何遵守。

第一节　律师的权利

一、律师权利概述

　　律师权利，又称律师的执业权利，是指律师在执业过程中所享有的法律权利。将律师权利定义为律师的执业权利，这一定义明确了律师权利的范围，是律师在执业过程中产生的权利，即律师为当事人提供各种法律服务时所享有的权利。而由"律师权利"一词本身来看，该词用限定词"律师"对权利加以限定，这进一步说明"律师权利"一词的着重点在"律师"，其词义向律师及其职业特性倾斜，因此，律师权利就是指从事律师职业的主体所享有的权利。

（一）律师权利的特征

　　律师权利不同于其他主体权利，不管是从权利、主体之间的关系角度还是从权利的范围角度分析，都有其特征：

　　1. 律师权利与律师的职业身份密切相关

　　根据我国《律师法》的规定，公民只有通过国家司法考试并经过法定程序后才能取得律师执业资格，才具有《律师法》规定的权利能力和行为能力，才成为社会意义上的律师，并依照律师的身份享有律师权利。与此同时,律师也享有国家宪法和法律赋予公民的一般权利。不过,执业律师的公民权利也会因其执业活动的特殊性而受到一定的限制。例如,律师**接受委托后,无正当理由的,不得拒绝辩护或者代理**;又如,律师承办业务,应当按照规定由律师事务所向委托人统一收取律师费和有关办案费用,不得私自收费,不得接受委托人的财物或者其他利益。如果律师取得执业资格后又不从事律师职业,或从事律师职业一段时间后又改行另谋他职的,就不再享有律师权利。总而言之,律师权利是律师因从事律师这一职业所特别享有的权利,与律师职业身份和执业活动密切相关。

2. 律师权利具有广泛性和多样性

律师的早期业务只在诉讼领域开展,尤以刑事诉讼领域为重。而随着时代的发展,现今律师服务的范围已涵盖了社会生活的方方面面。由于服务领域发生了变化,律师所享有的权利类型和权利性质也发生了变化,可以说,律师服务领域的广泛性直接促成了律师权利的广泛性。举例来说,律师有获取报酬的权利是指律师接受委托或被指定代理,完成委托或指定代理事项而享有的获得相应报酬的权利。从民法角度而言,该权利以财产为内容,其性质属于私法上的债权,而律师因当事人委托或法院指定而享有的会见权、阅卷权等权利却又属于公法上的程序性权利,这又体现了律师权利的多样性。

3. 律师权利具有独立性

律师的职能是依法维护当事人的合法权益,因此,维护律师独立行使权利,也就有利于保障当事人的合法权利。律师权利的独立性主要表现为:① 律师独立于行政机关、司法机关和当事人,律师虽然接受当事人的委托或法院的指定而进行执业活动,但并非从属于当事人或行政机关、司法机关;② 行政机关、司法机关及任何个人、社会组织均不得侵犯律师的权利;③ 律师行使权利不受行政机关、司法机关的干扰;④ 律师在执业活动中有权独立表达自己的法律意见;⑤ 律师在执业活动中能够独立地自主思维、自主辩论;等等。

4. 律师权利与义务的同一性

律师的职业特性决定律师的职能是为当事人提供各项法律服务。在实际的律师执业活动中,律师往往在不突破法律界限的范围内为当事人提供最符合其权益的法律服务。一方面,律师享有法律直接规定的权利或者委托人在委托合同中明确授予的权利;另一方面,根据委托合同,律师也对委托人负有相应的义务。律师的执业活动,既是律师行使其权利的过程,又是其履行相应义务的过程。律师的这一特征在诉讼活动中表现得尤为明显。以律师辩论权为例,律师享有为当事人辩论的权利,同时法院应当充分听取律师的辩论意见。相对于法院而言,律师为当事人辩论是其行使的一项律师权利;而相对于委托人而言,律师又有义务以事实为依据、以法律为准绳向法庭提出最有利于当事人的辩论意见,此为律师对委托人的一项义务。所以,从这一角度而言,律师权利往往是与律师义务具有同一性的。

(二)律师权利的功能

律师权利的功能是指,立法者通过立法保障律师权利,希望所能达到的法律效用。换句话说,就是指律师权利所能带来的法律效应和社会效应。具体来说,律师的权利具有以下功能：

1. 保障功能

律师执业的根本目标即是为当事人最大限度地争取合法权利，凭借其专业的法律知识和丰富的实践经验，通过民事代理、刑事辩护、法律咨询、代书、担任法律顾问等方式开展法律服务。当事人产生对律师法律服务需求的同时，律师又通过其法律服务帮助当事人实现权利。虽然现代社会的救济途径繁多，但对法律专业知识薄弱的公民来说，如何从专业角度选择最有利于自己的救济往往是一个很大的难题。选择之一，受侵害的公民可以寻求公力救济，如向公安机关、检察机关或司法机关寻求帮助。然而，以往一些司法实践证明，由于缺乏专业知识，公民在维权时人身和财产权极易受到来自于公权力或其他私权利的侵害，但如果公民聘请律师帮助自己维权，就可以很好地避免这一问题。选择之二，公民可以采取私力救济的方式解决纠纷，如双方协商解决等，在此过程中，律师也可以发挥其调解、提供法律咨询服务的作用。无论当事人选择公力救济还是私力救济，都可以聘请律师寻求专业的法律帮助，以此保障自己的合法权益。

2. 制衡功能

律师制度的确立，其价值之一就是律师权利对国家权力的制约。律师执业的很大一部分内容就是代表当事人参与到国家的司法活动之中，这也就说明律师权利具有对国家权力的制约功能，可以防止司法机关滥用司法权。在刑事诉讼活动中，公、检、法机关代表国家行使侦查权、检查权、审判权，起到打击犯罪、维护公共秩序和公共利益的作用。相应的，律师在刑事诉讼活动中的职能是根据犯罪嫌疑人的案情轻重为其进行相应的辩护，最大限度地维护犯罪嫌疑人的合法权利。面对公、检、法等行使国家公权力的机关，犯罪嫌疑人明显处于相对弱势的地位。律师行使其辩护的权利可以很好地防止公权力的滥用，制约司法人员的专断。在民事诉讼活动中，虽然诉讼主体不涉及国家权力机关，但法院作为利益的裁判者，法官具有一定的自由裁量权，律师参与民事诉讼活动，可以防止司法机关裁判权的滥用。在行政诉讼活动中，行政机关是被诉主体，当事人聘请律师参与诉讼，可以很好地利用律师权利来对行政权进行制衡。因此，无论是制衡司法权，还是制衡行政权，律师权利都起到了权利制衡的效果。

二、律师权利的内容

我国现行《律师法》（2012 年 10 月 26 日通过修订，自 2013 年 1 月 1 日起施行）分别在总则和第四章"律师的业务和权利、义务"两部分对律师的权利与义务进行了规定。此外，律师在各类诉讼过程中开展辩护或者代理活动的权利与义务也在相关法律和司法解释中有相应规定。

我国学者对于律师权利的结构体系划分有着多种不同观点。本书将律师权利划分为普遍的律师权利和共有的律师权利，其中，普遍的律师权利是指无论是从事诉讼业务的律师还是从事非诉讼业务律师都可普遍享有的律师权利，而共有的律师权利主要指律师从事民事、刑事和行政诉讼业务时所具有的共性的权利。此外，根据律师权利在不同诉讼领域是否可以共有的规定，我们还可将共有律师权利细分为共有执业权利和特有执业权利。关于执业领域特有的执业权利，本书将以刑事诉讼领域为例进行具体说明。

（一）普遍的律师权利

普遍的律师权利是指不同领域的律师在各执业领域中普遍享有的权利。其主要包括以下几种：

1. 业务发展权

在商品经济时代，律师行业也逐步进入商业化模式。律师行业的市场竞争程度逐步加剧，为规范律师行业的市场竞争行为，国家制定了一系列的法律、法规，以促进律师行业的整体的健康、可持续发展。其中的一项重要任务，就是明确律师参与竞争的权利，并对律师的竞争进行规范化管理。律师的业务发展权就是其中的一项重要权利。律师的业务发展权是指律师在法律允许的执业范围内，通过提升自身的法律服务能力，不断开拓新的业务，完成当事人的委托，以实现自身和律师事务所发展目标的权利。律师行使业务发展权的方式包括提升自身法律服务能力、提高业务竞争力、在法律允许的范围内采取合法手段进行自我宣传、自主选择专门的法律服务领域等，而这一切的总体目标都是为了律师能够自由自主地发展业务，以实现自身价值。根据我国《律师法》第二十八条的规定，律师可以从事下列业务：① 接受自然人、法人或者其他组织的委托，担任法律顾问；② 接受民事案件、行政案件当事人的委托，担任代理人，参加诉讼；③ 接受刑事案件犯罪嫌疑人、被告人的委托或者依法接受法律援助机构的指派，担任辩护人，接受自诉案件自诉人、公诉案件被害人或者其近亲属的委托，担任代理人，参加诉讼；④ 接受委托，代理各类诉讼案件的申诉；⑤ 接受委托，参加调解、仲裁活动；⑥ 接受委托，提供非诉讼法律服务；⑦ 解答有关法律的询问、代写诉讼文书和有关法律事务的其他文书。

2. 拒绝辩护（代理）权

律师的拒绝辩护（代理）权，是指由于存在某种法定理由，律师有权拒绝为犯罪嫌疑人辩护或代理当事人的案件。第一种行使拒绝权的情形是拒绝接受委托人的委托。除特殊情况外，律师在律师事务所与委托人签订委托协议之前，有权根据自身的情况选取擅长的案件，拒绝接受非自己能力范围内的案件。这里的特殊情况，主要指的是法律援助。根据我国《法律援助条例》的规定，律师不得拒绝接受法律援助案件。律师无正当理由拒绝接受法律援助案件的，将受到司法行政机关的惩处。第二种行使拒绝权的情形是律师因故辞去委托，即在律师事务所已经与委托人签订委托协议后，律师基于某种合法的理由而拒绝继续为犯罪嫌疑人辩护或为当事人代理法律事务的情形。我国《律师法》第三十二条第二款明确规定，"律师接受委托后，无正当理由的，不得拒绝辩护或者代理。但是，委托事项违法、委托人利用律师提供的服务从事违法活动或者委托人故意隐瞒与案件有关的重要事实的，律师有权拒绝辩护或者代理。"该条款包含两层意思：首先，确认了律师的拒绝辩护（代理）权，即律师有权解除委托协议；其次，明确限定了律师行使拒绝辩护（代理）权的情形，即只有存在委托事项违法、委托人利用律师提供的服务从事违法活动或者委托人故意隐瞒与案件有关的重要事实的情况下，律师才可以行使拒绝辩护（代理）权。

3. 获取报酬权

获取报酬权，是指律师因提供法律服务而获得报酬的权利。律师通过律师事务所与委托人达成委托协议，签订相应的法律服务委托合同，明确合同双方的权利与义务关系，委托合同中必然包含律师费用等相关事项。律师在根据委托合同约定提供具体的法律服务后有权获得合同约定的报酬，这是律师的一项基本权利。现代社会普遍接受律师有偿提供法律服务，具体律师办案收费数额由委托人与律师事务所双方具体协商决定。我国并无统一的法律、法规对律师收取律师费用的数额进行规定，仅各地方司法行政机关可能针对律师办理业务的收费标准出台相关的规范性文件，但也仅以"指导价标准"形式存在[①]。因此，合同双方当事人有权自主协商确定具体数额。

4. 执业豁免权

律师执业豁免权，是指律师在执业过程中进行辩护或代理业务等活动免受法律追究的权利。律师执业豁免权的核心是免除律师执业行为的法律责任，是律师普遍享有的一项特殊权利，因此，各国立法都对此加以严格限定。律师执业豁免权是律师所独享的一项权利，其他履行部分律师职责的人员如非律师法律服务工作者都不得享有该项权利。但是，律师也不是无时无刻都可以享有该权利，只有在具体的执业活动中才可以享有该权利。也就是说，在认定律师执业豁免权时，首先应注意适用该权利的时空范围：从时间角度来看，它必须是在律师执业活动的过程中，具体从律师接受委托或指定之时起到完成委托或指定事项之时止；从空间角度来看，律师必须在进行具体执业的地点以及其自然延伸的地点上行使该权利。在上述时空范围内，律师的特定执业行为才享有豁免权。除此之外，还须考虑律师执业活动与委托协议的相关性。对于律师非基于执业活动所实施的其他行为，或者虽属执业活动，但非因履行委托合同需要所实施的其他行为，都不能适用律师执业豁免权。

（二）诉讼中的共同执业权利

律师从事的业务种类分为诉讼业务和非诉讼业务。从事诉讼业务的律师在执业活动中享有一些共同的权利，具体包括：调查取证权、阅卷权、辩论权、发问权、延期审理申请权、获取法院法律文书权等。发问权、延期审理申请权、获取法院法律文书权等权利的内容比较简单，因此，我们仅就调查取证权、阅卷权、辩论权进行具体说明。

1. 律师的调查取证权

律师的调查取证权，是指律师在诉讼活动中通过向有关单位和个人了解案件的具体情

---

① 例如，北京市发展和改革委、北京市司法局印发，2010 年 5 月 30 日起试行的《北京市律师诉讼代理服务收费政府指导价标准（试行）》《北京市律师服务收费管理实施办法（试行）》。

况、调取案卷材料等方式调查案件事实，收集相关证据的权利。根据我国《律师法》第三十五条的规定，律师行使调查取证权时调查的对象既可以是当事人本人，也可以是其他了解案件情况的单位或个人；律师既可以自行向以上被调查对象进行调查取证，也可以在无法自行取证的情况下，寻求人民检察院和人民法院的帮助，申请人民检察院、人民法院收集、调取证据或者申请人民法院通知证人出庭作证；律师在自行收集证据时，必须携带律师执业证和律师事务所证明等证件用来向有关被调查单位或个人证明自己的身份，要求其配合。

我国《刑事诉讼法》《民事诉讼法》《行政诉讼法》对律师的调查取证权分别做出了如下规定：

（1）在刑事诉讼活动中，检察机关作为公诉人起诉所依据的证据是其依法自行调查或公安机关依法行使侦查权而获得的。相对而言，被告者处于弱势地位，无法自行收集证据以维护自己的合法权益。基于该情况，法律赋予律师调查取证权，而刑事律师享有调查取证权是实现律师有效的辩护而维护被告人的合法权益的重要手段。（参见 2012 年修正出台的《刑事诉讼法》第三十九条至第四十一条）

（2）律师的民事调查取证权属于一种"准司法权"，且具有一定的强制性，非依法定原因被调查取证人不得拒绝配合。律师的调查取证权区别于当事人的调查取证权和人民法院的调查取证权。当事人收集证据一般没有强制性，能否收集到证据也完全取决于被调查取证人的配合程度。而人民法院的基本职能主要是依法裁判，把一定的调查取证权交到律师手中，减轻了人民法院非审判性工作的工作量，从而提升整体的诉讼效率。（参见 2012 年修正出台的《民事诉讼法》第四十九条、第六十一条）

（3）律师在行政诉讼中的调查取证权根据所代理的当事人的诉讼角色不同而有所区别。一般而言，行政诉讼原告方的代理律师，可以依照规定查阅本案的有关材料，也可以凭律师执业证、律师事务所证明等向有关单位或个人调查与本案有关的情况，收集书证、物证、视听资料、证人证言等。但是，需要注意，行政诉讼被告方的代理律师不得自行向原告、第三人和证人收集证据，这是因为基于"先取证后裁决"的正当程序原则，行政诉讼的被告不得向原告、第三人和证人收集证据，因此，行政诉讼被告方的代理律师的权利范围也应受此限制。（参见 2014 年修正出台的《行政诉讼法》第三十二条、第三十五条）

结合上文的具体规定，我们来具体分析下面的案件：

【案情】2012 年 5 月 8 日，山东某律师事务所律师姜某作为一民事诉讼案件执行阶段的申请执行人的委托代理人携带律师执业证和律师事务所的调查证明去济南市住房保障和房产管理局，查询执行中涉及的两人的房产登记信息。律师姜某带了查询所需的相关证件和文书，请该局下属档案馆的工作人员按上述两人的身份信息帮助查询两人在该局有无房产登记的相关信息，但被告知不能以身份证号码信息进行查询，而只能以知道的房屋坐落的位置信息情况进行查询。当姜某询问为何时，工作人员回答根据规定现在不能按身份证号码信息查询，虽经与工作人员交涉，但最终被拒绝按请求进行查询。同年 5 月 17 日，姜某以相同理由向济南市房屋产权登记中心提交申请，2012年6月1日，济南市房屋产权登记中心针对姜某的"房屋权属登记信息公开申请"，做出了根据建设部《房屋权属登记信息查询暂行办法》的规定拒绝其查询申请的复函。后姜某以济南市房屋产权登记中心没有依申请公开政府信息为由向人民法院提起行政诉讼。①

【提问】律师姜某是否有权对涉案两人的房产登记信息进行查询？

【评析】本案是一起典型的侵犯律师调查取证权的案件。本案中律师姜某在行使其调查取证权遭到拒绝后，向法院提起行政诉讼。律师姜某作为一民事诉讼案件执行阶段的申请执行人的委托代理人，根据《律师法》第三十五条的规定以及《民事诉讼法》第六十一条的规定，是有权向济南市房屋产权登记中心对其代理的民事执行案件涉案人的房产登记信息进行查询的。律师有权持律师执业证、律师事务所的调查证明等法律规定的身份证明对该信息进行查询。本案中，律师姜某到房屋产权登记中心查询相关的房产登记信息，共实施了两种行为：第一种行为是2012年5月8日，其携带相关资料到住房保障和房产管理局进行查询；第二种行为是2012年5月17日，其向房屋产权登记中心提交书面"房屋权属登记信息公开申请"，要求将相关房屋产权登记信息进行公开。虽然两种行为的目的是一致的，即获取其代理的民事执行案件涉案人的房屋产权登记信息。但本案中被诉答复是房屋产权登记中心针对姜某于2012年5月17日提交的"房屋权属登记信息公开申请"而做出的。因此，房屋产权登记中心应按《中华人民共和国政府信息公开条例》（简称《政府信息公开条例》）的相关规定对姜某进行答复。

2. 阅卷权

律师的阅卷权，是指律师在参与诉讼活动时，有权查阅与本案有关的材料。律师通过阅卷可以深入了解和熟悉案情，掌握与案件有关的证据，而熟悉案情、掌握证据是其充分行使辩护权、代理权的前提。律师行使阅卷权是对其有效行使辩护权，确保实体公正的一项重要保障。我国"三大诉讼法"分别对律师的阅卷权做了如下规定：

（1）我国《刑事诉讼法》第三十八条规定，"辩护律师自人民检察院对案件审查起诉之日起，可以查阅、摘抄、复制本案的案卷材料。其他辩护人经人民法院、人民检察院许可，也可以查阅、摘抄、复制上述材料。"该条规定将律师的阅卷实质上分为二个阶段：第一阶段是案件审查起诉阶段的阅卷，查阅、摘抄、复制案卷的内容仅限为诉讼文书、技术性鉴定材料；第二阶段是案件在审判阶段的阅卷，查阅、摘抄、复制案卷的内容是案件所指控的犯罪事实的材料。《人民检察院刑事诉讼规则（试行）》② 第四十七条规定，"自案件移送审查

---

① 山东省济南市中级人民法院，〔2013〕济行终字第182号，"姜某与济南市住房保障和房产管理局信息公开纠纷上诉案"。

② 《人民检察院刑事诉讼规则（试行）》经1997年1月15日最高人民检察院第八届检察委员会第六十九次会议通过，1998年12月16日最高人民检察院第九届检察委员会第二十一次会议第一次修订，2012年10月16日最高人民检察院第十一届检察委员会第八十次会议第二次修订，2012年11月22日中华人民共和国最高人民检察院公布，自2013年1月1日起施行。

起诉之日起，人民检察院应当允许辩护律师查阅、摘抄、复制本案的案卷材料。案卷材料包括案件的诉讼文书和证据材料。"第四十九条规定，"辩护律师或者经过许可的其他辩护人到人民检察院查阅、摘抄、复制本案的案卷材料，由案件管理部门及时安排，由公诉部门提供案卷材料。因公诉部门工作等原因无法及时安排的，应当向辩护人说明，并安排辩护人自即日起三个工作日以内阅卷，公诉部门应当予以配合。查阅、摘抄、复制案卷材料，应当在人民检察院设置的专门场所进行。必要时，人民检察院可以派员在场协助。辩护人复制案卷材料可以采取复印、拍照等方式，人民检察院只收取必需的工本费用。对于承办法律援助案件的辩护律师复制必要的案卷材料的费用，人民检察院应当根据具体情况予以减收或者免收。"

（2）我国《民事诉讼法》第六十一条规定，"代理诉讼的律师和其他诉讼代理人有权调查收集证据，可以查阅本案有关材料。查阅本案有关材料的范围和办法由最高人民法院规定。"2002 年 12 月 7 日起施行的《最高人民法院关于诉讼代理人查阅民事案件材料的规定》在第五条对律师查阅案件有关材料的范围做了具体规定，"诉讼代理人在诉讼中查阅案件材料限于案件审判卷和执行卷的正卷，包括起诉书、答辩书、庭审笔录及各种证据材料等。案件审理终结后，可以查阅案件审判卷的正卷。"对律师查阅有关案件的方式则在第四条做了如下规定，"诉讼代理人查阅案件有关材料应当出示律师证或者身份证等有效证件。查阅案件有关材料应当填写查阅案件有关材料阅卷单。"第六条第三款又规定，"诉讼代理人不得将查阅的案件材料携出法院指定的阅卷场所。"第七条规定，"诉讼代理人查阅案件材料可以摘抄或者复印。涉及国家秘密的案件材料，依照国家有关规定办理。"

（3）我国《行政诉讼法》第三十二条规定，"代理诉讼的律师，有权按照规定查阅、复制本案有关材料……"《行政诉讼法》中规定的律师的阅卷权，指律师依照规定有权查阅与本案有关的材料。但此处的"本案有关材料"不仅仅指本案的庭审材料。本案庭审材料的范围明显小于本案有关材料的范围，庭审材料仅指在庭审过程中形成的庭审记录以及出示的证据等。而本案有关材料一般包括起诉状、答辩状、诉讼证据、庭审记录等。

3. 辩论权

我国"三大诉讼法"均赋予当事人辩论的权利，辩论权是刑事诉讼的控辩双方、民事诉讼和行政诉讼的原被告双方在案件审理过程中，针对案件事实和证据而展开的相互辩驳的权利。辩论权从本质上说，是法律赋予双方平等对抗的权利，双方通过陈述己方理由，反驳对方主张，法官根据双方的控辩陈述形成对案件事实和法律运用的内心判断。律师的辩论权，指的是律师享有在诉讼过程中陈述有利于己方当事人的理由并对不利于己方当事人的主张进行反驳的权利。《刑事诉讼法》《民事诉讼法》《行政诉讼法》都在庭审程序中对辩论权进行了具体规定。辩论原则也是诉讼法的基本原则之一，辩论精神贯穿于整个诉讼活动的过程之中。

（三）律师在刑事诉讼中所具有的特殊权利

根据我国民事诉讼、刑事诉讼以行政诉讼程序的特点，律师在三种不同的诉讼程序过程中还享有一定的特殊权利。下面，我们仅以最典型的刑事诉讼领域为例，对律师在刑事诉讼中所具有的特殊权利进行具体说明。

从我国《刑事诉讼法》的规定看，辩护律师在刑事诉讼中的法律地位是独立的诉讼参与人，其职能是维护犯罪嫌疑人、被告人的合法权益。辩护律师既不会受到公诉人意见的影响，也不完全听从犯罪嫌疑人、被告人的指示办事，不是一个简单的"传声筒"。在刑事诉讼活动中，律师除了享有上文论及的共有的律师执业权利外，还享有一些特殊的权利。

1. 会见、通信权

刑事诉讼中律师的会见权，是指律师依法享有会见犯罪嫌疑人、被告人的权利，是律师在刑事诉讼中所享有的一项基本权利。律师会见犯罪嫌疑人、被告人，是律师直观地了解案情，获得相关证据线索的基础步骤。律师还有权在会见犯罪嫌疑人、被告人时为其提供法律帮助。通信权，是指律师与在押的犯罪嫌疑人、被告人利用通信设备进行联络的权利。

我国《刑事诉讼法》第三十七条对律师的会见、通信权做出了明确规定，辩护律师可以同在押的犯罪嫌疑人、被告人会见和通信。辩护律师持律师执业证书、律师事务所证明和委托书或者法律援助公函要求会见在押的犯罪嫌疑人、被告人的，看守所应当及时安排会见，至迟不得超过四十八个小时。危害国家安全犯罪、恐怖活动犯罪、特别重大贿赂犯罪案件，在侦查期间辩护律师会见在押的犯罪嫌疑人，应当经侦查机关许可。上述案件，侦查机关应当事先通知看守所。辩护律师会见在押的犯罪嫌疑人、被告人，可以了解案件有关情况，提供法律咨询等；自案件移送审查起诉之日起，可以向犯罪嫌疑人、被告人核实有关证据。辩护律师会见犯罪嫌疑人、被告人时不得被监听。辩护律师同被监视居住的犯罪嫌疑人、被告人会见、通信，适用第一款、第三款、第四款的规定。

【案情一】1998 年 3 月 23 日，湖南某律师事务所律师陈某接受抢劫案被告人邱某父亲的委托，担任邱某的辩护人。4 月 13 日下午律师陈某到涟源市公安局看守所会见在押被告人邱某。在向看守所值班警察出示了律师执业证、湖南某律师事务所开具的会见被告专用证明及被告人邱某父亲的授权委托书后，值班民警以其没有提供人民法院出具的会见证明为由，拒绝安排会见。后律师陈某向娄底地区中级人民法院经提起行政诉讼。① 后被告在诉讼中认识其行为违法，及时改正，并主动承担法律责任，原告的权益得到了补救，达到了诉讼目的，因此申请撤回对被告的起诉，法院裁定准许。

【评析】该案属不涉及国家秘密的案件。在邱某抢劫案的审判阶段，作为辩护律师的原告享有非限制性会见权，看守机关不得以限制性会见权之权利约束规定，限制原告行使非限制性会见权。被告涟源市公安局所管辖之看守所要求原告出示受案法院出具的会见批准书才许可会见，是法外批准程序的设定，属公安看守行政管理行为，违法设定无效。当这种违法的行政程序一旦实施于不受其约束的具有合法会见权的辩护律师，必将构成违法具体行政行

---

① 湖南省娄底市中级人民法院，〔1998〕娄行初字第 4 号，"陈某诉涟源市公安局不许可律师会见在押刑事被告人案"。

为，侵犯法律赋予律师的会见权。律师通过行政诉讼程序予以补救，无疑应当得到人民法院的支持，而被告将当然承担败诉之法律责任。

【案情二】2002 年 11 月 16 日，湖南某律师事务所接受犯罪嫌疑人李某家属的委托为犯罪嫌疑人李某提供法律服务，并指派该所律师刘某为李某提供法律服务。律师刘某从 11 月 16 日起多次到桂阳县公安局看守所要求安排会见犯罪嫌疑人李某，并提交了委托协议、律师会见在押犯罪嫌疑人函、律师执业证，看守所在查验了上述证件后，均以李某案"涉黑"，应经侦查机关批准为由而未安排会见。后湖南某律师事务所以桂阳县公安局不履行法定职责，向湖南省桂阳县人民法院提出行政诉讼。① 桂阳县人民法院经审理后裁决，确认桂阳县公安局不许可湖南某律师事务所指派律师刘某会见在押犯罪嫌疑人李某的具体行政行为违法，由桂阳县公安局赔偿湖南某律师事务所损失 174 元。

【评析】该案中，李某虽涉嫌参加黑社会性质组织，但该案案情及案件性质并不涉及国家秘密，不能以侦查过程需要保守秘密为由将该案作为涉及国家秘密案件。被告桂阳县公安局看守所在查验了原告某律师事务所指派律师刘某所提交的委托协议、律师执业证、律师会见函后，未按照《刑事诉讼法》的规定安排刘律师会见在押犯罪嫌疑人李某，其不作为行政行为违反了法律规定，侵犯了原告的合法权益，由此造成损失应予适当赔偿。

上述两个案件分别发生在二十世纪九十年代和二十一世纪初，说明律师"会见难"这个问题由来已久。律师会见当事人，才能有机会与犯罪嫌疑人、被告人面对面交流，获取犯罪嫌疑人的信任，全面、及时地了解案件的事实情况，以便律师可以尽早地根据犯罪嫌疑人、被告人的犯罪动机、犯罪情节做出最有利于犯罪嫌疑人、被告人的辩护意见。以上两个案件中，律师都是按照法律规定，携带律师执业证书和律师事务所开具的证明前去会见犯罪嫌疑人、被告人而被拒的情形。根据我国《刑事诉讼法》规定，律师的职责是依据事实和法律为犯罪嫌疑人或被告人做罪轻或无罪的辩护。而侦查人员的职责是调查犯罪嫌疑人、被告人的犯罪事实，惩罚犯罪。这两项工作职责在一定程度上是对立的，导致辩护律师和侦查人员的立场也存在对立。一些侦查人员对律师的介入存在抵触心理，拒绝安排律师会见当事人的请求。但实际上《刑事诉讼法》第四十二条规定，辩护人或者其他任何人，不得帮助犯罪嫌疑人、被告人隐匿、毁灭、伪造证据或者串供，不得威胁、引诱证人作伪证以及进行其他干扰司法机关诉讼活动的行为。违反前款规定的，应当依法追究法律责任。因此，侦查人员也应当信任律师，不必担心律师在会见犯罪嫌疑人、被告人时与其串供，影响侦查机关侦查案件。同时，允许律师会见也可以防止侦查机关对犯罪嫌疑人、被告人刑讯逼供。

2. 代行上诉权

我国《刑事诉讼法》第二百一十六条规定，被告人、自诉人和他们的法定代理人，不服地方各级人民法院第一审的判决、裁定，有权用书状或者口头向上一级人民法院上诉。被

---

① 湖南省桂阳县人民法院，〔2004〕桂行初字第 01 号，"湖南某律师事务所诉桂阳县公安局不履行法定职责案"。

告人的辩护人和近亲属，经被告人同意，可以提出上诉。由此可知，辩护律师经被告人同意，可以代行上诉。上述规定，不仅确认了律师具有为当事人代行上诉的权利，同时也确认了律师代行上诉权的必备条件。律师提起上诉权，并非是当事人上诉权的派生和转换，而是律师代理行使当事人的权利。如果当事人决定不上诉，律师应当尊重当事人的决定。

3. 申请变更强制措施的权利

《刑事诉讼法》第九十五条规定，犯罪嫌疑人、被告人及其法定代理人、近亲属或者辩护人有权申请变更强制措施。而关于强制措施的变更、撤销和解除，根据我国《刑事诉讼法》的规定有两种方式：一是人民法院、人民检察院或者公安机关对于被采取强制措施法定期限届满的犯罪嫌疑人、被告人应当予以释放、解除取保候审、监视居住或者依法变更强制措施；二是犯罪嫌疑人、被告人及其法定代理人、近亲属或者辩护人对于人民法院、人民检察院或者公安机关采取强制措施法定期限届满的，有权要求解除强制措施。这两种规定明确了在法定情形下公、检、法机关有变更、撤销和解除强制措施的法定义务，也明确了犯罪嫌疑人、被告人及其法定代理人、近亲属、辩护人享有要求变更、解除强制措施的权利。

第二节　律师的义务

一、律师义务的概述

律师义务是依照相关法律、法规、规章以及行业协会规范的要求，律师在提供法律服务时需要履行的相关义务的总称。权利和义务是相辅相成、对立统一的存在，换言之，没有无义务的权利，也没有无权利的义务。律师在享有律师权利的同时，也必须履行相应的律师义务。

律师的义务内容十分广泛，从总体来说可以归纳为十个字——"遵守、尊重、服从、服务、维护"。遵守，是指遵守法律和法规、遵守执业纪律、遵守管理制度、遵守职业道德；尊重，是指尊重委托人、尊重对方当事人、尊重同行、尊重其他与律师提供法律服务活动有关的组织及其个人；服从，是指服从律师行业组织和执业机构的管理、服从有关组织及其工作人员的管理；服务，是指服务于社会主义事业、服务于社会、服务于委托人；维护，是指维护法律和法规的正确实施及其权威、维护律师行业的声誉和执业组织的合法利益、维护委托人正当和合法的权益。①

律师履行的义务中，一部分是属于道德义务。由于律师职业的特殊性，为了满足律师自治的要求，律师自治组织如中华全国律师协会就制定了《律师职业道德和执业纪律规范》《律师执业行为规范》等行业规范，约束律师的执业行为。律师义务又与一般的道德义务不同，一般的道德义务是不成文的，没有强制力，主要依靠个人自觉遵守来实现道德的价值。

---

① 杨怀普：《论律师的义务》，载《广西政法管理干部学院学报》，2004（2）：47－49。

而律师义务基本是成文规定的，具有一定的国家、行业强制性。律师违反行业执业规范规定的义务可能受到律师自治组织的制裁，情节严重的，还可能根据我国《律师法》《律师和律师事务所违法行为处罚办法》（2010 年 4 月 7 日司法部部务会议审议通过，自 2010 年 6 月 1 日起施行）中相关条款的规定承担法律责任。

二、律师义务的内容

我国《律师法》对律师的业务权利与义务进行了具体规定，而中华全国律师协会在 2002 年修订的《律师职业道德和执业纪律规范》也对律师在执业机构中、在诉讼与仲裁活动中以及律师与同行之间的义务进行了具体规定，2004 年颁布的《律师执业行为规范》中也包含许多律师义务的内容。综上，律师的义务主要包含以下几项：

（一）不得私自接受委托，私自向委托人收取费用，收受委托人的财务

我国《律师法》第二十五条规定，"律师承办业务，由律师事务所统一接受委托，与委托人签订书面委托合同，按照国家规定统一收取费用并如实入账。"律师不得私自接受委托，私自向委托人收取费用，收受委托人财物。律师收费的标准和方式，应当由委托人与律师事务所在签订委托合同时根据相关规定协商确定，律师不应另外收取委托合同之外的报酬和其他费用。律师有义务不得私自收取律师费，这项义务的确立有利于确保律师行业的健康发展，防止不正当竞争，维护当事人的合法权益。

根据《律师和律师事务所违法行为处罚办法》第十条的规定，"私自接受委托、收取费用，接受委托人财物或者其他利益的"违法行为包括：① 违反统一接受委托规定或者在被处以停止执业期间，私自接受委托，承办法律事务的；② 违反收费管理规定，私自收取、使用、侵占律师服务费以及律师异地办案差旅费用的；③ 在律师事务所统一收费外又向委托人索要其他费用、财物或者获取其他利益的；④ 向法律援助受援人索要费用或者接受受援人的财物或者其他利益的。

（二）律师有维护委托人的合法权益的义务

我国《律师法》第二十九条规定，"律师担任法律顾问的，应当按照约定为委托人就有关法律问题提供意见，草拟、审查法律文书，代理参加诉讼、调解或者仲裁活动，办理委托的其他法律事务，维护委托人的合法权益。"第三十条规定，"律师担任诉讼法律事务代理人或者非诉讼法律事务代理人的，应当在受委托的权限内，维护委托人的合法权益。"第三十一条规定，"律师担任辩护人的，应当根据事实和法律，提出犯罪嫌疑人、被告人无罪、罪轻或者减轻、免除其刑事责任的材料和意见，维护犯罪嫌疑人、被告人的诉讼权利和其他合法权益。"上述条文规定了律师在担任法律顾问、诉讼或非诉讼事务代理人，以及担任刑事诉讼被告的辩护人时，维护委托人的合法权益都是律师在执业活动中应当履行的最基本的义务。

（三）律师在接受委托后有不得拒绝辩护或者代理的义务

我国《律师法》第三十二条第二款规定，"律师接受委托后，无正当理由的，不得拒绝辩护或者代理。但是，委托事项违法、委托人利用律师提供的服务从事违法活动或者委托人故意隐瞒与案件有关的重要事实的，律师有权拒绝辩护或者代理。"这表明律师在接受当事人的委托后，在没有正当理由的情况下，一般不得拒绝辩护或代理，但发生以下三种特殊情况之一时，律师可以拒绝继续担任辩护人或代理人：① 委托事项违法；② 委托人利用律师提供的服务从事违法活动；③ 委托人故意隐瞒与案件有关的重要事实。

（四）律师的保密义务

《律师法》第三十八条第二款规定，"律师对在执业活动中知悉的委托人和其他人不愿泄露的情况和信息，应当予以保密。但是，委托人或者其他人准备或者正在实施的危害国家安全、公共安全以及其他严重危害他人人身、财产安全的犯罪事实和信息除外。"这一规定表明，保守秘密是律师的一项基本义务，也是律师的基本执业素质之一。我国在《律师法》以及《刑事诉讼法》《民事诉讼法》《行政诉讼法》中都对律师的保密义务做了具体规定。建立律师保密制度是促进律师与当事人之间相互信任的有效方式。我国《律师法》规定的律师保密义务，要求律师保守在执业活动中获取的当事人个人秘密以及国家秘密。下面，我们选取我国首例律师故意泄露国家秘密案为例，对律师的保密义务进行说明。

【案情】2000 年 8 月 21 日，焦作市某律师事务所律师于某接受马某之妻朱某的委托，担任涉嫌犯贪污罪的马某的一审辩护人。2000 年 11 月 1 日，河南省沁阳市人民检察院以马某犯贪污罪向沁阳市人民法院提起公诉，并移送该案主要证据的复印件 6 本。同年 11 月 3 日，朱某得知该案已到法院，遂与于某联系请她阅卷，于某安排实习律师卢某前往沁阳市法院复印材料。随同的朱某之兄随后提出要看卢某复印的案卷材料，被拒后，于某电话指示卢某留下案卷材料给朱某之兄，朱某凭借该卷宗材料对所涉及的证人逐个进行联系，并做了相应的工作，导致于某前往调查取证时，证人做假证包庇马某。2000 年 11 月 15 日，马某贪污一案进行开庭审理，庭审中于某出示了有关证人出具的虚假证明，又由于该案的事实不清，公诉机关两次提出延期审理的建议，决定补充侦查。后经河南省国家保密局、焦作市国家保密局鉴定，于某让马某亲属看的关于马某贪污一案的主要证据复印材料 6 册卷宗均属机密级国家秘密。①

【提问】请问律师于某是否履行了保密义务？是否构成故意泄露国家秘密罪？为什么？

【评析】该案一审法院认为律师于某在担任辩护人期间，将知悉的国家秘密泄露给不该知悉的刑事被告人家属，造成刑事被告人的家属找证人作假证的严重后果，严重扰乱了正常的诉讼活动秩序，情节严重，构成故意泄露国家秘密罪。但二审法院审理后却认为卷宗材料未标明系国家秘密，法院也未对于某说明案卷材料涉密的事实，因此于某不具有泄露国家秘密的主观故意。并且按照我国《刑法》规定，构成泄露国家秘密罪，必须是"情节严重"的行为，所谓"情节严重"主要是指泄露国家重要秘密的行为造成严重后果或者造成重大损失的；大量泄露国家秘密，扩散面广或者泄露绝密级国家秘密的；为谋取私利或者出于个

---

① 河南省焦作市中级人民法院，终审日期 2002 年 5 月 22 日，"于某涉嫌故意泄露国家秘密案"。

人目的而故意泄露国家秘密动机特别卑鄙的；等等。而于某泄露案卷材料给被告人家属看还远远未到上述标准，因而于某不构成泄露国家秘密罪。

案件中，尽管律师于某最后并未被认定构成故意泄露国家秘密罪，但有一点是值得肯定的，那就是于某并没有履行律师的保密义务。律师在法律执业活动中，必然会碰到一些涉及国家秘密的资料，上述案件中律师于某因办案需要复印案卷材料，明知不应将案卷复印材料给被告人家属看却违规指示助理将案卷留给被告人家属，属于故意泄露秘密。

（五）律师的主动回避利益冲突义务

根据《律师执业行为规范》的规定，律师有主动回避利益冲突的义务，换言之，办理委托事务的律师与委托人之间如果存在利害关系或者利益冲突的，律师不得承办该业务并应当主动回避；律师事务所也应当建立利益冲突审查制度，在接受委托前进行利益冲突审查。具体来说，出现下列情形的，律师及律师事务所不得与当事人建立或维持委托关系：① 律师在同一案件中为双方当事人担任代理人，或代理与本人或者其近亲属有利益冲突的法律事务的；② 律师办理诉讼或者非诉讼业务，其近亲属是对方当事人的法定代表人或者代理人的；③ 曾经亲自处理或者审理过某一事项或者案件的行政机关工作人员、审判人员、检察人员、仲裁员，成为律师后又办理该事项或者案件的；④ 同一律师事务所的不同律师同时担任同一刑事案件的被害人的代理人和犯罪嫌疑人、被告人的辩护人，但在该县区域内只有一家律师事务所且事先征得当事人同意的除外；⑤ 在民事诉讼、行政诉讼、仲裁案件中，同一律师事务所的不同律师同时担任争议双方当事人的代理人，或者本所或其工作人员为一方当事人，本所其他律师担任对方当事人的代理人的；⑥ 在非诉讼业务中，除各方当事人共同委托外，同一律师事务所的律师同时担任彼此有利害关系的各方当事人的代理人的；⑦ 在委托关系终止后，同一律师事务所或同一律师在同一案件后续审理或者处理中又接受对方当事人委托的；⑧ 其他与上述情形相似，且依据律师执业经验和行业常识能够判断为应当主动回避且不得办理的利益冲突情形。

【案情】上海市某某律师事务所（以下简称"某某所"）所属律师谷某系中国某某银行上海分行（以下简称"某某银行"）常年法律顾问，因上海某某企业（集团）有限公司(原上海某某集团有限公司，以下简称"某某公司"）向该银行申请贷款并签署借款合同、质押合同等事宜，经某某银行推荐介绍，于1997年3月26日签订《授权委托协议书》，接受某某公司委托并指派律师谷某为原告申请质押贷款等事宜提供有关法律服务并出具法律意见书。约定某某公司支付某某所律师服务费10万元整。嗣后，某某所依约履行了协议载明的部分内容，某某公司也支付了律师服务费9万元整。同年4月，某某银行向某某公司提供了总金额为人民币3 000万元的流动资金贷款。以后，某某公司与某某银行因故为履行借款合同发生纠纷。期间，某某所多次以某某银行常年法律顾问和授权律师身份致函原告及有关单位，以期解决纠纷。后协调不成，某某银行向上海仲裁委员会提起仲裁申请，该委员会经审理后裁决，某某公司与某某银行签订的借款合同提前终止履行。在上海仲裁委员会审理该借款合同争议案时，某某所律师谷某以某某银行委托代理人的身份参加仲裁。后某某公司起诉称某某所隐瞒事实真相，指派某某银行的代理人为其代理人，因此律师根本不可能在某某公司与某某银行的贷款行为中依法维护其合法权益。某某所在收受了某某公司的律师费用后却未能按双方在协议中约定的内容向某某公司提供法律服务，故要求法院判令被告退还律师费人民币9万元及支付利息6723元。

【提问】某某所律师谷某是否有权接受该所的委派为某某公司提供法律服务？为什么？

【评析】本案是一个典型的律师利益冲突案件，律师在接受代理时要考虑到一个律师不能同时为同一案件中双方当事人担任代理人。在同一案件中，双方当事人的地位是相对立的，其利益也是相对立的。律师在接受其中一方的委托后，必须尽职尽责地从当事人利益最大化的角度突出自己的代理意见，以求能维护当事人的权益。而诉讼活动定纷止争的特性决定双方当事人中必然是一方胜诉，另一方败诉。我国《律师法》第三十九条规定，律师不得在同一案件中为双方当事人担任代理人。在同一案件中，双方当事人是对立的，存在利益冲突。律师接受一方当事人的委托，为其提供法律帮助，目的是提出自己的主张和意见，反驳对方，以维护委托人的利益。如果律师接受同一案件双方当事人的委托，为维护一方的利益，就可能会损害另一方的利益。因为律师对原委托人的情况和证据已经了解或部分了解，如果接受对方当事人的委托，势必使原委托人处于不利境地。所以即使律师与委托人解除委托关系后，也不得在同一案件中担任对方当事人的代理人。

在本案中，某某所在接受某某公司委托前，指派律师谷某做某某银行的常年法律顾问。当常年法律顾问的行为相对于第三方时，即构成代理关系。而在某某公司向某某银行贷款事项中，某某所又与某某公司签约接受委托，并指派律师谷某以某某公司代理人身份与某某银行进行有关交涉，以期维护该公司的合法利益。在某某公司与某某银行发生纠纷后，某某所在依约为某某公司"协调合同履行中产生的纠纷"的同时，又多次以某某银行常年法律顾问和授权律师的身份向某某公司致函，而后又作为某某银行的委托代理人参加仲裁。在这个由借款合同产生的借贷双方利益对立的法律关系上，被告同时接受了双方代理人的委托，已构成双方代理。故本案中律师谷某不得接受某某公司的委托。

（六）维护司法公正和司法秩序的义务

我国《律师法》第四十条的第四、五、六、八款分别规定律师不得违反维护司法公正与司法秩序的义务从事下列活动：

（1）违反规定会见法官、检察官、仲裁员。根据《律师和律师事务所违法处罚办法》的规定，律师"违反规定会见法官、检察官和仲裁员"的违法行为包括：① 在承办代理、辩护业务期间，以影响案件办理结果为目的，在非工作时间、非工作场所会见法官、检察官、仲裁员或者其他有关工作人员的；② 利用与法官、检察官、仲裁员或者其他有关工作人员的特殊关系，影响依法办理案件的；③ 以对案件进行歪曲、不实、有误导性的宣传或者诋毁有关办案机关和工作人员以及对方当事人声誉等方式，影响依法办理案件的。

（2）向法官、检察官、仲裁员以及其他有关工作人员请客送礼或者行贿，或者指使、诱导当事人行贿。《律师与律师事务所违法处罚办法》第十五条规定，律师"向法官、检察官、仲裁员以及其他有关工作人员行贿，介绍贿赂或者指使、诱导当事人行贿的"的违法行为包括：① 利用承办案件的法官、检察官、仲裁员以及其他工作人员或者其近亲属举办婚丧喜庆事宜等时机，以向其馈赠礼品、金钱、有价证券等方式行贿的；② 以装修住宅、报销个人费用、资助旅游娱乐等方式向法官、检察官、仲裁员以及其他工作人员行贿的；③ 以提供交通工具、通信工具、住房或者其他物品等方式向法官、检察官、仲裁员以及其他工作人员行贿的；④ 以影响案件办理结果为目的，直接向法官、检察官、仲裁员以及其他工作人员行贿、介绍贿赂或者指使、诱导当事人行贿的。

（3）提供虚假证据，隐瞒事实或者威胁、利诱他人提供虚假证据，以及妨碍对方当事人合法取得证据。《律师和律师事务所违法处罚办法》第十七条规定，律师"故意提供虚假证据或者威胁、利诱他人提供虚假证据，妨碍对方当事人合法取得证据的"违法行为是指：① 故意向司法机关、行政机关或者仲裁机构提交虚假证据，或者指使、威胁、利诱他人提供虚假证据的；② 指示或者帮助委托人或者他人伪造、隐匿、毁灭证据，指使或者帮助犯罪嫌疑人、被告人串供，威胁、利诱证人不作证或者作伪证的；③ 妨碍对方当事人及其代理人、辩护人合法取证的，或者阻止他人向案件承办机关或者对方当事人提供证据的。

（4）扰乱法庭、仲裁庭秩序，干扰诉讼、仲裁活动的正常进行。《律师和律师事务所违法处罚办法》第十九条规定，律师"扰乱法庭、仲裁庭秩序，干扰诉讼、仲裁活动的正常进行的"的违法行为包括以下四种：① 在法庭、仲裁庭上发表或者指使、诱导委托人发表扰乱诉讼、仲裁活动正常进行的言论的；② 阻止委托人或者其他诉讼参与人出庭，致使诉讼、仲裁活动不能正常进行的；③ 煽动、教唆他人扰乱法庭、仲裁庭秩序的；④ 无正当理由，当庭拒绝辩护、代理，拒绝签收司法文书或者拒绝在有关诉讼文书上签署意见的。

（七）律师执业限制义务

律师执业限制义务包括两个方面，一个方面是特定的人员在一定时期内被限制获得律师执业资格，另一个方面是指特定律师在一定时期内被限制从事律师执业活动。前者具体是指《律师法》第四十一条的规定，即"曾经担任法官、检察官的律师，从人民法院、人民检察院离任后二年内，不得担任诉讼代理人或者辩护人"。而《律师和律师事务所违法行为处罚办法》第八条也具体对此条款限定如下："曾经担任法官、检察官的律师，从人民法院、人民检察院离任后二年内，担任诉讼代理人、辩护人或者以其他方式参与所在律师事务所承办的诉讼法律事务的，属于《律师法》第四十七条第四项规定的'从人民法院、人民检察院离任后二年内担任诉讼代理人或者辩护人的'违法行为。"法官、检察官离职后，可以转行参加律师工作。这类转型律师对于其原先承办过的案件的具体情况较为熟悉，如果允许其代理一方当事人，对另一方当事人是十分不利的，所以我国法律对这类司法工作人员转型的律师的执业进行了限制。

(八) 法律援助的义务

我国《律师法》第四十二条规定，律师、律师事务所应当按照国家规定履行法律援助义务，为受援人提供符合标准的法律服务，维护受援人的合法权益。《律师和律师事务所违法行为处罚办法》规定，律师"拒绝履行法律援助义务的"包括以下两种违法情形、违法行为：① 无正当理由拒绝接受律师事务所或者法律援助机构指派的法律援助案件的；② 接受指派后，懈怠履行或者擅自停止履行法律援助职责的。

法律援助制度的确立，是社会文明进步和法治完善的重要标志。律师有义务按照法律规定为符合法律援助条件的当事人、犯罪嫌疑人、被告人提供法律服务。我国《宪法》明确规定要"尊重和保护人权"。律师提供法律服务就是其践行宪法义务的一大表现。法律援助的义务一般由专门的法律援助机构来完成，但司法机关也会指定律师承担法律援助服务工作。在法律援助案件中，律师一旦接受，没有正当理由不得拒绝为当事人提供法律服务。

课后思考题

连某洁，女，广东某律师事务所律师。经广州市越秀区人民法院审理查明，连某洁在执业期间曾三次向司法人员行贿：1999 年 4 月，连某洁经广州某法院执行庭原副庭长刘某介绍，代理广东某公司向该法院申请执行广东某化工公司借款纠纷案件。事后，连某洁向刘某贿送 1 万元；2000 年 8 月，连某洁代理广东某投资公司向广州某法院申请执行广东某房产公司、广东某建设集团公司借款纠纷案件，请求刘某帮忙。案件执行完毕后，连某洁向刘某贿送 30 万元；2001 年 10 月，连某洁在代理广东某投资公司申请执行案件中，以同样方式向刘某贿送 63.6 万元。

广州市越秀区人民法院认为，连某洁身为执业律师，为牟取不正当利益，多次向司法人员贿送财物，数额巨大，其行为侵害了国家工作人员职务的廉洁性，扰乱了国家机关的正常管理秩序，构成行贿罪，鉴于其在被追诉前主动交代行贿行为，具有从轻、减轻处罚的情节，根据有关法律、法规判处连某洁有期徒刑三年，缓刑四年。省司法厅认为，连某洁身为一名执业律师，置法律及职业道德于不顾，为谋求不当利益，向司法人员行贿，其行为已经违反了《律师法》的相关规定，故对其做出吊销执业资格证书的行政处罚。

结合以上案例，请回答：

1. 连某洁向司法人员贿送财物的行为违反了律师的 （   ）。

A. 执业限制义务　　　　　　　　B. 主动回避利益冲突义务

C. 保密义务　　　　　　　　　　D. 维护司法公正和司法秩序义务

2. 连某洁违反律师准则，违反刑法的行为要被追究 （   ）。

A. 律师刑事法律责任　　　　　　B. 律师民事法律责任

C. 律师刑罚责任　　　　　　　　D. 律师行政法律责任

第六章

律师事务所

学习目标

　　本章主要介绍律师的执业机构——律师事务所，并对我国律师事务所的产生、发展以及分类、管理进行了详细的展开说明。希望学习者在学习本章的过程中，除了了解律师事务所在我国的产生和发展以外，重点理解并掌握律师事务所的三种类型以及国家法律对于律师事务所的设立、变更和终止条件的规定。同时，还应熟悉、掌握律师事务所的各种内部管理体制。

第一节　律师事务所概述

一、律师事务所的概念

　　我国《律师法》第十四条规定，"律师事务所是律师的执业机构。"律师事务所是依法设立，组织律师开展业务活动，具有独立财产并且能够承担民事责任的机构。律师事务所是律师开展业务的工作机构，律师必须通过律师事务所接受当事人的委托，承办各类法律事务。律师在执业过程中应承担的法律责任，由律师事务所承担。

　　我国改革开放初期，律师执行职务的工作机构是"法律顾问处"，但这一名称与国际通行律师执业机构的名称并不一致，且在当时已不利于律师开展对外活动或交流。为了适应改革开放的需求，1983 年深圳等地的律师工作机构更名为"律师事务所"。1983 年 7 月 15 日，"深圳蛇口工业区律师事务所挂牌成立。这是新中国成立后，全国首家挂牌律师事务所的律师机构，标志着中国律师业开始与国际接轨"。[①] 有学者认为，深圳蛇口工业区律师事务所的挂牌开创了我国使用"律师事务所"名称的先河，也开创了律师制度的新局面，是中国律师制度史上一个标志性的事件。[②] 1984 年 8 月，在全国司法行政工作会议中，正式将"法

[①]　刘洪群等：《当年蛇口首宗律师费 15 元》，载《南方日报》，2008-12-19，A18·时政版。

[②]　佚名：《关于"深圳经济特区成立 30 年十大法治事件候选事件"的公告》，《深圳特区报》（多媒体数字版），http://sztqb.sznews.com/html/2009-11-27/content_866502.htm，2009-11-27。

律顾问处"改称为"律师事务所"①，1996年《律师法》的颁布，确立了律师事务所的法律地位和组织形式。据统计，截至2014年年底，全国律师事务所规模已达2.2万多家，其中，合伙所1.53万多家，国资所1 400多家，个人所5 300多家，还有来自21个国家和地区的265家律师事务所在中国内地设立了330家代表机构。② 另据司法部2014年8月发布的第148号公告，有61家香港律师事务所驻内地代表机构通过2013年度检验，获准在内地执业，提供香港特别行政区及境外法律服务。③ 随着改革开放的深入，我国经济持续高速发展，对律师的需求也越来越多，我国律师事务所的数量逐年递增。不过，即便如此，我国律师人数在总人口中所占的比例仍远远低于发达国家。④ 根据2013年8月中华全国律师协会向社会公开发布的《中国律师行业社会责任报告》，截至2012年年底，中国律师数量为232 384名。律师人数的平均年增长速度为9.1%，其中，女律师人数占律师总数的26.6%。我国人口律师比最高的是北京市，每1万人口拥有11.7名律师，其次是上海市，每1万人口拥有6.7名律师；人口律师比最低的地区是西藏自治区，每1万人口拥有0.6名律师。全国每1万人口中拥有不足1名律师的省份尚有安徽、青海、甘肃、贵州、江西、西藏等6个省份。⑤ 而根据司法部2014年的数据统计，截至2014年年底，全国共有执业律师27.1万多人，其中，专职律师24.4万多人，兼职律师1万多人，公职律师6 800多人，公司律师2 300多人，法律援助律师5 900多人。北京、河北、上海、江苏、浙江、山东、河南、湖南、广东和四川10个省市的律师人数均已超过万人。⑥

二、律师事务所的权利与义务

律师事务作为律师开展执业活动的法定机构，根据《律师法》《律师事务所管理办法》等相关法律、法规的规定开展业务，依法享有相关的律师事务所权利并承担相应的义务。

（一）律师事务所的权利

律师事务所作为律师的执业场所，在法律允许的范围内开展法律业务，享有广泛的权利，如自主经营权、接受当事人委托权、依法收费权、依法提供法律服务权。

---

① 谭世贵：《律师法学》，北京，法律出版社，1997：54。

② 佚名：《中国执业律师人数超过27万》，载《深圳商报》，2015-04-09，A11·国内版。

③ 中华人民共和国司法部：《关于61家香港律师事务所驻内地代表机构通过2013年度检验获准在内地执业的公告》（司法部公告第148号），http://www.moj.gov.cn/index/content/2014-08/13/content_5718052.htm? node = 7346，2014-08-13。

④ 据不完全统计，英国目前有执业大律师一万多人，而小律师则超过五万人，按照人口比例计算，全英国每不到一千人就拥有一名律师。

⑤ 佚名：《全国律协首次发布〈中国律师行业社会责任报告〉》，中国律师网，http://www.acla.org.cn/html/xinwen/20130827/11102.html，2013-08-27。

⑥ 佚名：《中国执业律师人数超过27万》，载《深圳商报》，2015-04-09，A11·国内版。

1. 自主经营权

我国律师事务所一般采用普通合伙或者特殊的普通合伙形式设立。首先，作为独立的经济组织，律师事务所有自己独立的财产，能够对自身的经营活动承担相应的法律责任，因而，律师事务所必然享有自主经营权。其次，《律师事务所管理办法》第三条规定，律师事务所应当依法开展业务活动，加强内部管理和对律师执业行为的监督，依法承担相应的法律责任。任何组织和个人不得非法干预律师事务所的业务活动，不得侵害律师事务所的合法权益。该条款的内容意味着律师事务所有权自主决定自己的经营范围、组织形式、执业方法、目标客户、服务类别；有权自主决定接受或拒绝当事人的委托。最后，任何组织和个人都不得非法干涉律师事务所的执业活动，即便是国家出资设立的律师事务所，其执业活动也具有独立性。

2. 接受当事人委托权

《律师法》第二十五条规定，"律师承办业务，由律师事务所统一接受委托，与委托人签订书面委托合同……"根据该规定，当事人委托法律事务，只能与律师事务所签订委托合同，而不是与律师个人签订委托合同，律师事务所作为委托合同的一方当事人理应承担相应的合同责任。律师事务所在与当事人签订委托合同后，有权经当事人选定或自主指派律师按照合同约定提供法律服务，并对具体承办律师的执业行为负责。根据我国《律师法》第四十八条的规定，律师个人不得私自接受委托、收取费用，否则将由设区的市级或者直辖市的区人民政府司法行政机关给予警告，可以处一万元以下的罚款；有违法所得的，没收违法所得；情节严重的，给予停止执业三个月以上六个月以下的处罚。

3. 依法收费权

律师事务所作为一个独立的经济组织，经济组织以营利为目标，有权自主决定对提供的法律服务依法收取相应的费用。根据《律师法》第二十五条的规定，律师事务所按照国家规定统一收取费用并如实入账。律师事务所与当事人签订委托合同，并协商确定收费标准、收费方式等，具体案件的承办律师个人不得私自收取费用。根据《律师法》的相关规定，律师个人不得违反收费管理规定，私自收取、使用、侵占律师服务费以及律师异地办案差旅费用，律师事务所才是唯一合法的收费主体。

4. 依法提供法律服务权

我国《律师法》第二条将律师定义为"依法取得律师执业证书，接受委托或者指定，为当事人提供法律服务的执业人员"，第十四条又明确了"律师事务所是律师的执业机构"，这说明律师为当事人提供法律服务必须首先通过律师事务所与委托人签订委托协议，而律师事务所作为律师的执业机构，通过指派律师承办具体案件。律师事务所可以在法律、法规允许的范围内从事法律服务，并具有根据社会发展的需要，及时创新法律服务内容和服务方式的权利。

（二）律师事务所的义务

权利与义务是相辅相成的，律师事务所在享有权利的同时也依法承担相应的义务，律师事务所的义务具体包括：

1. 依法纳税的义务

《律师法》第二十五条第二款规定："律师事务所和律师应当依法纳税。"纳税是每个公民和经济组织的基本义务，作为一个独立经营的法人组织，律师事务所应当依法纳税。

2. 不得进行不正当竞争的义务

我国《律师法》第二十六条规定，律师事务所和律师不得以诋毁其他律师事务所、律师或者支付介绍费等不正当手段承揽业务。根据《律师和律师事务所违法行为处罚办法》的规定，律师事务所不得以下列不正当手段进行竞争：① 以误导、利诱、威胁或者作虚假承诺等方式承揽业务；② 以支付介绍费、给予回扣、许诺提供利益等方式承揽业务；③ 以对本人及所在律师事务所进行不真实、不适当宣传或者诋毁其他律师、律师事务所声誉等方式承揽业务；④ 在律师事务所住所以外设立办公室、接待室承揽业务。律师事务所之间要倡导良性的竞争秩序，以优质的服务赢得市场，促进律师行业整体的文明、有序、健康发展。

3. 营业禁止的义务

《律师法》第二十七条规定："律师事务所不得从事法律服务以外的经营活动。"律师事务所是一种较为特殊的经济组织，法律需要对其营业范围进行限制。律师事务所的营业范围是封闭狭窄的，即只提供相关的法律服务，不允许从事法律服务之外的经营活动。

第二节　我国律师事务所的分类

根据我国现行《律师法》的规定，我国的律师事务所的类型分为国资律师事务所、个人律师事务所和合伙律师事务所。

一、国资律师事务所

1. 国资律师事务所的概念

根据《律师法》和《律师事务所管理办法》的规定，并参照《国家出资设立的律师事务所管理办法》①的相关规定，国家出资设立的律师事务所（以下简称"国资所"）是指由国家出资设立并核定事业编制，以其全部资产对债务承担有限责任的律师事务所形式。

2. 国资律师事务所存废的思考

从1979年国家恢复律师制度开始到二十世纪九十年代中期，国资所几乎是我国律师事务所的唯一形式。国资所属于国家事业单位，工作人员具有行政事业编制，工作经费列入国

---

① 1996年11月25日司法部第44号令颁布，1997年1月1日起实施。

家预算开支，收取的费用需要上缴国库。国资所是国家出资设立的律师事务所，因此，其资产属于国家资产，并以其全部资产自主承担债务。各地国资所均由司法行政机关组建，并隶属于设立它的司法行政机关，接受设立机关的监督、管理。因此，国资所律师是国家工作人员，按其行政级别领取工资，国资所的律师对国资所的经营所得不享有分配权。而其他合伙律师事务所律师或个人律师事务所律师大多采取多劳多得的报酬模式。国资所律师承办案件无论多寡好坏，其劳动报酬都是相同的，这种报酬模式极大地抑制了国资所律师的工作热情，也严重制约了国资所的发展。随着合伙律师事务所和个人律师事务所的快速发展，国资所的市场生存空间已经越来越小。2000 年 7 月，国务院办公厅下发了《关于经济鉴证类社会中介机构与政府部门实行脱钩改制意见的通知》，随后司法部根据该意见下发《律师事务所社会法律咨询服务机构脱钩改制实施方案》，规定属于脱钩改制范围的律师事务所和社会法律咨询服务机构（简称"脱钩单位"）要在人员、财务、业务、名称四个方面，与挂靠的政府部门、事业单位、企业或社会团体彻底脱钩。律师事务所脱钩后，应改制为合伙律师事务所或合作律师事务所；社会法律咨询服务机构脱钩后，一律改制为"有限责任公司"。

现在大部分地区的国资所都已经改制成为合伙律师事务所。前文提及，中华全国律师协会发布的《中国律师行业社会责任报告》（2013）显示，尽管我国人口律师比逐年上涨，但是在人口律师比最少的西藏自治区，每 1 万人口仅拥有 0.6 名律师。全国每 1 万人口中拥有不足 1 名律师的省份尚有安徽、青海、甘肃、贵州、江西、西藏 6 个，考虑到这些法治欠发达地区需要法律服务，却难以保证律师事务所能够在这些地区营利，仍需要设立国资所为当地民众提供法律服务。因此，现行《律师法》中仍然保留了国资所这种组织形式。

二、个人律师事务所

1. 个人律师事务所的概念与历史

个人律师事务所是指以个人名义申请设立的律师事务所，设立人对律师事务所的债务承担无限责任。个人律师事务所是国外比较通行的一种律师执业机构形式。虽然我国 1996 年出台的《律师法》中没有涉及个人律师事务所，但实际上一些地方性法规已经对个人律师事务所做出了规定，例如，1995 年广东省人大常委会通过的《广东省律师执业条例》就规定，设立律师事务所，可以以个人开业的形式提出申请，报地级市以上司法行政机关批准设立。之后，海南、上海、北京等地也相继出台了相关规定。[①] 2007 年《律师法》修订时首次明确规定了个人律师事务所的法律地位，现行《律师法》也保留了这一规定。

2. 个人律师事务所的优势与弊端

与国资律师事务所、合伙律师事务所相比，个人律师事务所的优势体现在以下四个方面：

---

① 谭世贵：《律师法学》，北京，法律出版社，2005：65。

（1）低成本、高效率。个人律师事务所的设立人、负责人是同一人，该设立人是利益独享体，不与别人发生利益纠纷，节省了大量的内部运营成本。同时，个人律师事务所能够很好地适应小微市场的需求，有利于解决收费不高、简单、程序性的案件，提升司法效率。

（2）深入基层。个人律师事务所组织框架简单明确，方便进入农村、社区等基层提供法律服务。

（3）市场化适应快。个人律师事务所可以根据个人的业务偏好和市场需求，针对市场的专业化要求，及时调整服务方向，打造个人品牌。

（4）律师个人的业务素养进步快。个人律师事务所一般以个人名字命名，设立人为维护个人名誉能够潜心学习，有利于激发个人的潜能，促进律师不断学习，提升个人在某一法律领域的专业素养。

不过，个人律师事务所受规模及律师本身的专业素养的限制，无法涉足高端、复杂的法律业务，无法组成团队承办法律业务；此外，个人律师事务所负责人容易形成"一言堂"，容易乱接案、乱收费，因此也存在较大的法律风险。

三、合伙律师事务所

1. 合伙律师事务所的概念

合伙律师事务是指由律师自愿组成，财产归合伙人共有的律师事务所。《律师法》第十五条第二款规定，"合伙律师事务所可以采用普通合伙或者特殊的普通合伙形式设立。"合伙律师事务所的合伙人按照合伙形式对该律师事务所的债务依法承担责任。《中国律师行业社会责任报告》（2013）显示，合伙律师事务所是我国最主要的律师执业机构形式，共为13 835 家，占律师执业机构的 71.5%；从合伙律师事务所的规模来看，3 至 10 人规模的占到了 92.9%，占全国律师事务所总数的三分之二。

2. 合伙律师事务所的特殊设立条件及责任承担

（1）普通合伙律师事务所的设立条件及责任承担。根据我国《律师事务所管理办法》第七条的规定，设立普通合伙律师事务所，除应当符合本办法第六条规定的条件外，还应当具备下列条件：① 有书面合伙协议；② 有 3 名以上合伙人作为设立人；③ 设立人应当是具有 3 年以上执业经历并能够专职执业的律师；④ 有人民币 30 万元以上的资产。设立合伙律师事务所，应当有 3 名以上合伙人，设立人应当是具有 3 年以上执业经历的律师。

律师违法执业或者因过错给当事人造成损失的，由其所在的律师事务所承担赔偿责任。律师事务所赔偿后，可以向有故意或者重大过失行为的律师追偿。普通合伙律师事务所的所有合伙人对律师事务所的债务承担无限连带责任。

（2）特殊的普通合伙律师事务所的设立条件及责任承担。《律师事务所管理办法》第八条规定，设立特殊的普通合伙律师事务所，除应当符合本办法第六条规定的条件外，还应当具备下列条件：① 有书面合伙协议；② 有 20 名以上合伙人作为设立人；③ 设立人应当是具有 3 年以上执业经历并能够专职执业的律师；④ 有人民币 1 000 万元以上的资产。特殊的普通合伙律师事务所的一个合伙人或者数个合伙人在执业活动中因故意或者重大过失造成律师事务所债务的，应当承担无限责任或者无限连带责任，其他合伙人以其在律师事务所中的财产份额为限承担责任；合伙人在执业活动中非因故意或者重大过失造成的律师事务所债务，由全体合伙人承担无限连带责任。

第三节　律师事务的设立、变更和终止

律师事务所是律师的执业机构，我国《律师法》《律师事务所管理办法》等法律、法规在相关章节中对律师事务所的设立、变更和终止均做了明确的规定。因此，律师事务所的设立、变更、终止都需要遵循法定条件和程序。

一、律师事务所的设立

（一）律师事务所的设立条件

《律师法》第十四条规定了律师事务所的设立条件。设立律师事务所应当具备下列条件：

1. 有自己的名称、住所和章程

律师事务所应当有自己的名称，且只准使用一个名称。《律师事务所管理办法》第十二条对此做了进一步的规定："设立律师事务所，其申请的名称应当符合司法部有关律师事务所名称管理的规定，并应当在申请设立许可前按规定办理名称检索。"又据《律师事务所名称管理办法》（2010 年 3 月 1 日起施行）第二条规定："律师事务所对经司法行政机关依法核准的律师事务所名称享有专用权。律师事务所依法使用名称，受法律保护。"

住所是指律师事务所的执业场所，即律师事务所的办公场所，以保证律师开展正常的业务活动。

章程是规范律师事务所内部管理的规范性文件，是律师事务所的根本准则。根据《律师事务所管理办法》第十四条的规定，律师事务所章程应当包括下列内容：① 律师事务所的名称和住所；② 律师事务所的宗旨；③ 律师事务所的组织形式；④ 设立资产的数额和来源；⑤ 律师事务所负责人的职责以及产生、变更程序；⑥ 律师事务所决策、管理机构的设置、职责；⑦ 本所律师的权利与义务；⑧ 律师事务所有关执业、收费、财务、分配等主要管理制度；⑨ 律师事务所解散的事由、程序以及清算办法；⑩ 律师事务所章程的解释、修改程序；⑪ 其他需要载明的事项。设立合伙律师事务所的，其章程还应当载明合伙人的姓名、出资额及出资方式。律师事务所章程的内容不得与有关法律、法规、规章相抵触。律师事务所章程自省、自治区、直辖市司法行政机关做出准予设立律师事务所决定之日起生效。

2. 有符合《律师法》规定的律师

申请设立律师事务所须有符合《律师法》规定资格、数额的律师。根据我国《律师法》

第五条的规定，申请律师执业，应当具备下列条件：① 拥护中华人民共和国宪法；② 通过国家统一司法考试；③ 在律师事务所实习满一年；④ 品行良好。实行国家统一司法考试前取得的律师资格凭证，在申请律师执业时，与国家统一司法考试合格证书具有同等效力。《律师事务所管理办法》第十条也规定，国家出资设立的律师事务所，除符合《律师法》规定的一般条件外，应当至少有 2 名符合《律师法》规定并能够专职执业的律师。

3. 设立人应当是具有一定的执业经历，且三年内未受过停止执业处罚的律师

《律师法》对律师事务所设立人的执业经历加以限制，取得律师执业证书或律师资格证书但未执业，或者仍处于实习期的律师均不能成为律师事务所的设立人。同时，《律师法》规定，律师事务所的设立人应在近三年内未受过停止执业的处罚，对设立人职业道德和执业纪律情况加以规定，限制执业素质低的律师成为律师事务所设立人。此外，《律师法》和《律师事务所管理办法》针对不同组织形式的律师事务所的设立人也做了不同的数额限制：① 设立普通合伙律师事务所，应当是具有 3 年以上执业经历并能够专职执业的律师；② 设立特殊的普通合伙律师事务所，应当有 20 名以上的合伙人作为设立人，且设立人应当是具有 3 年以上执业经历并能够专职执业的律师；③ 设立个人律师事务所，设立人应当是具有 5 年以上执业经历并能够专职执业的律师。

4. 有符合国务院司法行政机关规定数额的资产

设立律师事务所需要有符合国务院司法行政机关规定的设立资产。根据《律师事务所管理办法》第七条、第八条、第九条的规定：设立普通合伙律师事务所，应当有人民币 30 万元以上的资产；设立特殊的普通合伙律师事务所，应当有人民币 1 000 万元以上的资产；设立个人律师事务所，应当有人民币 10 万元以上的资产。

（二）律师事务所设立的许可程序

《律师法》第十八条规定，设立律师事务所，应当向设区的市级或者直辖市的区人民政府司法行政机关提出申请，受理申请的部门应当自受理之日起 20 日内予以审查，并将审查意见和全部申请材料报送省、自治区、直辖市人民政府司法行政机关。省、自治区、直辖市人民政府司法行政机关应当自收到报送材料之日起 10 日内予以审核，作出是否准予设立的决定。准予设立的，向申请人颁发律师事务所执业证书；不准予设立的，向申请人书面说明理由。

《律师事务所管理办法》对律师事务所的设立程序进行了具体规定，包括申请、受理、审查和审核决定共四个步骤：

1. 申请

根据《律师法》的规定，设区的市级或者直辖市的区人民政府司法行政机关是申请设立律师事务所的受理机关。《律师事务所管理办法》第十六条规定：律师事务所的设立许可，由设区的市级或者直辖市的区（县）司法行政机关受理设立申请并进行初审，报省、自治区、直辖市司法行政机关进行审核，作出是否准予设立的决定。

《律师事务所管理办法》第十七条规定，申请设立律师事务所，应当向所在地设区的市

级或者直辖市的区（县）司法行政机关提交下列材料：① 设立申请书；② 律师事务所的名称、章程；③ 设立人的名单、简历、身份证明、律师执业证书，律师事务所负责人人选；④ 住所证明；⑤ 资产证明。设立合伙律师事务所，还应当提交合伙协议。设立国家出资设立的律师事务所，应当提交所在地县级人民政府有关部门出具的核拨编制、提供经费保障的批件。申请设立许可时，申请人应当如实填报《律师事务所设立申请登记表》。

2. 受理

根据《律师事务所管理办法》第十八条的规定，设区的市级或者直辖市的区（县）司法行政机关对申请人提出的设立律师事务所申请，应当根据下列情况分别作出处理：① 申请材料齐全、符合法定形式的，应当受理。② 申请材料不齐全或者不符合法定形式的，应当当场或者自收到申请材料之日起 5 日内一次告知申请人需要补正的全部内容。申请人按要求补正的，予以受理；逾期不告知的，自收到申请材料之日起即为受理。③ 申请事项明显不符合法定条件或者申请人拒绝补正、无法补正有关材料的，不予受理，并向申请人书面说明理由。

3. 审查

根据《律师事务所管理办法》第十九条规定，受理申请的司法行政机关应当在决定受理之日起 20 日内完成对申请材料的审查。在审查过程中，可以征求拟设立律师事务所所在地县级司法行政机关的意见；对于需要调查核实有关情况的，可以要求申请人提供有关证明材料，也可以委托县级司法行政机关进行核实。经审查，应当对设立律师事务所的申请是否符合法定条件、材料是否真实齐全出具审查意见，并将审查意见和全部申请材料报送省、自治区、直辖市司法行政机关。

4. 审核决定

根据《律师事务所管理办法》第二十条的规定，省、自治区、直辖市司法行政机关应当自收到受理申请机关报送的审查意见和全部申请材料之日起 10 日内予以审核，作出是否准予设立律师事务所的决定。准予设立的，应当自决定之日起 10 日内向申请人颁发律师事务所执业许可证。不准予设立的，应当向申请人书面说明理由。

二、律师事务所的变更

律师事务所的变更，是指律师事务所在经营活动中，改变其设立时的事项并报审核机关批准的行为。由于律师事务所有其特有的名称、住所和章程等，独立承担民事责任，其设立经省、自治区、直辖市司法行政机关审核许可，律师事务所的变更应当报原审核机关批准或备案。《律师事务所管理办法》对律师事务所的变更进行了具体规定：

（一）名称、负责人、章程、合伙协议的变更

根据《律师事务所管理办法》第二十四条的规定，律师事务所变更名称、负责人、章程、合伙协议的，应当经所在地设区的市级或者直辖市的区（县）司法行政机关审查后报

原审核机关批准。具体办法按律师事务所设立许可程序办理。

律师事务所变更住所、合伙人的，应当自变更之日起 15 日内经所在地设区的市级或者直辖市的区（县）司法行政机关报原审核机关备案。

（二）住所的变更

根据《律师事务所管理办法》第二十五条的规定，律师事务所跨县、不设区的市、市辖区变更住所，需要相应变更负责对其实施日常监督管理的司法行政机关的，应当在办理备案手续后，由其所在地设区的市级司法行政机关或者直辖市司法行政机关将有关变更情况通知律师事务所迁入地的县级司法行政机关。

律师事务所拟将住所迁移其他省、自治区、直辖市的，应当按注销原律师事务所、设立新的律师事务所的程序办理。

（三）合伙人的变更

根据《律师事务所管理办法》第二十六条的规定，律师事务所变更合伙人，包括吸收新合伙人、合伙人退伙、合伙人因法定事由或者经合伙人会议决议被除名。

新合伙人应当从专职执业的律师中产生，并具有 3 年以上执业经历，但司法部另有规定的除外。受到 6 个月以上停止执业处罚的律师，处罚期满未逾 3 年的，不得担任合伙人。

合伙人退伙、被除名的，律师事务所应当依照法律、本所章程和合伙协议处理相关财产权益、债务承担等事务。

因合伙人变更需要修改合伙协议的，修改后的合伙协议应当按照本办法第二十四条第一款的规定报批。

（四）组织形式的变更

根据《律师事务所管理办法》第二十七条的规定，律师事务所变更组织形式的，应当在自行依法处理好业务衔接、人员安排、资产处置、债务承担等事务并对章程、合伙协议作出相应修改后，方可按照本办法第二十四条第一款的规定申请变更。

（五）合并、分立

根据《律师事务所管理办法》第二十八条的规定，律师事务所因分立、合并，需要对原律师事务所进行变更或者注销原律师事务所、设立新的律师事务所的，应当在自行依法处理好相关律师事务所的业务衔接、人员安排、资产处置、债务承担等事务后，提交分立协议或者合并协议等申请材料，按照本办法的相关规定办理。

三、律师事务所的终止

我国《律师法》《律师事务所管理办法》对律师事务所的终止做出如下规定：

（一）律师事务所的终止条件

《律师法》第二十二条规定，律师事务所有下列情形之一的，应当终止：① 不能保持法定设立条件，经限期整改仍不符合条件的；② 律师事务所执业证书被依法吊销的；③ 自行决定解散的；④ 法律、行政法规规定应当终止的其他情形。律师事务所终止的，由颁发执业证书的部门注销该律师事务所的执业证书。律师事务所在取得设立许可后，6 个月内未开业或者无正当理由停止业务活动满 1 年的，视为自行停办，应当终止。律师事务所在受到停业整顿处罚期限未满前，不得自行决定解散。

（二）律师事务所的终止程序

《律师事务所管理办法》第三十一条规定了律师事务所的终止程序：律师事务所在终止事由发生后，应当向社会公告，依照有关规定进行清算，依法处置资产分割、债务清偿等事务。因被吊销执业许可证终止的，由作出该处罚决定的司法行政机关向社会公告。因其他情形终止、律师事务所拒不公告的，由设区的市级或者直辖市的区（县）司法行政机关向社会公告。

律师事务所自终止事由发生后，不得受理新的业务。

律师事务所应当在清算结束后 15 日内向所在地设区的市级或者直辖市的区（县）司法行政机关提交注销申请书、清算报告、本所执业许可证以及其他有关材料，由其出具审查意见后连同全部注销申请材料报原审核机关审核，办理注销手续。

律师事务所被注销的，其业务档案、财务账簿、本所印章的移管、处置，按照有关规定办理。

第四节　律师事务所的管理

根据司法部的统计数据，截至 2013 年 1 月 1 日，全国各省、自治区、直辖市的律师事务所总计为 19 361 家。我国律师事务所的数量逐年上涨，既表明我国法制化进程的推进速度明显加快，又对主管部门如何高效监管律师事务所提出了更高的要求。我国对于律师事务所的管理方式主要包括行政管理和行业协会管理。

一、行政管理

《律师法》第四条规定，司法行政部门依照本法对律师、律师事务所和律师协会进行监督、指导。司法部作为全国最高司法行政机关，是主管全国律师行业的国务院组成部门，各地方司法厅、司法局是主管本行政区域律师行业的主管部门，对律师事务所实施行政管理，包括设立、变更、终止、年度考核和行政处罚等。

《律师事务所管理办法》进一步对各级司法行政机关对律师事务所的监管权限和职能做出了明确规定：

（一）县级司法行政机关的监督管理

依据《律师事务所管理办法》第五十三条的规定，县级司法行政机关对本行政区域内的律师事务所的执业活动进行日常监督管理，履行下列职责：① 监督律师事务所在开展业务活动过程中遵守法律、法规、规章的情况；② 监督律师事务所执业和内部管理制度的建立和实施情况；③ 监督律师事务所保持法定设立条件以及变更报批或者备案的执行情况；④ 监督律师事务所进行清算、申请注销的情况；⑤ 监督律师事务所开展律师执业年度考核和上报年度执业总结的情况；⑥ 受理对律师事务所的举报和投诉；⑦ 监督律师事务所履行行政处罚和实行整改的情况；⑧ 司法部和省、自治区、直辖市司法行政机关规定的其他职责。

县级司法行政机关在开展日常监督管理的过程中，对发现、查实的律师事务所在执业和内部管理方面存在的问题，应当对律师事务所负责人或者有关律师进行警示谈话，责令改正，并对其整改情况进行监督；对律师事务所的违法行为认为依法应当给予行政处罚的，应当向上一级司法行政机关提出处罚建议；认为需要给予行业惩戒的，移送律师协会处理。

（二）设区的市级司法行政机关的监督管理职责

依据《律师事务所管理办法》第五十四条的规定，设区的市级司法行政机关履行下列监督管理职责：① 掌握本行政区域律师事务所的执业活动和组织建设、队伍建设、制度建设的情况，制定加强律师工作的措施和办法。② 指导、监督下一级司法行政机关的日常监督管理工作，组织开展对律师事务所的专项监督检查工作，指导对律师事务所重大投诉案件的查处工作。③ 对律师事务所进行表彰。④ 依法定职权对律师事务所的违法行为实施行政处罚；对依法应当给予吊销执业许可证处罚的，向上一级司法行政机关提出处罚建议。⑤ 组织开展对律师事务所的年度检查考核工作。⑥ 受理、审查律师事务所设立、变更、设立分所、注销申请事项。⑦ 建立律师事务所执业档案，负责有关律师事务所的许可、变更、终止及执业档案信息的公开工作。⑧ 法律、法规、规章规定的其他职责。直辖市的区（县）司法行政机关负有前款规定的有关职责。

（三）省、自治区、直辖市司法行政机关的监管职责

依据《律师事务所管理办法》第五十五条的规定，省、自治区、直辖市司法行政机关履行下列监督管理职责：① 制定本行政区域律师事务所的发展规划和有关政策，制定律师事务所管理的规范性文件；② 掌握本行政区域律师事务所组织建设、队伍建设、制度建设和业务开展情况；③ 监督、指导下级司法行政机关的监督管理工作，指导对律师事务所的专项监督检查和年度检查考核工作；④ 组织对律师事务所的表彰活动；⑤ 依法对律师事务所的严重违法行为实施吊销执业许可证的处罚，监督下一级司法行政机关的行政处罚工作，办理有关行政复议和申诉案件；⑥ 办理律师事务所设立核准、变更核准或者备案、设立分所核准及执业许可证注销事项；⑦ 负责本行政区域律师事务所有关重大信息的公开工作；⑧ 法律、法规规定的其他职责。

（四）对分所的监管监督

《律师事务所管理办法》第五十六条规定，律师事务所管理分所的情况，应当纳入司法行政机关对该所年度检查考核的内容；律师事务所对分所及其律师疏于管理、造成严重后果的，由该所所在地司法行政机关依法实施行政处罚。律师事务所分所及其律师，应当接受分所所在地司法行政机关的监督、指导，接受分所所在地律师协会的行业管理。

《律师事务所管理办法》第五十七条规定，跨省、自治区、直辖市设立分所的，分所所在地的省、自治区、直辖市司法行政机关应当将分所设立、变更、终止以及年度考核、行政处罚等情况及时抄送设立分所的律师事务所所在的省、自治区、直辖市司法行政机关。

（五）对律师事务所违法行为的处罚

《律师法》对律师事务所的违法行为进行了明确规定：① 违反规定接受委托、收取费用的；② 违反法定程序办理变更名称、负责人、章程、合伙协议、住所、合伙人等重大事项的；③ 从事法律服务以外的经营活动的；④ 以诋毁其他律师事务所、律师或者支付介绍费等不正当手段承揽业务的；⑤ 违反规定接受有利益冲突的案件的；⑥ 拒绝履行法律援助义务的；⑦ 向司法行政机关提供虚假材料或者有其他弄虚作假行为的；⑧ 对本所律师疏于管理，造成严重后果的。

1. 律师事务所的违法行为

《律师和律师事务所违法行为处罚办法》进一步对前述八种违法行为做了细化和界定：

（1）违反规定接受委托、收取费用的：违反规定不以律师事务所名义统一接受委托、统一收取律师服务费和律师异地办案差旅费，不向委托人出具有效收费凭证的；向委托人索要或者接受规定、合同约定之外的费用、财物或者其他利益的；纵容或者放任本所律师有"私自接受委托、收取费用，接受委托人财物或者其他利益的"违法行为的。

（2）违反法定程序办理变更名称、负责人、章程、合伙协议、住所、合伙人等重大事项的：不按规定程序办理律师事务所名称、负责人、章程、合伙协议、住所、合伙人、组织形式等事项变更报批或者备案的；不按规定的条件和程序发展合伙人，办理合伙人退伙、除名或者推选律师事务所负责人的；不按规定程序办理律师事务所分立、合并，设立分所，或者终止、清算、注销事宜的。

（3）从事法律服务以外的经营活动的：以独资、与他人合资或者委托持股方式兴办企业，并委派律师担任企业法定代表人或者总经理职务的；从事与法律服务无关的中介服务或者其他经营性活动的。

（4）以诋毁其他律师事务所、律师或者支付介绍费等不正当手段承揽业务的：从事或者纵容、放任本所律师从事以不正当手段承揽业务的违法行为，具体表现为——以误导、利诱、威胁或者作虚假承诺等方式承揽业务的；以支付介绍费、给予回扣、许诺提供利益等方式承揽业务的；以对本人及所在律师事务所进行不真实、不适当宣传或者诋毁其他律师、律师事务所声誉等方式承揽业务的；在律师事务所住所以外设立办公室、接待室承揽业务的。

（5）违反规定接受有利益冲突的案件的：指派本所律师担任同一诉讼案件的原告、被告代理人，或者同一刑事案件被告人辩护人、被害人代理人的；未按规定对委托事项进行利益冲突审查，指派律师同时或者先后为有利益冲突的非诉讼法律事务各方当事人担任代理人或者提供相关法律服务的；明知本所律师及其近亲属同委托事项有利益冲突，仍指派该律师担任代理人、辩护人或者提供相关法律服务的；纵容或放任本所律师在同一案件中为双方当事人担任代理人，或者代理与本人及其近亲属有利益冲突的法律事务的。

（6）拒绝履行法律援助义务的：无正当理由拒绝接受法律援助机构指派的法律援助案件的；接受指派后，不按规定及时安排本所律师承办法律援助案件或者拒绝为法律援助案件的办理提供条件和便利的；纵容或者放任本所律师有拒绝履行法律援助义务的违法行为的。

（7）向司法行政机关提供虚假材料或者有其他弄虚作假行为的：在司法行政机关实施检查、监督工作时，故意隐瞒真实情况，拒不提供有关材料或者提供不实、虚假的材料，或者隐匿、毁灭、伪造证据材料的；在参加律师事务所年度检查考核、执业评价、评先创优活动中，提供不实、虚假、伪造的材料或者有其他弄虚作假行为的；在办理律师事务所重大事项变更、设立分所、分立、合并或者终止、清算、注销的过程中，提供不实、虚假、伪造的证明材料或者有其他弄虚作假行为的。

（8）对本所律师疏于管理，造成严重后果的：不按规定建立健全内部管理制度，日常管理松懈、混乱，造成律师事务所无法正常运转的；不按规定对律师执业活动实行有效监督，或者纵容、袒护、包庇本所律师从事违法违纪活动，造成严重后果的；纵容或者放任律师在本所被处以停业整顿期间或者律师被处以停止执业期间继续执业的；不按规定接受年度检查考核，或者经年度检查考核被评定为"不合格"的；不按规定建立劳动合同制度，不依法为聘用律师和辅助人员办理失业、养老、医疗等社会保险的；有其他违法违规行为，造成严重后果的。

2. 行政处罚的种类和幅度

根据《律师法》第五十条的规定，对律师事务所违法行为的行政处罚包括：由设区的市级或者直辖市的区人民政府司法行政机关视其情节给予警告、停业整顿一个月以上六个月以下的处罚，可以处十万元以下的罚款；有违法所得的，没收违法所得；情节特别严重的，由省、自治区、直辖市人民政府司法行政机关吊销律师事务所执业证书。

《律师和律师事务所处罚办法》第三十八条、第三十九条、第四十条另外对行政处罚的幅度做出了明确规定。

（1）律师、律师事务所有下列情形之一的，可以从轻或者减轻行政处罚：① 主动消除或者减轻违法行为危害后果的；② 主动报告，积极配合司法行政机关查处违法行为的；③ 受他人胁迫实施违法行为的；④ 其他依法应当从轻或者减轻处罚的。违法行为轻微并及时纠正，没有造成危害后果的，不予行政处罚。

（2）律师、律师事务所的违法行为有下列情形之一的，属于《律师法》规定的违法情节严重或者情节特别严重，应当在法定的行政处罚种类及幅度的范围内从重处罚：① 违法行为给当事人、第三人或者社会公共利益造成重大损失的；② 违法行为性质、情节恶劣，严重损害律师行业形象，造成恶劣社会影响的；③ 同时有两项以上违法行为或者违法涉案金额巨大的；④ 在司法行政机关查处违法行为期间，拒不纠正或者继续实施违法行为，拒绝提交、隐匿、毁灭证据或者提供虚假、伪造的证据的；⑤ 其他依法应当从重处罚的。

（3）律师在受到警告处罚后一年内又发生应当给予警告处罚情形的，应当给予停止执业三个月以上一年以下的处罚；在受到停止执业处罚期限未满或者期满后二年内又发生应当给予停止执业处罚情形的，应当吊销律师执业证书。律师事务所在受到停业整顿处罚期限未满或者期满后二年内又发生应当给予停业整顿处罚情形的，应当吊销其律师事务所执业许可证书。

二、行业协会管理

《律师法》第四十三条规定，律师协会是社会团体法人，是律师的自律性组织。全国设立中华全国律师协会，省、自治区、直辖市设立地方律师协会，设区的市根据需要可以设立地方律师协会。第四十五条规定，律师、律师事务所应当加入所在地的地方律师协会。加入地方律师协会的律师、律师事务所，同时是中华全国律师协会的会员。律师协会会员享有律师协会章程规定的权利，履行律师协会章程规定的义务。律师协会有权通过制定行业规范和惩戒规则，以及对律师、律师事务所实施奖励和惩戒等方式对律师事务所进行管理。有关该部分的具体阐述，可参见本书第三章第二节的内容。

三、律师事务所的管理

《律师法》第二十三条规定，律师事务所应当建立健全执业管理、利益冲突审查、收费与财务管理、投诉查处、年度考核、档案管理等制度，对律师在执业活动中遵守职业道德、执业纪律的情况进行监督。律师事务所依据本条规定，可以通过建立内部工作制度对律师事务所进行内部管理。

（一）收案制度

收案，是指律师事务所接受当事人的委托，统一办理某一项法律事务的行为。《律师法》第二十五条规定，律师承办业务，由律师事务所统一接受委托，与委托人签订书面委托合同，按照国家规定统一收取费用并如实入账。因此，收案必须秉承以下三个基本原则：

（1）统一接受。任何案件，都必须由律师事务所统一接受，不允许律师以个人名义收案。律师事务所接受案件后，再由领导指派承办律师。

（2）专人负责。对民事、刑事诉讼案件和民事、经济非诉讼事项的案件，应由专人负责。即由专人负责接待当事人，问明案件的基本情况和有关证据，将符合收案条件的案件，向律师事务所领导汇报，由领导批准。

（3）尽量满足指名要求。如果当事人认为某个律师比较适合自己的法律事项，要求委托的，律师事务所应当尽量满足。当事人指定的律师因特殊原因不能接受委托时，应当向当事人说明情况并指派合适的律师。[①]

---

① 谭世贵：《律师法学》，北京，法律出版社，2005：57。

（二）案件研讨制度

案件研讨制度是指律师事务所指定的，对律师个人提交的重大、疑难、复杂案件进行共同讨论，集思广益，形成倾向性处理意见供承办律师参考的一项制度。《律师事务所管理办法》第四十条规定，律师事务所组织开展业务活动，应当指导本所律师依法执业，履行法律援助义务，建立承办重大疑难案件的集体研究和请示报告制度。

（三）档案管理制度

律师业务档案是律师从业活动的真实记录，具有重要的参考价值。根据《律师事务所管理办法》第五十条的规定，律师事务所应当按照规定建立健全档案管理制度，对所承办业务的案卷和有关资料及时立卷归档，妥善保管。因而律师事务所应当逐步配备专职或兼职档案管理人员负责律师业务档案的集中统一管理。

（四）收费与财务管理制度

《律师事务所管理办法》第四十一条规定，律师事务所应当按照有关规定统一收费，建立健全收费管理制度，及时查处有关违规收费的举报和投诉。律师事务所应当按照规定建立现代企业财务管理制度，建立合理的薪酬体系。律师事务所应当按照企业财务管理制度的要求建立会计账簿，按照委托合同收费，统一入账，依法纳税。

课后思考题

2016 年 3 月 1 日，《中华人民共和国反家庭暴力法》正式实施。为积极支持反家庭暴力工作，北京市某律师事务所发挥自身优势，组织所内婚姻、家庭及刑事方面的资深律师和法律专家，成立了"反家庭暴力法律援助中心"。据悉，北京市某律师事务所前身为北京市最早的五大公办法律顾问处之一，成立于 1981 年。北京市某律师事务所从 2016 年 3 月 1 日起，义务提供为期三个月的反家庭暴力法律咨询、援助及相关法律服务，主要包括法律问题解答、撰写申请、收集证据、代为起诉等。

结合以上案例，请回答：

1. 该律师事务所主动设置了法律援助中心，倘若律师事务所无正当理由拒绝接受法律援助机构指派的法律援助案件，将构成（　　　）。

A. 拒绝履行法律援助义务　　　　　　　　B. 律所名誉受损

C. 侵犯受助者权利　　　　　　　　　　　D. 犯罪

2. 下列有关北京市某律师事务所的表述中，正确的是（　　　）。

A. 北京市某律师事务所及该所律师都是中华全国律师协会的会员

B. 北京市某律师事务所及该所律师可以不加入所在地的地方律师协会

C. 北京市某律师事务所及该所律师享有律师协会章程规定的权利并履行章程义务

D. 律师协会无权对北京市某律师事务所及其律师实施奖惩管理

第七章

律师应具备的业务素质

学习目标

　　本章主要对律师应具备的业务素质进行介绍并展开。希望学习者通过本章内容的学习，了解律师应具备的业务素质的基本概念、分类、表现形式和获得途径等，同时，对律师的敬业意识、责任意识、思辨能力、语言表达等具体素质进行理解和掌握。

第一节　律师应具备的业务素质概述

　　律师作为社会一员，应当遵守社会要求的基本规范；同时，律师提供专业服务，肩负着维护法律正确实施，保护当事人合法权益的重要使命。因此，律师应当具备履行其职责所要求的行业素质，即律师业务素质。律师的业务素质，是指从事律师职业的人所具有的理论水平、思想修养、业务能力和专门技巧。

一、律师素质的分类

　　律师要称职地处理法律事务，必须具备一定的素质，而且不同时期、不同业务要求律师具有不同的素质。一般而言，律师的基本素质包括律师的业务素质和职业道德素质。律师的业务素质主要是指律师对与业务有关的知识加以综合运用的能力。职业道德是社会道德的重要组成部分，职业道德素质是指各行各业的人在从事自己的业务活动中所形成的道德观念和行为规范的总和。

　　律师应具备这两种素质，缺一不可，原因主要有三：其一，一个人无论从事什么职业，都应遵守职业道德。要遵守职业道德，首先要很好地做人，做人必须要遵纪守法，诚实守信。其二，如果只有好的品德，而缺乏律师应具备的业务素质，也不能从事律师职业。也就是说，要从事这一职业就必须有相当的法律理论功底和法律业务的操作能力，因此，一个人要成为称职的职业律师，就应不断地学习和实践，并注意理论联系实际，以解决当事人的各种法律难题。其三，想要成为一名出色的律师，就必须在基本素质的基础上，具有更高的品德和很强的业务能力，真正达到出类拔萃的程度，否则就得不到社会和公众的认可。

二、律师具备业务素质的意义

律师的业务素质，是律师进行业务活动的基础和条件。作为一名律师，应当具备一定的业务素质。在律师的工作实践中，律师业务素质的高低，直接影响着律师的服务水平和质量。

律师要实现法律的正确实施和维护当事人的合法权益，必须具备相当的业务知识和技能。业务知识和技能的水平，在一定程度上决定着律师提供法律服务的质量。因而，一名出色的律师的知识结构必须是高水平、多层次的。要做到这一点，就必须勤于学习，提高自身素养。随着市场经济和法制的发展，法律调整的经济关系和社会关系更加多样化和复杂化，因此需要律师提供法律服务的领域更加广泛化、专业化、国际化。同时，就律师行业本身而言，律师的数量逐年增加，也要求律师不断更新知识，增强竞争力，只有具备高层次的专业知识和技能才能立于不败之地。

深厚的理论功底和丰富的实践经验是优秀律师必不可少的专业素质。深厚的理论功底对于律师把握一些时间周期较长的非诉讼业务的法律方向、在诉讼案件中将法理深入浅出地说透都是有帮助的。正如美国最高法院大法官奥利弗·温德尔·霍姆斯（Oliver Wendell Holmes, Jr.）说过的那样，"法律的生命在于经验"，从事法律工作，经验的重要性不言自明，但经验也不是案件数量的简单相加，而是在律师执业过程中用心思考而累积起来的心血。

第二节 律师应具备良好的专业素质

一、律师应具备专业素质

"专业"是律师执业的根本，但我们现在所看到的现实是许许多多的律师并没有真正理解他们的专业，误认为在学校学习的知识就是专业，其实这与律师实际业务中所说的"专业"相差甚远。律师需要精通的是该类业务中的特殊规律、独到的处理方法和顶端的理论水平，而不是流于泛泛。

具备精深专业知识的人可以以理服人，专业素质的发展是没有止境的。既然选择了某一专业领域，就有责任达到这个领域所要求的专业水平。也只有具备了相应的专业素质，在这个领域才有发言权。如果一名律师不具备良好的专业素质，他在执业过程中就一定会出现许多不应当出现的问题。如果不能以理服人，就会选择诡辩，甚至脱离实际、感情用事，使人感到与其打交道非常不安全。他也可能表现为不懂装懂、乱发言论、固执己见，有时也会因为自卑而怯场，不能很好地履行律师职责。因此，一名优秀的律师应当善于发现和确定适合自己的专业方向，努力使自己成为某一业务领域的专家。

二、专业素质的表现形式

1. 扎实的法学理论功底

专业，意味着有足够的专业知识储备。法学基础理论知识是每个律师都必须熟练掌握并加以运用的。基本的法学知识包括法理学、宪法学、民法学、刑法学、经济法学、诉讼法学、国际公法学、国际私法学等基础知识。只有掌握了基本的法学知识，才能在法律服务的过程中准确地认定事实，正确地运用法律。

2. 专业也应有所侧重

律师要有扎实的法学理论功底，并不是要求其每部门的法学都样样精通，律师在专业领域亦应有所侧重。"十八般武艺"样样精通，既不可能也无必要。在特定的事务中，决定律师是否具备称职地处理该事务的法律知识和技能的相关因素，包括事务的相对复杂程度和专业化的性质、律师在相关领域的训练和经验、律师能否进行相应的准备和研究工作等。

3. 对于其他专业领域亦应有所了解

律师要做到专业，并非只是局限于法律知识，因为律师代理的案件性质各异，案件情况也是各不相同。律师的知识要广博，应多多学习文学、逻辑、历史、医学等自然科学、社会科学的基础知识。知识面越广泛，律师越能够融会贯通，专业能力越强，案件处理的逻辑思维判断能力也就越强。

三、提升律师专业素质的方法

由于历史原因，我国的很多法律、法规相对笼统，并且随着社会生活的发展，很多法律、法规还具有一定的滞后性。为了正确处理有关案件，律师还应掌握有关的补充规定、最近立法及相关的司法解释，及时关注最高人民法院发布的指导性案例。对于在实践过程中出现法律没有规定的情况，律师应当按照法学理论和有关政策的精神加以处理。提升律师专业素质的方法主要包括以下几种：

首先，律师必须及时掌握新的法律知识，加强承办与新形势相伴随的新兴法律事务的能力。随着我国社会主义法治的推进，新的法律、法规不断出台，其中也包括对以往法律、法规进行相应的修订。这些新颁布或修订出台的法律、法规涉及现实生活的方方面面，如果执业律师不能及时掌握新的法律、法规，不但会影响案件的审理，而且会使当事人的合法权益无法得到及时、有效的保护。同时，律师对法律知识的掌握不仅要有一定的广度，而且还要有相当的深度，只有这样，才能适应市场经济的发展要求。

其次，为了掌握必需的知识和技能，律师应当参加继续研究和教育。司法部1996年9月26日颁布实施的《关于严格执行〈律师法〉进一步加强律师队伍建设的决定》中指出，"建立健全律师业务培训制度，进一步提高律师的业务素质。要继续抓好律师业务培训工作，逐步建立健全律师继续教育制度，完善年度业务培训制度。每年度律师必须接受一定课时的业务培训，不参加者予以缓期注册或不注册。要鼓励、推动律师参加各种学历教育、进修活动。要充分利用高等院校、广播函授等阵地，开展律师业务培训。要广泛开展律师业务研讨、经验交流活动，提高律师的执业水平。要组织律师赴外培训，培养一批办理涉外法律事务的高层次律师人才。要开展新出台法律法规的培训和新型领域业务知识的培训。……律师事务所要进一步健全重大案件研究讨论制度、业务交流制度、学帮带制度，并建立律师培训基金。"继续研究和教育有助于律师随时掌握和更新知识，增强法律服务的本领。

最后，律师还应当适当提高外语水平，掌握丰富的经济和科技知识。随着社会主义市场经济的发展、律师业务范围的进一步拓展，越来越需要懂法律、懂外语、懂经济、懂科技的高层次法律人才。尤其是随着社会主义市场经济体制的不断完善，经济事务越来越多地受到法律的制约，如果律师不具备一定的经济知识，就很难做好法律服务工作。当然，这并不是要求律师必须成为经济学方面的专家。对于特定的案件，律师应当虚心请教有关的专家、学者。但律师掌握基本的经济知识对于其开拓业务的范围、增强竞争能力是具有重要意义的。

第三节　律师应敬业并具备责任意识

执着敬业，要求律师"不以案小而不为"，精心做好每一个法律服务工作。作为律师，应该了解对于客户而言，多小的事情都是大事，都是他个人遇到的实在无法解决的难题。所以对待每一个案件，律师都要站在当事人的立场为他着想，树立高度的责任感。实践中，为什么有的案件打赢了当事人还不太满意，有的案件打输了当事人却很感谢律师，原因就在这里。非常重要的一点是，律师在办案过程中一定要重视与当事人的沟通，事情的进展如何，遇到了哪些困难，律师在想哪些办法，等等，都要及时与当事人沟通，让当事人了解律师的工作和努力。不要只做事不沟通，等有了较大障碍的时候再去与当事人沟通，那样的话当事人很可能无法谅解，甚至会认为律师不负责任。

对于律师来讲，有很多的知识、经验、技巧需要尽快学习和掌握，因此，必须勤学勤练，做到"四勤"：嘴勤、手勤、眼勤、腿勤。律师应当坚持不耻下问，坚持多写文章、多看书，随时学习，不辞辛苦。要尽可能多地接触各类诉讼和非诉讼的法律业务，掌握各种各样的业务技巧和实际操作经验；要学习别人的经验，增长自己的技能，避免"走弯路"。律师职业的专业性要求律师具备丰富的法律专业知识，包括法律理论知识和法律实践知识，因此律师要加强理论学习，也要重视自身的继续教育，及时进行知识更新，新法律的颁布实施、旧法律的修正和修改、新的法律业务领域的开拓，这些都需要继续去学习、掌握。实践中，有的律师坚持学习，有的不重视学习，几年以后其差距就很明显了。

律师的工作大部分时间要与人打交道，无论是合作还是竞争，都包含着人们的心理活动过程。有时候一项业务的成败，承办律师的心理因素起着决定性作用。心理素质的内容很多，但与律师的行业特点联系最密切的，一般有以下几个方面：

（1）成熟的心态。律师工作是最具挑战性的工作之一，其胜负、成败都是经常发生和正常的事。这也是对一名律师的心理成熟与否的巨大考验。但无论出现什么结果，都必须正确对待。一名心理素质不佳的律师，即便是一时取得了有利的结果，也未必会得到委托人的最终认可。委托人如果再次有业务需要委托律师时，一般不会去选择一名心理素质不佳的律师。一名心理素质良好的律师应当不以胜而狂，不以输而悲，只求忠实于事实和法律，尽职尽责。

（2）稳定的情绪。在很多情况下，律师往往是委托人的"主心骨"，甚至是委托人的精神支柱，律师的情绪会直接影响委托人的情绪，甚至左右着该项业务的发展方向。一名律师如果情绪不稳定，反复无常，做事随意，很难与委托人建立起相互信任的关系，如果发表意见，会使法庭或有关机构工作人员不知其所云。既损害委托人的利益，也损害行业形象。

（3）团队合作的精神。合作本身不需要特别的知识和技能，它完全是一个人对事的主观态度。而这种态度，对一名律师的发展，有着至关重要的作用。纵观我们的律师业务发展过程，每个案件与项目，无不贯穿着合作与协调，无不包含着知识和人才的综合运用。合作就要求律师对他人有更多的理解和宽容，能够汲取他人之所长，善意地对待所发生的问题和处理同事之间的关系。在律师的工作范围内，需要用这种精神和态度来营造出和谐团结、积极向上的工作氛围和环境，使律师行业得到健康发展。

（4）人格独立，自尊自强。律师的职业特点要求我们广交朋友，尽可能多做事情。但是，在现实中所交的朋友品质良莠不齐，所遇到的事情也既有光明的也有黑暗的。这要求律师对任何人和事都能有充分的理解和宽容，但绝不能被暂时的利益所引诱，不能被别人的习惯、观念所动摇，更不能故意与有不良企图的人相勾结，因为一个不自尊的人也不可能得到别人的尊重。

第四节　律师应具备较强的观察、理解、思辨和应变能力

一、敏锐的观察能力

律师的观察能力也包括观察事与人。"察事"相对容易，一般只要细心、全面就做得到；难的是"察人"，因为"察人"往往需要有丰富的社会阅历、敏锐的观察能力以及细致的思考能力。

律师在听取委托人关于诉讼案件或者非诉讼项目等委托事项基本情况的介绍或者看过相关材料后，要能很快洞察其中法律关系、各方利益争执的焦点。把握好了这两点，才能有正确的整体思路。整体思路对了，整件事情做起来就事半功倍。

二、良好的理解能力

优秀的律师对于他人的陈述通常都能很快地理解。如果委托人或其他人说半天甚至反复重述，律师还不明白，那问题肯定出在律师这方。人说话总归有一个中心思想，不管是否清晰，律师都应该能理解对方的一部分意思，从而慢慢引导，帮助对方表达清楚。

三、缜密的逻辑思辨能力

律师要有缜密的逻辑思辨思维。逻辑思辨能力，是指律师在办案过程中，借助于判断、推理，反映出对案件的正确认识的能力。缜密的逻辑思辨能力可以使律师头脑清醒、条理清楚、目光敏锐、善于抓住案件的核心和本质。

作为执业律师，接触的案件并不都有现成的参考案例，案件的情况复杂多样，涉及的材料往往也比较多。尤其是诉讼业务的开展，主要依靠证据的收集与运用，而证据的选择方法都因人、因事而异，非法律专业人员有时无从下手，只有律师通过经验对事实和相关法律进行不同层次的梳理，才能对具体情况加以分析、判断、推理，然后进行综合，最后得出结论，以最大限度地保护委托人的合法权益。从一定程度上讲，律师的逻辑思辨能力甚至超过语言表达能力。常有律师说，在法庭上遇到滔滔不绝、口若悬河的对手并不可怕，可怕的是完美无缺的证据和无懈可击的逻辑，可见逻辑思辨能力对一名律师而言是何等重要，这种能力需要律师在实践过程中不断积累。

四、灵活的应变能力

应变能力，是指针对事态变化的临时处置能力。律师的工作对象，或是复杂而多变的"事"，或是复杂而能变的"人"。律师的执业活动不可避免地涉及种种变化着的事与人，这就要求律师具有一定的应变能力。通常情况下，律师的应变能力主要包括以下几个方面的内容，即控场能力、对答能力、判断能力和补救能力。提高律师应变能力的关键在于对法律、政策的理解和运用，以及对事物真相的掌握。律师在执业活动中，如果没有较高的理论水平，缺乏相应的法律知识，对案情了解、认识得不深不透，在遇到新情况、新问题时，势必会束手无策。因此，作为一名律师，只有具备灵活的应变能力，才能很好地履行职责，维护当事人的合法权益。

第五节　律师应具备良好的语言表达能力

一、语言表达能力概述

语言是人类表达思想的工具之一，律师在执业过程中始终离不开与他人的语言交流。无论是法律咨询、参加谈判，还是出庭进行诉讼、仲裁，都需要律师充分地说理、严谨地表达。如果律师掌握了相应的法学知识和案件的事实，却无法用丰富、准确、清楚、生动的语言表达出来，无疑会削弱说理的效果。语言表达能力具体可以分为口头语言表达能力和书面语言表达能力。

二、口头语言表达能力

口语是情感沟通、信息传递最快捷的方式，律师的工作要与不同的人打交道，与不同的人交流与沟通，这就需要律师具有良好的口头语言表达能力，无论在何种场合，都要能够清楚明白地表达自己的观点。如回答客户提出的问题、对案件的分析，说一遍听者就能明白其中的意思，在无形中就缩短了人与人的距离，短时间内就会得到委托人的认可。在法庭上，拥有良好的口头语言表达能力，可以说服法官接受自己的观点，有理有据的辩驳可以征服对手、感动法官，收到意想不到的效果，听众也会留下难忘的印象。反之如果说话吞吞吐吐，词不达意，听的人是越听越糊涂、不知所云，没有人接受律师陈述的观点，其工作也就失去了意义。

三、书面语言表达能力

律师的很多工作都是案牍工作，无论是诉讼代理还是辩护业务，无论是诉讼业务还是非诉讼业务，律师的工作都要涉及撰写各种法律文书，而这些法律文书都要求达到准确、精练、严谨的标准。律师的书面语言表达如何，与其知识、阅历、信息接受能力及文化程度有关。曾经有人说过"律师要具备文学家的笔墨"，起诉状、代理词、辩护词、合同等都需通过文字表达来完成。律师在撰写法律文书时，在语言上的要求应该是精练、准确、朴实和庄重。律师要提高自己的书面语言表达能力，这有助于其撰写的法律文书条理清晰、文字流畅、观点明确、论证有力。在书写法律文书时要注意以下几个方面：

（1）切莫讲大道理。假、大、空话早已为人们所厌恶，法律文书尤其不能出现这样的语句，而是要用事实证据和法律条款说话。在现代诉讼中，对案件事实的认定必须建立在证据基础之上，因此，证据也被誉为是诉讼证明的基石。在事实清楚、证据确凿的前提下，法律条款是做出最终判断的依据。离开这两点，律师的意见就成了无源之水，无本之木。

（2）突出主题。当一篇法律文书中有多个论点时，要在诸论点中突出其中一个重要的论点，将此论点作为解开全案的"文眼"，并且用它作为本法律文书的主题，放置在最显眼之处，即使案件承办人只看了一分钟，也能在这一分钟内一目了然，领悟此法律文书的主要精神。

（3）分析论据。论点出来了，就要紧扣论点深入论据，层层剖析，在剖析中观点鲜明、证据充分、毫不含糊。

（4）掌握分寸。撰写法律文书时，语言一定要朴实，多采用恳切、和缓的中性用语，不用或少用带有进攻性、极端性的词句。

四、提升律师语言表达能力的方法

语言是人与人沟通感情的工具，熟练地使用这一工具会使律师在执业过程中受益匪浅，甚至有事半功倍的效果。

要提升律师的语言表达能力，就必须多加练习，平时多张嘴、勤练笔，强化听、说、读、写能力的训练。所谓"听"，是指律师听取当事人陈述情况时首先应注视对方，这表现出律师对当事人案件的极大关注，也使对方感受到自己的委托律师是一个值得信赖的人。其次，要用心倾听当事人说话，听他以什么样的语言方式表达自己的思想感情，尤其要听懂他的弦外之音、话中之话；所谓"说"，是律师回答当事人问题时要设身处地地为对方着想，站在对方的立场上考虑他的合法权益，这样无疑具有相当强的说服力；所谓"读"，是指律师在读辩护词、代理词等书面意见时应语言恳切、语意简练、通俗易懂，以交换意见的口气发表意见，无疑具有很强的感染力；所谓"写"，是指律师在撰写各种法律文书时要能够将事情与相关法律融合在一起，用心挖掘思想深处的内涵，精心选择表意准确、比喻恰当、字词精练的语句，并尽量考虑到口语表达的方式和习惯，使书面语言口语化，以保证其内容与思想能准确、生动、流畅地表达出来。

第六节 律师应具备的其他业务素质

一、健康的心理素质

律师工作是一项重要的社会活动，其对象是形形色色的人和错综复杂的事。要在调查取证时细致入微地寻找线索，又要在庄严的法庭上慷慨陈词，还要在谈判桌上与各种对手针锋相对，这必然使律师在心理上承受了很大的压力。如果律师在执业活动中出现心理失误，就会违背法律与事实，导致社会正义受毁损的恶果。所以，具备健康的心理素质，克服不良的心理障碍对于律师而言是至关重要的。在处理法律事务时，律师不仅要有对民主法制的忠诚、高度的责任感，还要有坚强的意志力。律师的工作充满了艰辛，要进行艰难的取证、分析，还要应对复杂的环境、谈判、庭审，尤其是在一些案件中，当事人欲诉无门，告状不理，所以请了律师帮助代理，历经一审再审，若律师没有责任感，没有自觉克服困难的意志力就难以坚持到底的。同时，律师的知识结构和工作性质决定了其要经常处于独立工作的状态，要从扑朔迷离的情况中明察秋毫，要依据法律的规定和当事人的行为，果断设定出奇制胜的策略，还要与对方当事人的律师辩论较量，没有自信心也不会有成功的希望。因此，坚韧不拔的意志品格和充分的自信心都是铸就律师成功的重要保障。律师工作要面对复杂多变的情况，除案件大致情况、部分证据、有关法律条文等预知因素外，还会遇到许多未知因素，如有关案件人证、物证的新情况，以及一些具体细节的改变，论辩中出现突发性问题等，这就要求律师必备灵活的应变能力。面对新局势，律师要做到处变不惊、迅速反应、处难不乱、机警沉着，以冷静的头脑、稳定的心理状态应对一切挑战，展现出岿然不动的英雄本色。律师只有善于控制自己的情绪和行为，才能驾驭变化中的局面，从而对法律事务做出正确的判断，设计出合理的对策。在社会生活中，人往往都有不同程度的心理弱点，如人格独立性缺损、屈服于权势等各种压力、虚荣心强、自控能力差、情感脆弱、浮躁偏执等。一名合格的律师应有意识地战胜自身的心理弱点，强化心理素质锻炼，无论何时、何地、何事，都要以理智统率感情，以法律规范行为，尽力做到自信但不自负，自谦但不自卑，自尊但不自赏，自爱但不自骄，自强但不自傲，这样才能肩负重任。

二、人际交往能力

人际交往能力。人际关系是一种信息和对象相互作用的过程，是最基本而又最复杂的社会关系，也是人们联络感情的纽带。在现代社会，善于交往是一个人的财富。对于律师而言，人际关系尤其显得重要，律师要增加业务收入，需要有取得业务的机会，业务机会的取得，需要广泛的人脉。

律师处理的具体法律事务包括：参与企业经济活动，提供法律咨询，在不同的利益主体中进行斡旋、调解，等等。律师的业务活动几乎囊括了社会各行各业的各个领域，涉及社会不同层次、不同性格、不同品位、不同素质的人。如果一名律师人际关系处理得当，当事人就愿意找他排忧解难，政法部门和企事业单位也乐于听取他的意见和建议。同时律师在交往中，容易吸收各种社会能量、掌握各种信息、结交诸多朋友，从而使自己的社会活动范围更加宽广，基础更深厚，这样就有利于业务的拓展。因此，律师要充分认识人际交往的重要性，树立正确的人际交往价值观，加强个人修养，优化个人形象，最大限度地开发人力资源。

在交往实践过程中，无论身处何种场所，律师都应保持良好的情绪状态，在言谈举止、投足举手之间，展现出优雅的气质、潇洒的风度，体现出积极向上的精神风貌，从而赢得当事人以及交际对象的信任。律师的人际交往有特殊性，不仅起着公众、社区组织和国家法律的结合作用，而且维系着社会稳定和发展以及国家法制的统一与尊严。

律师在社会交往中，必须坚持以下原则：其一，平等原则。人虽有社会分工的不同、财富的多寡、官位的高低，但法律面前人人平等，律师为任何人提供服务，都要运用正义和法律的准则处理法律事务。其二，互利原则。相互帮助，协同行为，以既对己有利也对人有利的心态去发展人际关系，切忌唯利是图、计较得失。其三，信用原则。重信用，真诚待人，信守诺言。其四，相容原则。与人为善，豁达谦让，以坦荡宽广的胸怀容纳四海之人，容纳不同意见，同时又不失原则、不失自我，应把握好其中的"度"。

要成为一名专业律师，当然要先学好法律专业知识，然而仅有纯粹的学术性知识是不够的。书本知识固然重要，但书本知识并非万能，只有将知识结合于无尽的变化中的实务才是"活"的知识。有着丰富经验的执业律师，他一接触某一案件首先就知道这属于哪类法律关系，适用于何种法律、法规，即便是一件不引人注意的小事都能将其高度概括出来，选择最佳的办案角度，设计几种运作方案，使用对当事人最有利的法律从而及时、有效地维护了当事人的合法权益。

律师的优良素质不是与生俱来的，而是在长期的执业实践中锻炼而成的。律师应顺应历史发展的潮流，自觉加强理论修养和实践锻炼，把自己塑造成为适应时代发展需求的德才兼备的合格人才，以优良的综合素质服务于社会，服务于人民，服务于未来。

课后思考题

陶景洲是一位国际商事仲裁和国际兼并与收购领域的著名律师，曾担任第一家进入中国的外资律师事务所美国高特兄弟律师事务所的亚洲区执行合伙人和全球董事会成员。陶景洲律师于1958年生于中国安徽省，1977年作为恢复高考后的第一批考生考入了北京大学法律系。他长期为"《财富》500强企业"，尤其是欧洲奢侈品集团提供与中国相关的法律意见，涉及海外投资、并购、战略发展、争端解决等方面。他将家乐福、欧莱雅、麦当劳等大批一流的国际企业引入了中国市场，并在众多的大中小型国际商事仲裁案件中担任代理人和仲裁员。2008年，他受国际体育仲裁庭的任命，成为北京2008年奥运会特别仲裁庭的12位仲裁员之一。2009年，他被《2009年法律名人录》列为办理商务仲裁和公司治理业务的著名律师；被《钱伯斯亚洲2009》评为"卓越和备受尊重的职业律师"，以及"亚洲地区最优秀的仲裁律师"。

作为第一个真正进入法国法律界的中国人，除众多法律上的成就之外，陶景洲律师最为业界津津乐道的是他的绅士风度。业界多评价他"衣着讲究、喜好红酒，是优雅绅士的代表"，是一位"有品位、有情调，热情而善良的人"。1998年，陶景洲律师曾登上中国《时尚》杂志的封面。而时尚媒体对他品位的认可也为他带来了法国巴黎春天集团和GUCCI等时尚界一流品牌企业客户。

1. 陶景洲作为著名律师，其在参与国际仲裁事务时需要熟练地掌握英语、法语，这体现了律师要（　　　　）来不断提高自身的专业素质。

A. 拓宽国际视野　　　　　　　　B. 拓阔业务范围

C. 提高外语水平　　　　　　　　D. 学习专业知识

2. 陶景洲律师的绅士风度为他与许多时尚企业打交道带来了便利，这说明了（　　　）对律师业务的重要性。

A. 人际交往　　　　　　　　　　B. 专业素质

C. 个人魅力　　　　　　　　　　D. 外语能力

下　编

律师主要业务与实务操作指导

第八章

民事诉讼代理业务

· 学习目标 ·

　　本章是全书的重点章节之一，着重介绍律师民事诉讼代理业务的内容和工作方法。在本章的学习中，学习者需要了解民事诉讼的概念和基本特点；熟悉案件的受理条件、受理程序、证据采集与运用，以及诉讼前的准备工作；理解并掌握民事诉讼第一审、第二审、再审、执行、特别程序等各个阶段的律师代理内容与方法。在学习过程中，还应注意结合所学内容，练习对实际案例的分析与代理实务操作。

第一节　民事诉讼概要及基本特点

一、民事诉讼的概念

　　民事诉讼制度在诉讼制度史上要早于刑事诉讼制度及行政诉讼制度产生，可以说，民事诉讼的很多制度是后来刑事诉讼制度及行政诉讼制度发展的参照物。此外，民事诉讼独特的基本原则和基本特征等也不容忽视。时至今日，"三大诉讼"虽然在基本原则和基本制度方面有很多共通之处，但是在任务、目的、受案范围、法律依据、举证责任等方面存在较大差异。民事诉讼与其他类型诉讼的差异，必然决定了律师在代理民事诉讼案件时要从民事诉讼的特点出发。

　　民事诉讼是指人民法院、当事人和其他诉讼参与人，在审理民事案件的过程中，所进行的各种诉讼活动，以及由这种活动所产生的各种关系的总和。它是自然人之间、法人之间、其他组织之间以及相互之间因财产关系和人身关系而提起的诉讼。

二、律师代理民事诉讼的特点

1. 专业化

民事诉讼的代理律师是受过法律专业训练的专门人才，需经过严格的国家司法考试而取得律师资格。律师具有较为丰富的法律知识和实践经验，具有较高的政策理论水平和语言文字能力，能够专业地从事代理工作，高质量地维护被代理人的合法权益，维护法律的正确实施。

2. 非个人化

当事人委托律师进行民事诉讼代理活动，不是当事人同代理律师建立委托法律关系，而是当事人同律师事务所建立委托法律关系，代理律师是受律师事务所的指派而非直接受当事人的委托进行民事诉讼代理活动。此外，律师进行民事诉讼代理活动时，律师事务所必须向人民法院提供证明律师代理的公函及委托书，以此证明律师的诉讼代理活动不仅受到当事人的委托而且已经得到律师事务所的同意，只有在律师事务所提供公函及委托书的情况下，人民法院才承认律师民事诉讼代理活动的合法性和有效性。

3. 规范化

律师的民事诉讼代理活动既要受到《民事诉讼法》①《律师法》等现行法律、法规的规范，还要受到律师事务所的工作纪律和各项规章制度的制约，具有规范的工作程序和方法，透明度高，可信度强，这种规范化的代理工作，为圆满地完成民事诉讼代理人的任务提供了有力保障。

三、律师代理民事诉讼应注意的事项

律师作为从事民事诉讼代理活动的重要群体，应当遵守律师执业的基本准则，律师作为民事诉讼代理人有别于一般的诉讼代理人，法律赋予律师一定的特别权利，同时也要求律师遵守一定的执业纪律。律师执业必须遵守宪法和法律原则，恪守职业道德和执业规范，在民事诉讼领域，律师代理民事案件需要遵守如下的注意事项：

1. 保护当事人利益原则

民事诉讼中，当事人享有聘请律师作为委托代理人的权利，律师接受当事人的委托之后，应当最大限度地依法保护当事人的合法利益。一般情况下，民事诉讼必然有民事争议和民事冲突，作为民事案件的代理律师，在诉讼过程中的调查举证、律师言论、律师行为均应当本着当事人利益最大化的原则而做出，律师所代表的是民事诉讼当事人的合法权益。

律师代理民事案件中，利益冲突是常见的情形之一。所谓利益冲突，是律师执业中的一种现象，即当事人的利益与提供专业服务的业者本人或者与其所代表的其他利益之间存在某种形式的对抗，进而有可能导致当事人的利益受损，或者有可能带来专业服务品质的实质性

---

① 1991 年 4 月 9 日第七届全国人民代表大会第四次会议通过，根据 2007 年 10 月 28 日第十届全国人民代表大会常务委员会第三十次会议《关于修改〈中华人民共和国民事诉讼法〉的决定》第一次修正，根据 2012 年 8 月 31 日第十一届全国人民代表大会常务委员会第二十八次会议《关于修改〈中华人民共和国民事诉讼法〉的决定》第二次修正，自 2013 年 1 月 1 日起施行。

下降。律师在服务过程中存在利益冲突必将伤及律师的职业精神和其社会公信力，更不利于保护当事人的合法利益。因此，无论立法或职业道德规范均要求律师有义务进行利益冲突查证，确保律师未向当事人的对立方提供过或者正在提供服务；在接受委托后发现存在利益冲突的，律师必须向当事人说明情况并主动辞去委托。在某些情形下，经过当事人的同意，律师可以免除此项义务。

2. 与当事人及时有效沟通原则

民事诉讼中，当事人往往对于诉讼的专业性、程序性存在认识上的不足，急于知道案件的最终结果。而民事诉讼具有阶段性和程序性，往往在短时间内无法有明确的结论，如果案件涉及专业的司法鉴定或者司法审计，则耗费的时间更长。而当事人在委托律师之后，很多情况下希望律师能够及时将案件进程和结果告诉自己，故律师和当事人之间的及时有效沟通就显得尤为重要。作为一名律师，与当事人的沟通应扬长避短、有的放矢。

第一，尊重是相互的，也是相对的，律师要想获得当事人的尊重，首先要学会尊重当事人。律师在日常工作中，礼貌性语言必不可少，运用好礼貌性语言，既是对当事人的尊重，也是对自己的尊重。

第二，合理安排沟通和汇报的时间和频率，律师必须合理安排与当事人谈话、解答咨询等具体工作的时间，与当事人谈话时应注意全面了解案情，把握当事人的心理，弄清当事人的诉求，对案情做出客观的判断，给予客户必要的法律建议或者忠告，善意提示潜在的法律风险等。与当事人谈话应当有明确的目的，抓住问题的根本，尽快解决问题，在案件有关键性进展的时候，应当及时与当事人有书面的沟通，如通过电子邮件、书面信函等方式向当事人汇报案件的重要进展，以便于当事人了解案件的发展情况。

第三，学会换位思考，切身体会对方的感受。当事人既然找到律师，必然有一定的法律需求，当事人在谈话过程中，律师应当表示理解并耐心倾听。律师不仅要以专业的法律服务取胜，还要站在当事人的角度，想他们所想，急他们所急，让当事人找到可以倾诉的对象，也让其找到可以托付的律师。

第四，学会有所保留，不要为了应付而去迎合。律师作为专业的法律工作者，既要学会倾听，又要对法律问题有所保留。倾听客户的陈述，并不代表迎合他的观点；同情客户的遭遇，并不代表不珍惜自己的智力劳动。客户作为当事人，作为诉讼或非诉讼法律事务的一方当事人，由于法律知识的欠缺和某种动机，往往讲的是一面之词，具有夸大性，律师不要受其情绪影响，不要被假象所蒙蔽。

3. 在代理权限内进行活动

作为一名诉讼律师，应当以代理人的身份出现在诉讼活动中，律师的这种代理权源自当事人的委托，即当事人的授权。在诉讼领域中，律师的代理权限分为两类：一类是一般代理，包括出庭应诉、提交相关证据、进行法庭辩论、发表代理意见等一些诉讼权利，但不包括代为处分当事人的实体权利。另一类是特别授权，即《民事诉讼法》第五十九条第二款规定，"诉讼代理人代为承认、放弃、变更诉讼请求，进行和解，提起反诉或者上诉，必须有委托人的特别授权。"这种特别授权就包括对当事人实体权利的处分。

因此，律师在进行诉讼代理时，应当向当事人说明一般代理与特别授权的区别，并与其沟通，在征询当事人意见的前提下，决定采取何种处理方式。一般情况下，律师所享有的代理权越大，所承担的责任和风险就越大，所以律师应当谨慎选择代理方式，尤其是在当事人不能亲自出庭的情况下，如果是特别授权代理，应有当事人对其实体权利处分的书面意见。即使是特别授权代理，在处分当事人实体权利的时候，也应当尽量以书面形式在与当事人确认之后在授权范围内进行诉讼活动。如果是一般代理的委托代理人，则无权处分当事人的实体权利，在当事人承认、变更、放弃诉讼请求，进行和解，提起反诉或者上诉时，则必须由当事人本人亲自做出行为，代理律师无权代理当事人做出上述行为。

第二节　案件的受理

"良好的开端是成功的一半"——作为案件代理的第一个环节，案件受理程序处理细致得当，不仅可以迅速取得当事人的信任增加成案的概率，还能避免一些潜在的风险，使得之后的代理工作能够更加顺利地进行。

一、"案件的受理"的含义

"案件的受理"一般有狭义和广义之分（通常来讲）。狭义的"案件的受理"是指律师事务所接受公民、法人和其他组织的委托，指派律师担任代理人；收案时律师应以律师事务所的名义接受委托。而广义的"案件的受理"还要包括案件受理前的接待客户电话咨询以及案件受理后的维护好与客户之间的信任、融洽的代理关系。

一般来讲，律师与当事人的接触是从接待当事人的咨询开始的。接待当事人的咨询实际上就是为当事人答疑解惑。当事人常见的咨询方式主要有电话咨询、当面咨询、文字咨询等。

二、律师如何接待当事人的咨询

接待当事人咨询时要有效地理解和掌握案情，在掌握案情的基础上才能做出相应的判断。一听、二问、三答，是律师接待当事人的几个环节。

首先，认真倾听当事人的陈述。倾听当事人的陈述使得律师能够快速地了解案件的基本情况，捕捉到当事人陈述中涉及的法律问题、法律关系。但是律师不能仓促地去提出一些问题或者回答一些问题，律师可以在接受咨询时，与当事人进行情感的互动，懂得倾听的律师能够在倾听的过程中获得当事人的信任。

其次，有针对性地提出重点问题。由于当事人不是法律从业者，缺乏法律思维，因此律师应该就当事人的陈述做出有针对性的提问。律师在倾听当事人陈述案情的时候，要仔细寻找案件的争议焦点和侧重点，并针对案件的重点进行发问。提问的过程就是将客观事实转化为法律事实的过程，比如当事人说有人欠他钱，这是一个客观事实。律师要将这个客观事实转变为法律事实，即是否是借款合同关系，可以向当事人询问是否出具借条，有无约定还款期限，有无进行追讨，对方可供执行的财产有哪些，等等。

最后，耐心回答当事人的询问。在认真倾听和有针对性地提问后，律师对案件的情况有了大体的了解，对涉及的法律问题也有了初步的判断。此时，当事人肯定会有很多问题想向律师进行咨询。由于当事人不是法律从业者，其更多关注的是案件的胜诉率或者最终的结果。律师在回答当事人的询问时要有耐心，只有耐心才能拉近与当事人的距离，赢得当事人的信任。回答时要尽量用当事人易于理解的方式或者表述进行相关分析，并且尽量做到言语简练易懂。及时与当事人进行互动，了解当事人的关注点并进行重点回答。对于当事人询问胜诉的概率，律师应当说明案件的风险和胜诉的可能性，切忌"打包票"。

三、与当事人建立委托代理关系

委托代理关系从形式上讲，是一种合同关系。委托代理关系的建立，首先来自当事人的委托，委托代理关系的建立实际上是二者的洽商过程。律师应当与当事人就委托事项的代理范围、代理内容、代理权限、代理费用、代理期限等进行讨论，经协商达成一致后，应当由律师事务所而非律师个人与当事人签署委托代理协议或者取得当事人的确认。同时，律师还应谨慎、诚实、客观地告知当事人拟委托事项可能出现的法律风险。

1. 律师费用及收费方式

律师事务所可以跟当事人协商确定律师费用。律师服务应当采取有偿自愿的原则，根据《律师服务收费管理办法》的规定，律师收费实行市场调节的律师服务收费方式，由律师事务所与当事人协商确定。律师事务所与当事人协商律师服务费应当考虑以下主要因素：① 耗费的工作时间；② 法律事务的难易程度；③ 当事人的承受能力；④ 律师可能承担的风险和责任；⑤ 律师的社会信誉和工作水平等。

律师事务所还可以与当事人协商确定律师费用的收费方式。常用的收费方式主要包括以下几种：① 计件收费。计件收费多见于不涉及财产纠纷的简单案件。② 按照标的收费。按标的收费一般常用于有财产争议案件的收费。③ 计时收费。计时收费的方式既可以用于有财产争议的案件，也可以用于非财产争议的案件。④ 风险代理。风险代理是指当事人先不预支代理费用，待案件裁判并执行后当事人按照执行到位的债权的一定比例付给代理人作为报酬，如果败诉或者执行不能，代理律师可能将无法取得代理费用或仅能取得较少的基本代理费用；但是如果案件执行到位，当事人将按照约定的高额比例支付代理费用。这种收费方式对当事人和代理律师双方来讲都存在一定风险，所以称为"风险代理"。关于风险代理需要注意的是，并非所有的案件都适用于风险代理，下列四类案件是不能使用风险代理的：婚姻、继承案件；请求给予社会保险待遇或者最低生活保障待遇的；请求给付赡养费、抚养费、扶养费、抚恤金、救济金、工伤赔偿的；请求支付劳动报酬的。

2. 签订民事诉讼委托代理合同

根据我国《民事诉讼法》第五十八条的规定，民事诉讼的当事人、法定代理人可以委托一至二人作为诉讼代理人，可以被委托为诉讼代理人的包括：① 律师、基层法律服务工作者；② 当事人的近亲属或工作人员；③ 当事人所在社区、单位以及有关社会团体推荐的公民。当事人委托律师作为诉讼代理人的，必须与律师所在的律师事务所签订委托代理合同，办理委托手续。委托代理合同的主要内容包括：委托人与受托人名称、委托事项、代理权限、律师费用、合同的变更与解除、违约责任与争议的解决以及合同的份数等。

当事人与律师事务所签订委托代理合同后，律师才正式成为案件的诉讼代理人，律师到法院查阅、复制案卷等相关材料或从事其他与该案相关的代理活动时，应向法院或有关单位、个人出示委托代理合同，以表明其诉讼代理人的身份。

第三节 诉讼前的准备

一、确定适格的当事人

所谓当事人，是指以自己的名义参与民事诉讼并承担权利民事权益的人。通常主动发起诉讼的一方当事人成为原告，被动应诉的一方当事人成为被告，既非原告亦非被告但与原、被告的争讼结果有法律上的利害关系的人，称为"第三人"。

（一）当事人的诉讼权利能力与诉讼行为能力

当事人的诉讼权利能力又称"当事人能力"，是指能够成为诉讼当事人的资格。特定主体只有具备了这一能力、资格，才能成为法律意义上的诉讼当事人。有民事权利能力就必然具有诉讼权利能力，而如果没有民事权利能力却可能具有诉讼权利能力。例如，除自然人、法人之外的其他组织，其本身没有民事权利能力但可以作为当事人参与诉讼。

当事人的诉讼行为能力又称为"诉讼能力"，是指以自己的行为来行使诉讼权利和履行诉讼义务的能力。对于当事人诉讼行为能力的判断与审查，主要依据当事人在实体法上的行为能力。我国《民法通则》中关于自然人或者法人的行为能力有完全、限制、无民事行为能力人等划分。而相应的诉讼行为能力即完全民事行为能力人具有完全的诉讼行为能力，限制、无民事行为能力人则没有诉讼行为能力，应由其法定代理人代为诉讼。

（二）原告资格的判断

律师在接受一个案件之前，对当事人主体资格的考察与判断是必不可少的环节。对于当事人为原告的案件，应严格依据《民事诉讼法》的相关规定考察其与案件在法律上的利害关系，以便确定该当事人是否是真正诉讼意义上的原告。

关于"直接利害关系"，应当从两个方面理解：一方面是当事人的民事权益受到了侵犯，其为了保护自身合法权益不受侵犯，向法院提起诉讼以期保护，此种情况最常见的便是给付之诉；另一方面则是因为当事人的民事权利处于不稳定状态，其向法院提出诉讼的主要目的在于通过法院的审判，明确或变更不稳定的民事权利而定纷止争，此种情况常见的是确认之诉、变更之诉。

在特殊情况下，通过法律的特殊规定可以赋予无直接利害关系的特定当事人诉权，以便提起诉讼。修订后的《民事诉讼法》第五十五条规定，对污染环境、侵害众多消费者合法权益等损害社会公共利益的行为，法律规定的机关和有关组织可以向人民法院提起诉讼。这一规定体现了我国在环境保护和消费者权益维护方面的公益诉讼制度。例如，在维护消费者合法权益的公益诉讼中，原告是"法律规定的机关和有关组织"，它们与消费者合法权益受损并无直接的利害关系，但通过法律的直接规定，这些主体也能作为民事诉讼的原告。

共同诉讼指的是当事人一方或者双方为二人以上的诉讼。共同诉讼中，原告方为二人以上的，成为共同原告。共同诉讼的原告分为必要共同诉讼的原告和普通共同诉讼的原告。必要共同诉讼的原告最大的特点在于多名原告的诉讼标的是"共同的"。所谓"诉讼标的是共同的"，是指共同诉讼人对本案诉讼标的拥有共同的权利或者承担共同的义务。在我国，必要共同诉讼是诉讼标的共同之诉，所以是不可分之诉，因此共同诉讼人必须一并参加诉讼，否则为当事人不适格，法院应通知其参加诉讼，必须一并审理和判决。根据《民事诉讼法》第五十二条规定，当事人一方或者双方为二人以上，其诉讼标的是共同的，或者诉讼标的是同一种类、人民法院认为可以合并审理并经当事人同意的，为共同诉讼。

（三）被告的选择与确定

被告是民事诉讼中的一方当事人，因原告的起诉而产生，在诉讼中与原告享有平等的法律地位，享有诉讼当事人的各项权利与义务。原告的诉讼行为和内容决定了相应的被告，因此，考察被告是否适格，要看被告是否符合在原告所提起的实体法律关系中所要求的相对方。

共同被告，是指在诉讼中需要共同承担全部或部分法律责任的自然人、法人或者组织。在民事诉讼中，共同被告可以分为两类：一类是在普通的共同诉讼中，法院根据原告提出的申请，许可追加。另一类是在必要的共同诉讼中，法院依照职权追加被告，无须征求各方同意。

（四）第三人

诉讼第三人，是指对他人之间的诉讼标的认为有独立请求权，或者虽无独立请求权但案件处理结果与其有法律上的利害关系，而参加到正在进行的诉讼中的人。第三人主要包括两类：一类是有独立请求权第三人，即对他人之间的诉讼标的有独立请求权的第三人。另一类是无独立请求权第三人，即对他人之间的诉讼标的无独立请求权但案件处理结果与其有法律上的利害关系的第三人。

无独立请求权第三人可以向审理他人之诉的法院申请参加诉讼，也可以是法院通知无独立请求权第三人参加诉讼。有独立请求权第三人是通过起诉的方式参与到诉讼中的。

《民事诉讼法》在修订时对第五十六条第三款添加了"第三人撤销之诉"。该款规定："……第三人，因不能归责于本人的事由未参加诉讼，但有证据证明发生法律效力的判决、裁定、调解书的部分或者全部内容错误，损害其民事权益的，可以自知道或者应当知道其民事权益受到损害之日起六个月内，向作出该判决、裁定、调解书的人民法院提起诉讼。人民法院经审理，诉讼请求成立的，应当改变或者撤销原判决、裁定、调解书；诉讼请求不成立的，驳回诉讼请求。"

二、梳理法律关系

（一）梳理案件中的法律关系

任何诉讼案件都是围绕着一定的法律关系展开的，因此对于律师而言，在了解基本案情之后，能够清晰地梳理并把握案件的法律关系是十分重要的。所谓法律关系通常是指法律在调整人们行为的过程中所形成的一种特殊的权利与义务关系。

民事法律关系具有以下特征：

（1）民事法律关系是基于平等、自愿而设立的。

（2）民事法律关系是民法调整平等主体之间的财产关系与人身关系所形成的社会关系。

（3）民事法律关系是基于民事法律事实而形成的社会关系。

（4）民事法律关系是以民事权利和民事义务为基本内容的社会关系。

（5）民事法律关系的保障措施具有补偿性和财产性。

在实务中，法律关系竞合是常见的现象。法律关系竞合的本质是法律责任的竞合，就是指由于某一法律事实的出现导致两种或两种以上法律责任的产生，而这些责任之间存在相互冲突的现象。例如，出卖人交付的物品有瑕疵，致使买受人的合法权益遭受侵害，买受人既可以向出卖人主张侵权责任，也可以主张违约责任，但这两种责任不能同时追究，只能追究其一。

（二）诉讼请求

诉讼请求是诉状的重要内容，是一方当事人通过人民法院向对方当事人主张权利的外在表现形式。律师作为专业的法律服务人员，其拟定的诉讼请求应当简明扼要，同时又将原告所要求的事项合法、合理地说明。

根据诉讼请求的不同内容和目的，可以将诉讼分为确认之诉、变更之诉和给付之诉。

确认之诉，是指原告请求人民法院确认其主张的民事法律关系或民事权利及特定的法律事实是否存在或者是否合法有效之诉，分为积极确认之诉和消极确认之诉。积极确认之诉，即原告请求法院确认其主张的法律关系或民事权利及特定的法律事实存在或有效之诉。消极确认之诉，即原告请求法院确认其主张的法律关系或民事权利及特定的法律事实不存在或无效之诉。在确认之诉中，不论原告胜诉或者败诉，其判决均为确认判决。

变更之诉，又称为形成之诉，是指原告请求人民法院以判决改变或者消灭某种既存的民事法律关系之诉。就请求法院运用判决变动民事法律关系或民事权益的形成之诉来说，其实体法的依据是原告所享有的形成权，其诉讼标的是具体的民事法律关系或原告拥有的形成权。

给付之诉，是指原告请求被告履行一定给付义务之诉。原告所主张的给付，包括被告的金钱给付、实物给付及行为给付。民事权益人对民事义务人享有特定的给付请求权，是给付之诉成立的实体基础。也就是说，给付之诉的诉讼标的是原告享有的给付请求权。

三、确定管辖

（一）一般情况下的管辖

1. 级别管辖和一般地域管辖

级别管辖是从纵向角度，确定上下级法院之间管辖第一审民事案件的范围；而一般地域管辖是从横向的角度，确定同级法院之间管辖第一审民事案件的范围。

（1）基层人民法院管辖的第一审民事案件：基于方便诉讼和方便审判的目的，第一审民事案件多由基层人民法院管辖。

（2）中级人民法院管辖的第一审民事案件：根据现行《民事诉讼法》第十八条以及最高人民法院司法解释第一条、第二条规定，中级人民法院管辖的第一审民事案件包括重大涉外案件、在本辖区内有重大影响的案件以及最高人民法院确定由中级人民法院管辖的案件。其中，重大涉外案件又包括争议标的额大的案件、案情复杂的案件，或者一方当事人人数众多等具有重大影响的案件。此外，有部分专利纠纷案件由最高人民法院确定的中级人民法院管辖。

（3）高级人民法院管辖的第一审民事案件：根据《民事诉讼法》第十九条，高级人民法院管辖在本辖区内有重大影响的第一审民事案件。

（4）最高人民法院管辖的第一审民事案件：根据《民事诉讼法》第二十条，最高人民法院管辖在全国有重大影响的案件和认为应当由本院审理的案件。

地域管辖是按照地域划分来确定同级法院之间的管辖范围的。确定地域管辖的因素和标准，主要是法院的辖区与当事人的住所地、诉讼标的物所在地、私法关系及法律事实发生地等之间的关系。一般地域管辖的通常情形是：原告就被告，即由被告住所地或经常居住地的法院管辖。特殊情形是：被告就原告。例如，根据我国《民事诉讼法》第二十二条规定，对不在中华人民共和国领域内居住的人提起的有关身份关系的诉讼、对下落不明或者宣告失踪的人提起的有关身份关系的诉讼、对被采取强制性教育措施的人提起的诉讼、对被监禁的人提起的诉讼，由原告住所地人民法院管辖；原告住所地与经常居住地不一致的，由原告经常居住地人民法院管辖。

2. 移送管辖与指定管辖

移送管辖是指法院受理案件后，发现本院对案件无管辖权，而依法通过裁定方式将案件移送有管辖权的法院审理的制度。移送管辖是对错误管辖行为的一种纠正，其实质是案件的移交，而不是改变案件的法定管辖权。

指定管辖是指上级法院依法用裁定的方式，指定其辖区内的下级法院对某一民事个案行使管辖权。根据《民事诉讼法》第三十七条的规定，指定管辖主要适用于以下两种情形：一是有管辖权的人民法院由于特殊原因，不能行使管辖权的，由上级人民法院指定管辖；二是人民法院之间因管辖权发生争议，由争议双方协商解决；协商解决不了的，报请它们的共同上级人民法院指定管辖。

（二）专属管辖

所谓专属管辖，是指法律规定特殊类型的案件必须由特定的法院管辖，其他法院无管辖权，也不允许当事人协议变更的管辖制度。专属管辖具有较高的排他性。根据《民事诉讼法》第三十三条规定，属于专属管辖的案件有：① 因不动产纠纷提起的诉讼，由不动产所在地人民法院管辖；② 因港口作业中发生纠纷提起的诉讼，由港口所在地人民法院管辖；③ 因继承遗产纠纷提起的诉讼，由被继承人死亡时住所地或者主要遗产所在地人民法院管辖。

（三）协议管辖

协议管辖，又称为"约定管辖"，是指在纠纷发生之前或者发生之后，双方当事人共同约定管辖该纠纷的法院。根据《民事诉讼法》第三十四条规定，合同或者其他财产权益纠纷的当事人可以书面协议选择被告住所地、合同履行地、合同签订地、原告住所地、标的物所在地等与争议有实际联系的地点的人民法院管辖，但不得违反本法对级别管辖和专属管辖的规定。

四、立案与答辩

（一）立案材料的准备

1. 撰写起诉状

民事起诉状，是公民、法人或其他组织，因自己的民事权益受到侵害或者与他人发生民事争议时，为维护自己的合法权益而向人民法院提交的，请求依法裁判的诉讼法律文书。一般而言，民事起诉状由四个主要部分构成，分别是首部、诉讼请求、事实与理由及落款。

首部应列明原、被告的基本信息；诉讼请求部分应当简要列明原告的请求事项；事实与理由部分则是围绕诉讼请求写明详细的事实、证据与法律依据，这一部分是诉状的核心，也是人民法院裁决当事人之间权益纠纷和争议的重要依据；落款在民事起诉状的末尾，应写明原告姓名并由其本人签名、盖章，写明诉状递交日期。

诉状后可酌情另附相关证据清单。

2. 诉讼费用

依照《诉讼费用交纳办法》的规定，当事人进行民事诉讼的除依法不缴纳诉讼费用或免于缴纳诉讼费用的外，均应当依法缴纳诉讼费用。诉讼费用包括案件受理费，申请各项诉讼措施的申请费，证人、鉴定人、翻译人员、理算人员在人民法院指定日期出庭发生的交通费、住宿费、生活费和误工补贴等。

（二）办理立案

1. 立案文书

律师代理当事人向人民法院提起民事诉讼的，除了要在立案时递交起诉状、证据及清单、当事人主体材料等，还应向法院出具承办律师及律师事务所已经获得的当事人委托的相关手续，具体文件主要有三：一是当事人签名或盖章的授权委托书，二是律师事务所的公函，三是承办律师的律师执业证。

2. 不予受理的法律救济

人民法院对于是否受理某一案件有最终的决定权，如法院决定不予受理某一案件，从程序上而言意味着当事人无法提起诉讼，直接影响了当事人的权利与义务。对于人民法院就某一案件做出不予受理裁定的，可能是基于证据的瑕疵、主体资料的缺失或管辖权等原因。但不论基于何种原因不予受理，作为律师都应当仔细研究该裁定的理由。理由充分且准确的，律师应当向当事人主动说明，在调整诉讼策略后重新起诉；如认为裁定的理由并无依据且有失公允的，可以就该不予立案的裁定向上级人民法院提起上诉、申诉乃至请求人民检察院对该裁定依法提起抗诉。

（三）开庭前的答辩

在律师代理被告的案件中，当被告本人接到法院送达的起诉状副本及应诉通知书后，被告的答辩期即已开始。被告在法定答辩期限内针对原告在诉状中提出的诉请、事实及理由所作的回答和辩驳的书状，称为"民事答辩状"。

答辩状与起诉状的格式基本相同，分为首部、事实与理由、落款。首部需要写明标题及当事人的基本信息。答辩状的事实与理由部分需要从三个方面进行答辩：一是就案件的事实部分进行答辩，对原告诉状中所写的事实是否符合实际情况表示意见；二是从法律方面进行答辩，对原告提出的诉请是否有法律依据进行辩驳；三是提出答辩主张。在提出事实、法律方面的答辩之后，引出自己的答辩主张，即对原告诉状中的请求是完全不接受，还是部分不接受，以及对本案的处理依法提出自己的主张，请求在法院裁判时予以考虑。落款写明答辩人姓名并由本人签字、盖章，写明答辩状递交日期。

五、保全与先予执行

（一）保全

在民事诉讼中，保全不仅关系到当事人的诉讼请求是否会被支持，还关系到其胜诉后，裁判内容是否能得到彻底执行。根据我国《民事诉讼法》第一百条、第一百零一条的规定，财产保全又分为诉讼中财产保全和诉前财产保全。此外，在《民事诉讼法》以及《中华人民共和国专利法》(简称《专利法》)、《中华人民共和国著作权法》(简称《著作权法》)、《中华人民共和国商标法》(简称《商标法》)中还规定了诉前行为保全制度(又称"诉前禁令")。

1. 财产保全

根据《民事诉讼法》第一百零一条的规定,利害关系人因情况紧急,不立即申请保全将会使其合法权益受到难以弥补的损害的,可以在提起诉讼或者申请仲裁前向被保全财产所在地、被申请人住所地或者对案件有管辖权的人民法院申请采取保全措施。申请人应当提供担保,不提供担保的,裁定驳回申请。可见,财产保全包括诉讼财产保全和诉前财产保全。

诉讼财产保全,是指人民法院为保证其将来的判决得以实现,根据民事诉讼当事人的申请或者依职权决定对当事人争议财物采取临时性强制措施的制度。申请诉讼财产保全的,法院可以责令申请人提供担保,若无正当理由不向法院提供担保或者没有提供充足担保的,法院裁定驳回申请。

诉前财产保全是指利害关系人因情况紧急,不立即申请财产保全将会使其合法权益受到难以弥补的损害的,可以在民事诉讼诉前向人民法院申请采取财产保全措施的制度。与诉前财产保全有关的民事争议必须有给付内容,即争议的民事法律关系应是有给付内容的,如不是因财产利益之争,而是因人身名誉之争,无给付内容的,法院就不能采取诉前保全措施。

2. 行为保全

行为保全是指在民事诉讼中,为避免当事人或者利害关系人的利益受到不应有的损害或进一步的损害,法院可以依申请对相关当事人的侵害或有侵害可能的行为采取强制措施。对行为保全的裁定可以申请复议。这一制度的确立最早可以追溯到古罗马时代的"禁止令状"(interdicere),是古罗马执政官根据受害人的请求而发布的禁止相关当事人从事某项行为的命令,通常所涉及的利益具有准公益性。我国的《专利法》《著作权法》《商标法》在修订时都增加了关于"诉前临时措施"的规定,行为保全制度在知识产权领域得以确立。2013年新《民事诉讼法》首次确立了行为保全制度,该法第一百条规定,人民法院对于可能因当事人一方的行为或者其他原因,使判决难以执行或者造成当事人其他损害的案件,根据对方当事人的申请,可以裁定对其财产进行保全、责令其作出一定行为或者禁止其作出一定行为;当事人没有提出申请的,人民法院在必要时也可以裁定采取保全措施。

(二)先予执行

所谓先予执行,是指法院在判决确定之前,因当事人一方生活上或生产上的迫切需要,依法裁定一方当事人给付对方财产或实施、停止某种行为,并须立即执行。

根据《民事诉讼法》第一百零六条的规定,人民法院根据当事人的申请、裁定先予执行的情况适用于下列案件:①追索赡养费、扶养费、抚育费、抚恤金、医疗费用的;②追索劳动报酬的;③因情况紧急需要先予执行的。

《民事诉讼法》第一百零七条又规定了法院裁定先予执行应符合的条件,主要包括:①当事人之间民事权利义务关系明确,不先予执行将严重影响申请人的生活或者生产经营的；② 被申请人有履行能力。同时，在该条第二款又规定了，"人民法院可以责令申请人提供担保，申请人不提供担保的，驳回申请。申请人败诉的，应当赔偿被申请人因先予执行遭受的财产损失。"

第四节　证据的收集与运用

一、证据及证据资格

证据就是依照规则认定案件事实的依据。证据裁判主义是现代诉讼的理性选择，诉讼的核心问题是证据问题。作为解决民事纠纷最为重要的社会化机制，民事诉讼是法官、当事人、诉讼代理人三方互动的角色体系，参与诉讼各方都必须对证据的获取承担相应的义务。

证据资格是指证据能够被法官作为认定待证事实所应具备的资格，又称"证据能力"。证据是否具有证据资格取决于证据与待证事实之间是否存在关联性和是否具备真实性、合法性。

二、民事诉讼证据的种类

我国《民事诉讼法》将民事证据分为八种，每一种证据都有其自身的特点，在收集、审查、判断证据时应把握其含义和特点。具体来说，八种证据分别为：

1. 当事人的陈述

当事人就案件事实向法院进行叙述或说明，称为当事人的陈述。在民事诉讼中，当事人表述的言辞只有与案件事实有关系，才属于证据的范畴。因此，人民法院对于当事人的陈述能否作为认定事情的根据，应当结合本案的其他证据，审查确定。2002 年 4 月 1 日起施行的《最高人民法院关于民事诉讼证据的若干规定》①（简称《民事诉讼证据规定》）进一步规定，当事人对自己的主张，只有本人陈述而不能提出其他相关证据的，其主张不予支持，但对方当事人认可的除外。

2. 书证

书证，是指以文字、符号、图案等所记载的内容或表达的思想来证明案件事实的证据。书证的本质特征是以具体物质载体中的文字、符号、图案等所记载的内容证明案件事实。当事人提交书证时应当提交原件，如需自己保存书证原件或者提供原件确有困难的，可以提供经人民法院核对无异的复制件。

---

① 2001 年 12 月 6 日由最高人民法院审判委员会第 1 201 次会议通过并公布，自 2002 年 4 月 1 日起施行。

3. 物证

物证是指以其自身的外形、特征、质量、性能、痕迹等来证明案件事实的证据。物证以物体的属性、外在特征或存在状况证明案件事实，具有较强的稳定性和可靠性，在诉讼中一般表现为间接证据。

4. 视听资料

视听资料是指以利用录像或录音磁带所反映的图像、音响等证明案件事实的证据。

5. 证人证言

证人证言是知道案情的人就其所了解的案件事实向法院所作的陈述。证人证言的真实性、可靠性容易受到主客观因素的影响，证人证言具有不可替代性。证人证言只能是证人就其所知晓的案件事实所作的陈述，而不包括对事实所作的评价和对法律问题发表的看法。

6. 鉴定意见

鉴定意见是人民法院聘请或者当事人自己委托的鉴定机构对专门性问题经过鉴定后作出的书面意见。

7. 勘验笔录

勘验是一种人民法院收集证据的活动，是对证据的固定和保全。因此，勘验必须由法院的审判人员和其他人员依照法定程序进行。

8. 电子数据

电子数据是以电子计算机及其他电子设备为基础的证据，通常包括与案件事实有关的电子邮件、网上聊天记录、电子签名、网络访问记录等电子形式的证据。

三、民事诉讼的证明责任

证明责任，又称为举证责任，是指当事人对自己提出的事实主张有责任提供证据并进行证明，当作为裁判基础的法律要件事实在诉讼中处于真伪不明的状态时，不尽证明责任的当事人应承担败诉风险。

（一）证明责任的分类

证明责任具体包括行为意义上的证明责任和结果意义上的证明责任。行为意义上的证明责任，又称为主观证明责任，是当事人为了避免承担不利诉讼结果的风险而负有的向法院提供证据的责任；结果意义上的证明责任，又称为客观证明责任，是指当案件审理终结时，必须确定案件的一方当事人承担因事实真伪不明而产生的实体法上的不利后果的责任。

（二）证明责任的分配

1. 证明责任分配的一般规则

根据《民事诉讼法》规定，当事人对自己提出的主张，有责任提供相应的证据，这一规定被认为是证明责任分配的一般规则，即"谁主张，谁举证"。根据《民事诉讼证据规定》第二条规定，当事人对自己提出的诉讼请求所依据的事实或者反驳对方诉讼请求所依据的事实有责任提供证据并加以证明。没有证据或者证据不足以证明当事人的事实主张的，由负有举证责任的当事人承担不利后果。

2. 证明责任分配的例外规定

证明责任倒置，是指一方当事人对自己提出的利己事实，并不负担证明责任，而由对方当事人负担证伪的责任。对方当事人若未能证伪该事实，则法院认可该事实是真实的，该方当事人因此败诉。《民法通则》从第一百二十二条至第一百三十三条所规定的各种特殊的侵权案件，都在不同程度上与《民事诉讼证据规定》第四条规定的证明责任的倒置或特殊分配有关。

第五节　第一审程序代理

一、原告代理律师的主要工作

1. 撰写起诉状

律师在全面掌握案件事实后，应当确定起诉事项，在此基础上撰写起诉状。起诉事项确定的内容包括确定原告、被告和第三人，确定的案由和诉讼请求等。具体而言，民事起诉状分为四个部分：① 当事人的基本情况；② 诉讼请求；③ 事实和理由；④ 附录，应附上支持自己主张的证据名称。律师撰写民事起诉状时，应注意突出重点，详略得当；脉络清楚，层次分明；事实、证据和法律结合紧密，论证有力。

2. 协助当事人办理立案手续

当事人提起民事诉讼，需要到法院办理立案手续。律师应当协助当事人准备并向法院提交有关起诉材料，包括起诉状、原告主体资格证明、起诉证据等材料，还应提交委托律师代理诉讼的有关材料，包括授权委托书、律师事务所介绍信等。当事人应提交由本人签名或盖章的起诉状正本一份，并按对方当事人人数提交副本。原告为自然人的，应提交身份证明材料复印件；原告为法人的，应提交营业执照副本复印件，其他组织应提交证明其有效成立的法律文件复印件。法人应提交年检证明，法人或其他组织的代表人或主要负责人应提交职务证明原件、身份证明复印件。

3. 根据需要依法办理诉前财产保全、现行给付的有关法律手续

为了保证原告胜诉后能够实现法院判决的内容获得财产性利益，原告在诉前可以向法院申请对被告的财产依法进行保全。在此过程中，律师应为其提供法律咨询，就是否应当提出诉前保全申请以及其利弊等向原告作出客观分析说明。如果原告决定提出申请，律师则应当为其准备相关的申请材料并协助原告办理相关的法律手续。

此外，在法律规定的一些特殊案件中，如追索赡养费和劳动报酬的案件，当事人可以在法院作出判决之前，申请法院判令被告先行给付。在这类案件中，律师应当及时告知原告其享有此项权利，并在需要时协助原告办理相关的手续。

4. 根据法庭的安排做好庭审前的证据交换工作

目前在民事诉讼活动中，在正式开庭以前，法院都会组织当事人进行庭前证据交换，为此还规定了举证时效。对此，律师一定要协助原告按照法庭的要求，包括时间的要求、规范整理证据材料的要求做好此项工作。为此律师可能还要进行一些证据调查和收集工作。需要强调的是，在办理此项工作时，律师不可为了防止被告方有所准备而协助当事人有意隐瞒证据，不在证据交换时向法庭提交，而在法庭审理时再拿出来搞"突然袭击"。如果这样，将有可能导致法庭以超过举证时限为由不让原告在庭审中使用此类证据。

5. 出庭参加诉讼，依法维护原告的合法权益

这是律师民事诉讼代理的主要工作，包括以下内容：① 协助或代表原告陈述起诉事实和理由，提起诉讼请求；② 向法庭提供证据，履行原告应承担的举证责任；③ 对被告提供的证据进行质证；④ 在法庭的组织下与对方当事人展开法庭辩论；⑤ 参加法庭组织的调解，对是否愿意调解、如何调节表明态度并进行协商；⑥ 办理法庭审理中的其他事宜。律师代理原告出庭参加诉讼时，一定要注意代理权限，只能在授权范围内从事诉讼活动，不得自作主张，越权诉讼。

6. 代理提起上诉或协助原告做好执行工作

在法庭对案件作出判决后，原告代理律师还应就是否提起上诉向原告提供法律咨询。一旦原告拟提出上诉，律师则应协助原告做好提起上诉的各项工作。在上诉过程中，如果当事人继续委托、律师则可以继续代理。同时，在法院所作的判决、调解依法生效后，代理律师应协助原告做好相关的执行工作。

二、被告代理律师的主要工作

1. 接受委托

原告的起诉法院一旦立案，就要向被告送达应诉通知书和起诉书等材料。此时，被告就可能找到律师委托其代理诉讼。律师应当按照有关规定与当事人办理委托手续，有关内容在原告律师部分已论及，不再赘述。

2. 做好出庭前的应诉准备

与原告方起诉的准备相比，被告方律师的应诉准备相对简单一些，主要内容有：① 向被告了解案情，认真审查原告起诉状及其他诉讼材料；② 在与被告充分沟通、交流的基础上，草拟答辩状；③ 与被告充分沟通，讲明利弊，就庭审前是否向法院提交答辩状形成一致意见，如果提交，应在法庭规定的时限内提交答辩状；④ 按照法庭的要求，做好证据交换工作；⑤ 告知被告应享有的反诉权利，并就是否提起反诉与被告形成一致意见，如果决定提出反诉，则应做好相关的准备工作，在法律规定的时限内依法提出。

3. 出庭参加诉讼，依法维护被告的合法权益

主要包括以下内容：① 协助或代表被告就原告的起诉进行答辩；② 针对原告向法庭提

供的证据进行质证；③ 就自己的诉讼主张按照法庭的要求向法庭提供证据；④ 在法庭的组织下展开法庭辩论；⑤ 参加法庭调解，就是否愿意调解、如何调解表明态度并进行协商；⑥ 办理法庭审理的其他事宜，如在法庭上依法提出反诉等。与原告律师一样，被告律师在代理诉讼中也一定要在授权范围内从事诉讼活动，不得越权。

在法院对案件作出判决后，代理律师应就是否提出上诉向被告提供法律咨询，如果被告决定提出上诉，则应协助被告做好提起上诉的各项工作。在上诉过程中，如果当事人继续委托，律师则可以继续代理。在法院所作的判决、调解依法生效后，代理律师亦应协助被告做好相关的执行工作。

第六节　第二审程序代理

律师代理上诉人行使上诉权时，应当审查上诉人委托的案件是否符合法定的上诉条件，即上诉人是否享有上诉权以及是否符合法定上述期限等。根据我国《民事诉讼法》第一百六十四条的规定，当事人不服地方人民法院第一审判决的，有权在判决书送达之日起十五日内向上一级人民法院提起上诉。当事人不服地方人民法院第一审裁定的，有权在裁定书送达之日起十日内向上一级人民法院提起上诉。只有在符合法定上诉条件的情况下，律师才能接受委托。另外，律师还应审查一审判决或裁定是否存在被第二审法院改判或者撤销原判、发回重审的可能性，根据我国《民事诉讼法》第一百七十条规定，有可能被改判或撤销的情形包括，① 原判决、裁定认定事实错误或者适用法律错误的，以判决、裁定方式依法改判、撤销或者变更；② 原判决认定基本事实不清的，裁定撤销原判决，发回原审人民法院重审，或者查清事实后改判；③ 原判决遗漏当事人或者违法缺席判决等严重违反法定程序的，裁定撤销原判决，发回原审人民法院重审。可见，只有具备上述条件之一的，判决才可能被撤销或变更，当事人才有上诉的必要。

根据我国法律的相关规定，律师可以接受第二审程序当事人的委托，作为代理人参加诉讼。第二审程序的律师代理与第一审程序的律师代理相比较，其工作方式和工作内容虽然差别不大，但是由于第二审程序有其自身的特点，应有针对性地采取不同的工作方式，为当事人提供优质的法律服务。

1. 律师代理上诉案件的一些特殊的工作

代理律师在当事人办理委托手续后，首先应到第二审法院阅卷，认真查对第一审证据是否充足确凿，适用法律是否正确，第一审证据有无未经质证的证据作为判决裁定的依据；有无不该采信的证据采信了，该采信的却没有采信；证据之间有无相互矛盾；等等。

代理律师还应审查第一审裁判认定的事实是否清楚、完整，有无前后矛盾；第一审认定的事实与判决、裁定的结果是否具备必然的逻辑关系；第一审适用法律是否得当，适用的法律条文与案件性质、主要事实是否一致；第一审程序有无影响案件正确判决的违法情况。

对于合议庭认为不需要开庭审理的上诉案件，代理律师如认为书面审理难以达到必要作用，可以与审判人员交换意见，或申请开庭审理。由于第二审程序可能不开庭审理，代理律师应当更加详细、全面、充分地撰写代理词。

代理律师在阅卷后如认为事实尚不清楚，可以进行调查，收集新的证据。

代理律师如果认为第一审程序没有通知必要的诉讼参加人参加诉讼，可以在第二审程序中向法院提出通知其参加诉讼的申请，第二审法院可以调解，调解不成则应发回重审。

对于严重违反法定程序的案件，代理律师应向法院提出，第二审法院经审查确认后应裁定撤销原判发回重审。

2. 第二审程序律师代理的工作方法

根据《民事诉讼法》第一百六十九条的规定，第二审人民法院审理上诉案件主要有两种审理方式：一是开庭审理；二是不开庭审理。因此，律师在代理过程中，也应根据案件不同的审理方式，采用不同的工作方式。如果案件开庭审理，律师应当从上诉的事实和理由两个方面进行全面的阐述，并针对对方的答辩进行有力、有据的驳斥。如果案件不开庭审理，代理律师应当注意，不开庭并不等同于书面审理，合议庭仍然要经过阅卷、调查和询问当事人等环节，确认没有提出新的事实、证据或理由后，才能作出判决。律师如果发现合议庭没有对案件进行实际审查，没有对有关当事人、证人进行询问，或者当事人有提出新的事实、证据或理由的，而合议庭仍然直接作出了判决，应当及时指出，建议法庭改正，以维护当事人的合法权益。

第七节　再审与执行代理

一、律师代理民事再审程序

民事再审程序，是指人民法院对已经审结的民事案件发生法律效力的判决、裁定、调解书认为有错误，而再次进行审理所适用的法定审判程序。再审程序是人民法院、人民检察院以及当事人在对第一审、第二审程序参与和监督的过程中，发现裁判确有错误，为纠正错案，撤销或者改正生效判决、裁定、调解书而设置的法定补救审判程序。因此，再审程序又称为"审判监督程序"。

根据我国《民事诉讼法》的规定，提起再审程序的情况总体上分为以下四种：① 各级人民法院院长对本院已经发生法律效力的判决、裁定、调解书，发现确有错误，认为需要再审的，应当提交审判委员会讨论决定；② 最高人民法院对地方各级人民法院已经发生法律效力的判决、裁定、调解书，上级人民法院对下级人民法院已经发生法律效力的判决、裁定、调解书，发现确有错误的，有权提审或者指令下级人民法院再审；③ 最高人民检察院对各级人民法院、上级人民检察院对下级人民法院或地方各级人民检察院对同级人民法院已经发生法律效力的判决、裁定，发现有违反法定情形之一的，① 或者发现调解书损害国家利益、社会公共利益的，可以通过抗诉的方式提起再审程序；④ 当事人对已经发生法律效力的判决、裁定，认为有错误的，可以向上一级人民法院或原审法院（当事人一方人数众多或当事人双方为公民的案件）申请再审。

律师可以根据事实情况以及法律规定，接受当事人的委托，为其代理再审案件。当事人申请再审，应当向人民法院提交已经发生法律效力的判决书、裁定书、调解书、身份证明及相关证据材料，并应当提交书面的再审申请书，再审申请书应包括以下内容：① 申请再审人与对方当事人的姓名、住所及有效联系方式等基本情况；② 法人或其他组织的名称、住所和法定代表人或主要负责人的姓名、职务及有效联系方式等基本情况；③ 原审人民法院的名称，原判决、裁定、调解文书案号；④ 申请再审的法定情形及具体事实、理由；⑤ 具体的再审请求。

律师代理再审案件时应当注意，在适用程序上，再审案件可分为自行再审案件、指令再审案件和上级法院提审案件。因再审案件不同，所适用的诉讼程序也不相同。

二、执行程序中代理律师的任务

执行程序，是指在负有义务的一方当事人拒绝履行生效的法律文书所确定义务的情况下，人民法院根据另一方当事人的申请或者依职权，强制其履行义务所适用的程序。执行程序是民事诉讼法的最后一个组成部分，是民事审判程序的审判成果实现的手段，是民事审判程序的延续；而民事审判程序为执行程序创造执行根据，是执行程序的前提。执行程序中民事诉讼的律师代理，是指律师受民事诉讼执行申请人的委托，在其授权范围内，以委托人名义参加执行程序，使得人民法院的生效裁判得以实现，维护委托人合法权益的诉讼行为。

律师在执行程序中的代理，应注意以下几个问题：① 接受委托必须有生效的执行根据，即据以执行的法律文书必须是生效的民事判决书、裁定书、调解书；② 作为执行根据的法律文书必须有给付内容；③ 委托人应是执行标的的权利人；④ 对方当事人有故意拖延、逃避或拒绝履行义务的行为；⑤ 代理执行事项在法律规定的执行期限内。

---

① 《民事诉讼法》第二百条规定，"当事人的申请符合下列情形之一的，人民法院应当再审：（一）有新的证据，足以推翻原判决、裁定的；（二）原判决、裁定认定的基本事实缺乏证据证明的；（三）原判决、裁定认定事实的主要证据是伪造的；（四）原判决、裁定认定事实的主要证据未经质证的；（五）对审理案件需要的主要证据，当事人因客观原因不能自行收集，书面申请人民法院调查收集，人民法院未调查收集的；（六）原判决、裁定适用法律确有错误的；（七）审判组织的组成不合法或者依法应当回避的审判人员没有回避的；（八）无诉讼行为能力人未经法定代理人代为诉讼或者应当参加诉讼的当事人，因不能归责于本人或者其诉讼代理人的事由，未参加诉讼的；（九）违反法律规定，剥夺当事人辩论权利的；（十）未经传票传唤，缺席判决的；（十一）原判决、裁定遗漏或者超出诉讼请求的；（十二）据以作出原判决、裁定的法律文书被撤销或者变更的；（十三）审判人员审理该案件时有贪污受贿，徇私舞弊，枉法裁判行为的。"

根据我国相关法律规定，律师在民事诉讼执行程序中可以进行下列代理活动：

1. 调查取证

执行是由被执行人不如期履行生效法律文书所确定的给付义务而引起的。被执行人不如期履行义务既有主观上的又有客观上的。执行申请人和代理律师为减少申请的盲目性，必须进行调查取证，弄清楚被执行人是"不能"还是"不为"。如果被执行人有执行能力却故意拖延、逃避或者拒绝履行法院的生效法律文书所确定的义务，代理律师应该向法院申请强制执行。

2. 申请执行和撤回执行申请

《民事诉讼法》第二百三十六条规定，发生法律效力的民事判决、裁定，当事人必须履行。一方拒绝履行的，对方当事人可以向人民法院申请执行，也可以由审判员移送执行员执行。调解书和其他应当由人民法院执行的法律文书确定的义务，当事人必须履行。一方拒绝履行的，对方当事人可以向人民法院申请执行。但是，当事人或代理律师向法院申请执行时，必须提交生效法律文书、执行申请书、授权委托书以及证明被执行人有执行能力而拒不执行的各种证据等；执行申请的内容应当以阐述被执行人无故不履行生效法律文书确定的义务为主，并应注意随案情的不断变化而调整申请的内容。申请人可根据自己与对方当事人的关系来决定是否撤回执行申请。律师经过申请人特别授权，也可以代理撤回执行申请。

3. 促成执行和解

执行和解是指在执行过程中，双方当事人自愿做出相互谅解和让步，就如何履行生效法律文书的有关内容达成协议，即执行和解协议，从而结束执行程序的诉讼行为。和解协议的内容一般应包括：双方当事人对执行标的的处理意见，双方的权利义务，和解协议的履行及撤销，和解协议的生效时间。代理律师应当向双方当事人声明，和解协议仅产生拘束执行当事人行为的效力，其没有强制执行力。和解协议已经履行完毕的，不得再请求恢复执行。当事人达成和解协议后，原执行根据并不因此失效，只是原执行程序因此而中止或结束。一方当事人不履行或不完全履行和解协议的，人民法院可以根据对方当事人的申请，恢复对原生效法律文书的执行，扣除已履行部分即可。

4. 处理执行异议

执行异议是指没有参加执行程序的案外人认为执行工作侵犯了或将要侵犯其合法权益，因而对执行标的主张权利。执行异议如确有理由，将导致执行程序的中止。因此，代理律师应配合执行员依照法定程序对异议进行审查，驳回不成立的理由，以维护当事人的合法权益。

5. 代为申请延期执行

代理律师可以根据对方当事人的实际情况，在征得申请人同意后，向对方当事人和人民法院做出延期执行的表示。

第八节　特别程序中的律师代理

一、特别程序概述

特别程序，是指与普通程序、简易程序等通常审判程序相对应的，人民法院审理某些非民事争议案件所适用的特殊审判程序。根据《民事诉讼法》的规定，适用特别程序审理的案件具体包括：选民资格案件、宣告公民失踪或者宣告死亡案件、认定公民无民事行为能力或者限制民事行为能力案件、认定财产无主案件、确认调解协议案件和实现担保物权案件。

特别程序与普通程序、简易程序相比，具有以下特点：

（1）特别程序的性质是对某种法律事实进行确认。特别程序审理解决的不是民事权利义务争议，而是确认某种法律事实是否存在，确认某种权利的实际状况。而按普通程序、简易程序审理的案件，则是要依法解决民事权益冲突，确认民事权利义务关系。

（2）特别程序中可能没有相对方。特别程序的开始，是因申请或因起诉而开始的。申请人或起诉人可能并没有对方当事人（被告）。依照普通程序、简易程序审理的案件，则必须有明确的被告。

（3）实行一审终审。按照特别程序审理案件，实行一审终审，判决书一经送达，立即发生法律效力，申请人或起诉人不得提起上诉。而依普通程序、简易程序审理的案件，一般都实行两审终审制，例外的只有最高人民法院审理第一审民事案件实行一审终审制。

（4）审判组织特别。按照特别程序审理案件，审判组织原则上采用独任制，只有选民资格案件和重大、疑难的案件，才由审判员组成合议庭进行审理。而按照普通程序审理的案件，采用合议庭进行审理；简易程序审理的简单的民事案件，才由审判员一人独任审判。因此特别程序以独任制为原则，合议庭为例外；非特别程序则以合议庭为原则，独任制为例外。

（5）不适用审判监督程序。按照特别程序审理的案件，判决发生法律效力后，如果发现判决在认定事实或适用法律方面有错误，或者是出现了新情况、新事实，人民法院根据有关人员的申请，查证属实之后，可依特别程序的规定撤销原判决，作出新判决。而依照普通程序、简易程序审理的案件，判决生效后，发现确有错误的，必须依审判监督程序提起再审，予以纠正。

（6）案件审结期限较短。按照特别程序审理案件，审理期限较短。根据《民事诉讼法》第一百八十二规定，人民法院审理选民资格案件，必须在选举日前审结；其他适用特别程序审理的案件应当自立案之日起30日内或者公告期满后30日内审结。相比之下，按照民事诉讼普通程序审理的案件，应当在立案之后起6个月内审结，有特殊情况需要延长的，由本院院长批准，可以延长6个月，还需要延长的，报请上级人民法院批准；而适用民事诉讼简易程序审理案件，应当在立案之日起3个月内审结。

（7）免交诉讼费用。按特别程序审理的案件，一律免交诉讼费用。而按普通程序、简易程序审理的案件，不论是财产案件，还是非财产案件，都必须依法缴纳诉讼费用。

二、特别程序代理实务

(一) 选民资格案件

选民资格案件，是指公民对选举委员会公布的选民资格名单有不同意见，向选举委员会申诉后，对选举委员会就申诉所作的决定不服，而向人民法院提起诉讼的案件。

根据《中华人民共和国全国人民代表大会和地方各级人民代表大会选举法》（简称《选举法》）和《民事诉讼法》的有关规定，公民对选举委员会公布的选民资格名单有不同意见，应当先向选举委员会提出申诉。选举委员会应在 3 日内对申诉作出决定。申诉人对处理决定不服的，可以在选举日的 5 日以前向人民法院起诉。

在实践中，理解选民资格案件时应注意以下几点：

(1) 主体资格。提起选民资格诉讼的只能是公民，法人或者其他组织不是该类诉讼的主体。在此类案件中，提起诉讼的主体不一定是具有诉讼利益的公民，既可以是自己的选民资格受到侵犯的公民，也可以是其他公民。

(2) 提起的条件。公民提起选民资格诉讼，须以其向选举委员会就该问题提出过申诉为前提，并且选举委员会已就当事人的申诉作出了决定，但申诉人对该决定不服。在选举委员会作出处理决定之前，当事人不得直接向人民法院提起诉讼。

(3) 时效。由于选民资格案件的特殊性，一旦选举结束，即使对选民资格存在异议也失去了意义，因此公民提起选民资格诉讼，须在选举日的 5 日以前向人民法院提起诉讼。在此期限后再向人民法院起诉的，人民法院将不予受理。

(二) 宣告公民失踪或者宣告死亡案件

宣告公民失踪或者死亡的案件，是指公民下落不明，达到法律规定的期限仍无音讯，人民法院经利害关系人申请，宣告该公民为失踪人或宣告死亡的案件。

1. 申请条件

公民下落不明达到法律规定的期限，与该下落不明的公民有利害关系的人向有管辖权的人民法院提出书面申请。申请公民失踪时，被申请人下落不明要满 2 年。申请宣告公民死亡，公民下落不明期限通常要满 4 年；因意外事故下落不明满 2 年；或者因意外事故下落不明，经有关机关证明该公民不可能生存的。利害关系人，包括被申请人的配偶、父母、子女、兄弟姐妹、祖父母、外祖父母、孙子女、外孙子女以及其他与被申请人有民事权利义务关系的人。

2. 公告

根据《民事诉讼法》的规定，人民法院经审查核实，对符合条件的宣告失踪案件予以受理后，应当发出寻找失踪人的公告，公告期为 3 个月。对申请宣告公民死亡的案件，宣告死亡的公告期为 1 年；因意外事故下落不明，经有关机关证明该公民不可能生存的，宣告死亡的公告期为 3 个月。

3. 判决

公告期满，该公民仍然下落不明的，人民法院应确认申请该公民失踪或死亡的事实存在，并依法作出宣告该公民失踪或死亡的判决，如公告期内该公民出现或者查明下落，人民法院则应作出判决，驳回申请。

4. 撤销

人民法院宣告失踪或者死亡的判决，仅仅是根据法定的条件所作的判定，被宣告失踪的人或者被宣告死亡的人完全有可能重新回到原居住地或与利害关系人取得联系。被宣告失踪或被宣告死亡的公民重新出现或者确知了其下落，经该公民本人或者利害关系人申请，人民法院应当作出新判决，撤销原判决。

（三）认定公民无民事行为能力或者限制民事行为能力案件

认定公民无民事行为能力或者限制民事行为能力案件，是指人民法院根据利害关系人的申请，对不能正确辨认自己行为或不能完全辨认自己行为的精神病人，按照法定程序，认定并宣告该公民无民事行为能力或者限制民事行为能力的案件。

人民法院受理申请后，必要时应当对被请求认定为无民事行为能力或者限制民事行为能力的公民进行鉴定。申请人已提供鉴定意见的，应当对鉴定意见进行审查。对鉴定结论存疑的，可以重新鉴定。

人民法院经审理认定申请有事实根据的，判决该公民为无民事行为能力或者限制民事行为能力人；认定申请没有事实根据的，应当判决予以驳回。公民被认定为无民事行为能力或者限制民事行为能力人以后，经过治疗病情痊愈，精神恢复正常，能够正确辨认自己的行为的，表明造成其为无民事行为能力人或者限制民事行为能力人的原因已经消除的，该公民、监护人或者利害关系人可以向法院申请撤销原判决。

（四）认定财产无主案件

认定财产无主案件，是指人民法院根据公民、法人或者其他组织的申请，依照法定程序将归属不明的财产认定为无主财产，并将它判归国家或集体所有的案件。

根据《民事诉讼法》的规定，申请认定财产无主，由公民、法人或者其他组织向财产所在地基层人民法院提出。人民法院在受理认定财产无主案件后，应发出财产认领公告，寻找该财产的所有人，公告期为 1 年。

公告期间，如果财产所有人出现，人民法院应作出裁定，驳回申请，并通知财产所有人认领财产。公告期满仍无人认领的，人民法院即应作出判决，认定该项财产为无主财产，并判归国家或集体所有。

（五）确认调解协议案件

司法确认案件是指对于涉及当事人之间民事权利义务的纠纷，经人民调解组织和其他依法成立的具有调解职能的组织调解达成具有民事合同性质的协议后，由双方当事人共同到人民法院申请确认调解协议的法律效力的一种新的案件类型。

申请司法确认调解协议的，由双方当事人依照相关法律，自调解协议生效之日起 30 日内，共同向调解组织所在地基层人民法院提出。人民法院在收到当事人司法确认申请后，应当在 3 日内决定是否受理。人民法院决定受理的，应当编立"调确字"案号，并及时向当事人送达受理通知书。人民法院应当自受理司法确认申请之日起 15 日内作出是否确认的决定。因特殊情况需要延长时间的，经本院院长批准，可以延长 10 日。

法院经审查，符合法律规定的，裁定调解协议有效，一方当事人拒绝履行或者未全部履行的，对方当事人可以向人民法院申请执行；不符合法律规定的，裁定驳回申请，当事人可以通过调解方式变更调解协议或者达成新的调解协议，也可以向人民法院提起诉讼。

（六）实现担保物权案件

实现担保物权是指当债务人应当履行债务而不履行时，担保物权人经法定程序，通过将担保标的物拍卖、变卖等方式，使担保物权人的债权得到受偿的过程。

课后思考题

家住北京市房山区的宋某与妻子孟某于 1994 年结婚，起初夫妻感情融洽，生有一女。但自从 2002 年起，宋某下岗以开出租车为生后，夫妻感情越来越差，常为家庭琐事争吵，已经到了不可调和的地步。后来孟某干脆回了娘家，与宋某分居。宋某起初多次与妻子见面，希望重归于好，然而毫无效果。于是 2004 年 4 月，宋某便起诉到法院，要求与孟某离婚，分割由孟某保管的夫妻共同存款 10 多万元。

在法院开庭审理中，宋某表示，自己多年来的工作积蓄和下岗买断费均交给了孟某，现在夫妻存款有 10 多万元，要求孟某给付自己 8 万元。孟某同意离婚，但否认双方有共同存款，声称自己手中无钱。不料此时，宋某突然拿出一盘录音带，录音的内容是宋某与孟某二人的谈话，谈到了是否离婚和 10 多万元存款的问题。原来宋某起诉离婚时，考虑到自己一向都将钱直接交给孟某保管，没有别人可以作证，又不知存折的情况，为防止孟某矢口否认共同存款的事情，便将两人的谈话悄悄录了音，以便日后作为证据使用，结果正好在庭审中派上了用场。

结合以上案例，请回答：

1. 宋某提供的录音带属于民事证据中的（　　）。

A. 视听资料　　　　　　　　　　　B. 书证

C. 物证　　　　　　　　　　　　　D. 当事人陈述

2. 宋某为证实自己的诉求主动提供录音带的行为体现了民事证明责任分配的（　　）。

A. 处分原则　　　　　　　　　　　B. 证明责任倒置原则

C. 自愿原则　　　　　　　　　　　D. "谁主张，谁举证"原则

第九章

刑事诉讼辩护与代理业务

● 学习目标 ●

　　本章是全书的重点章节之一，着重介绍了律师在刑事诉讼辩护与代理业务中的工作内容与具体方法。希望学习者通过本章的学习，对刑事诉讼辩护与代理的基本概念、种类等有大致了解；对侦查阶段、审查起诉阶段以及第一审、第二审审判阶段律师辩护的不同工作内容和方法等有深刻的理解和掌握；对于律师担任被害人的代理人以及律师代理刑事申诉、自诉以及附带民事诉讼时的工作内容和程序等也有一定的掌握。在学习过程中，应注意运用所学知识，针对实际案例的分析和实务操作进行练习。

第一节　刑事诉讼辩护与代理概述

一、刑事诉讼概述

　　刑事诉讼是指国家专门机关在当事人以及其他诉讼参与人的参加之下，依照法律规定的程序，追诉犯罪，裁定被追诉人刑事责任的活动。

　　刑事诉讼具有以下四个特征：① 刑事诉讼是国家专门机关主持的国家司法活动；② 刑事诉讼是司法机关行使刑罚权的活动；③ 刑事诉讼是依照法律规定程序进行的活动；④ 刑事诉讼是在当事人和其他诉讼参加人参与下的活动。

　　刑事诉讼范围大致有侦查、审查起诉、一审程序、二审程序、死刑复核程序、审判监督程序、自诉、刑事附带民事诉讼等。

二、律师刑事辩护的概念和种类

　　刑事辩护是指犯罪嫌疑人、被告人及其辩护人根据事实和法律，反驳控诉人对犯罪嫌疑人、被告人提出的指控的一部分或全部，提出证明犯罪嫌疑人、被告人无罪、罪轻或者减轻、免除其刑事责任的材料和意见，维护犯罪嫌疑人、被告人的合法权益的诉讼活动。

律师可以接受刑事案件犯罪嫌疑人、被告人的委托或者法律援助机构的指派，担任辩护人。律师出任犯罪嫌疑人、被告人的辩护人，有委托辩护和法律援助辩护两种情形。

委托辩护，是指犯罪嫌疑人、被告人委托律师充当辩护人为其提供辩护活动。我国2012年修订的《刑事诉讼法》①第三十三条规定："犯罪嫌疑人自被侦查机关第一次讯问或者采取强制措施之日起，有权委托辩护人；在侦查期间，只能委托律师作为辩护人。被告人有权随时委托辩护人。侦查机关在第一次讯问犯罪嫌疑人或者对犯罪嫌疑人采取强制措施的时候，应当告知犯罪嫌疑人有权委托辩护人。人民检察院自收到移送审查起诉的案件材料之日起三日以内，应当告知犯罪嫌疑人有权委托辩护人。人民法院自受理案件之日起三日以内，应当告知被告人有权委托辩护人。犯罪嫌疑人、被告人在押期间要求委托辩护人的，人民法院、人民检察院和公安机关应当及时转达其要求。犯罪嫌疑人、被告人在押的，也可以由其监护人、近亲属代为委托辩护人。"

法律援助辩护，是人民法院对一些特定案件的被告人或者某些特定的被告人，在他们没有委托辩护人时，由法律援助机构指派辩护人，出庭为其辩护。《刑事诉讼法》第三十四条规定："犯罪嫌疑人、被告人因经济困难或者其他原因没有委托辩护人的，本人及其近亲属可以向法律援助机构提出申请。对符合法律援助条件的，法律援助机构应当指派律师为其提供辩护。犯罪嫌疑人、被告人是盲、聋、哑人，或者是尚未完全丧失辨认或者控制自己行为能力的精神病人，没有委托辩护人的，人民法院、人民检察院和公安机关应当通知法律援助机构指派律师为其提供辩护。犯罪嫌疑人、被告人可能被判处无期徒刑、死刑，没有委托辩护人的，人民法院、人民检察院和公安机关应当通知法律援助机构指派律师为其提供辩护。"因此，法律援助辩护在很多情况下也被称为"指定辩护"。

三、律师刑事诉讼代理的概念和种类

刑事诉讼代理，是指刑事诉讼中特定的诉讼参与人，依法委托代理人参加刑事诉讼，代行自己的全部或部分诉讼权利的一种诉讼活动。

律师刑事诉讼代理，是指律师在刑事诉讼中接受公诉案件的被害人及其法定代理人或近亲属、自诉案件的自诉人及其法定代理人、刑事附带民事诉讼案件的当事人及其法定

---

① 1979年7月1日第五届全国人民代表大会第二次会议通过，根据1996年3月17日第八届全国人民代表大会第四次会议《关于修改〈中华人民共和国刑事诉讼法〉的决定》第一次修正，根据2012年3月14日第十一届全国人民代表大会第五次会议《关于修改〈中华人民共和国刑事诉讼法〉的决定》第二次修正。

代理人、刑事申诉人的委托，以被代理人的名义参加诉讼，向被代理人提供法律服务的活动。

《刑事诉讼法》第四十四条规定："公诉案件的被害人及其法定代理人或者近亲属，附带民事诉讼的当事人及其法定代理人，自案件移送审查起诉之日起，有权委托诉讼代理人。自诉案件的自诉人及其法定代理人，附带民事诉讼的当事人及其法定代理人，有权随时委托诉讼代理人。"根据《律师法》第二十八条的规定，律师可以接受刑事案件犯罪嫌疑人、被告人的委托或者依法接受法律援助机构的指派，担任辩护人，接受自诉案件自诉人、公诉案件被害人或者其近亲属的委托，担任代理人，参加诉讼。

根据上述法律规定，律师担任刑事诉讼代理人主要有以下四种情况：① 公诉案件被害人的律师代理；② 自诉案件自诉人的律师代理；③ 刑事附带民事诉讼案件当事人的律师代理；④ 刑事申诉人的律师代理。

第二节　侦查阶段的律师辩护

一、与侦查机关联系

当犯罪嫌疑人被国家司法机关追究刑事责任时，首先会由侦查机关进行讯问或采取刑事强制措施，即刑事拘留，此时犯罪嫌疑人就可以开始行使自己的诉讼权利。犯罪嫌疑人可由其家属聘请律师为其提供法律服务。辩护律师在侦查阶段的工作由此展开。具体来说，包括以下工作步骤和内容：

（一）提交有关委托文书

1. 确定案件承办单位

根据我国《刑事诉讼法》的有关规定，普通刑事案件的侦查由公安机关进行。贪污贿赂犯罪，国家工作人员的渎职犯罪，国家机关工作人员利用职权实施的非法拘禁、刑讯逼供、报复陷害、非法搜查等侵犯公民人身权利的犯罪以及侵害公民民主权利的犯罪，由人民检察院立案侦查。对于国家机关工作人员利用职权实施的其他重大的犯罪案件，需要由人民检察院直接受理的时候，经省级以上人民检察院决定，可以由人民检察院立案侦查。自诉案件由人民法院直接受理。

为了尊重司法机关和承办人员，方便辩护律师与司法机关沟通，更好地维护犯罪嫌疑人的合法权益，辩护律师在接受当事人委托后应当及时与案件承办机关联系，告知案件承办机关，律师已获得当事人的代理权。律师可以根据接待当事人的谈话笔录得知案件的具体承办人员，通过打电话的方式向承办人员说明身份，与承办人员约定见面的时间、地点，当面交付有关法律文书，也可以将有关法律文书通过挂号信、快递等形式送达有关侦查机关内勤部门转交案件承办人员。

2. 备齐法律文书

(1) 委托书：委托书是当事人与律师事务所向具体承办律师授予代理权的法律文书。

(2) 律师事务所公函：律师事务所公函是律师事务所接受当事人委托后向司法机关发出的正式公函。

(3) 律师执业证：律师执业证用以证明承办律师是符合法律规定的法律服务人员。

(二) 了解涉嫌的罪名和案件有关情况

根据我国《刑事诉讼法》等相关法律的规定，辩护律师接受委托以后，在刑事案件侦查阶段可以为犯罪嫌疑人提供的法律服务包括：会见犯罪嫌疑人，为其提供法律咨询；代理申诉、控告；申请变更强制措施；向侦查机关了解犯罪嫌疑人涉嫌的罪名和与案件有关的情况，提出意见；等等。

在侦查期间，刑事辩护律师有权向侦查机关了解案件的有关情况，侦查机关也有义务将犯罪嫌疑人涉嫌的罪名，当时已查明的主要事实，犯罪嫌疑人被采取、变更、解除强制措施，延长侦查羁押期限等案件有关情况告知律师。

(三) 提出会见申请

根据 2012 年修订的《刑事诉讼法》关于律师会见的有关条文规定，一般刑事案件的辩护律师会见犯罪嫌疑人，不需要侦查机关的批准许可，但是，以下三类案件的辩护律师在侦查阶段会见犯罪嫌疑人应当经过侦查机关的批准许可：① 危害国家安全犯罪；② 恐怖活动犯罪；③ 特别重大贿赂犯罪。辩护律师在接受这三类案件的委托后，应当及时申请会见犯罪嫌疑人，或提交会见申请书等待侦查机关的审批意见。

根据《公安机关办理刑事案件程序规定》[①] 第四十九条规定，公安机关对辩护律师提出的会见申请，应当在收到申请后 48 小时以内，报经县级以上公安机关负责人批准，作出许可或者不许可的决定。除有碍侦查或者可能泄露国家秘密的情形外，应当作出许可的决定。公安机关不许可会见的，应当书面通知辩护律师，并说明理由。有碍侦查或者可能泄露国家秘密的情形消失后，公安机关应当许可会见。

人民检察院对于特别重大贿赂犯罪案件（案值涉及 50 万元以上），辩护律师在侦查期间提出会见在押或者被监视居住的犯罪嫌疑人，侦查部门应当提出是否许可的意见，在 3 日内报检察长决定并答复律师。

二、会见犯罪嫌疑人

会见犯罪嫌疑人是律师开展代理、辩护工作的初步工作，通过会见犯罪嫌疑人，向其提供法律咨询、了解涉嫌的罪名和与案件有关的情况等。

---

① 经 2012 年 12 月 3 日公安部部长办公会议通过并予发布，自 2013 年 1 月 1 日起施行。

(一) 提交法律文书

律师会见犯罪嫌疑人，应当向看守所提交以下法律文书：① 授权委托书；② 律师执业证；③ 律师会见犯罪嫌疑人、被告人专用介绍信；④ 办案机关出具的《准予会见在押犯罪嫌疑人决定书》（涉及危害国家安全犯罪、恐怖活动犯罪、特别重大贿赂犯罪等三种案件时）。

(二) 会见犯罪嫌疑人、制作会见笔录

1. 会见笔录的重要性

制作会见笔录是律师在侦查阶段重要的法律文书。会见笔录既是记录律师工作的重要证据，又为下一阶段的工作打好基础，还是律师保护自己的重要资料。在会见结束时，律师应当将会见笔录交给犯罪嫌疑人阅读后签字确认并署上日期。

2. 会见笔录的主要内容

会见笔录的主要内容包括：① 向犯罪嫌疑人介绍律师的身份、委托人的身份并征询其意见；② 向犯罪嫌疑人了解其身份、案件和被羁押后的情况；③ 向犯罪嫌疑人提供法律咨询；④ 其他应当询问内容。

三、强制措施变更申请

(一) 申请取保候审

申请取保候审是指已被司法机关采取拘留、监视居住、逮捕等强制措施的犯罪嫌疑人、被告人本人、家属，对符合条件的人，向公安机关、人民检察院、人民法院提出变更强制措施的请求行为。根据我国《刑事诉讼法》第六十五条的规定，人民法院、人民检察院和公安机关对有下列情形之一的犯罪嫌疑人、被告人，可以取保候审：① 可能判处管制、拘役或者独立适用附加刑的；② 可能判处有期徒刑以上刑罚，采取取保候审不致发生社会危险性的；③ 患有严重疾病、生活不能自理，怀孕或者正在哺乳自己婴儿的妇女，采取取保候审不致发生社会危险性的；④ 羁押期限届满，案件尚未办结，需要采取取保候审的。

需要注意的是，还有两种例外情况是不能申请取保候审的：① 累犯，犯罪集团的主犯，以自伤、自残办法逃避侦查的犯罪嫌疑人，严重暴力犯罪以及其他严重犯罪的犯罪嫌疑人不得取保候审，但犯罪嫌疑人患有严重疾病、生活不能自理，怀孕或者正在哺乳自己婴儿的妇女，采取取保候审不致发生社会危险性的；羁押期限届满，案件尚未办结，需要继续侦查的情形除外。② 人民检察院认为是严重危害社会治安的犯罪嫌疑人或者其他犯罪性质恶劣、情节严重的犯罪嫌疑人不得取保候审。

律师应当要求家属来律师事务所告知有关取保候审的法律规定，并制作"取保候审保证人谈话笔录"。律师代理被羁押的犯罪嫌疑人申请取保候审，应向侦查机关提供以下法律文书：① 取保候审申请书；② 取保候审保证人谈话笔录；③ 保证人与犯罪嫌疑人亲属关系证明文件。

（二）申请变更监视居住

申请变更监视居住是指符合逮捕条件但又有其他原因可以暂时不被逮捕的犯罪嫌疑人、被告人及其家属向公安机关、人民检察院、人民法院提出变更强制措施为监视居住的请求行为。根据我国《刑事诉讼法》第七十二条，人民法院、人民检察院和公安机关对符合逮捕条件，有下列情形之一的犯罪嫌疑人、被告人，可以监视居住：① 患有严重疾病、生活不能自理的；② 怀孕或者正在哺乳自己婴儿的妇女；③ 系生活不能自理的人的唯一扶养人；④ 因为案件的特殊情况或者办理案件的需要，采取监视居住措施更为适宜的；⑤ 羁押期限届满，案件尚未办结，需要采取监视居住措施的。对符合取保候审条件，但犯罪嫌疑人、被告人不能提出保证人，也不交纳保证金的，可以监视居住。

其中，"生活不能自理的人的唯一扶养人"的范围是：父母、祖父母、外祖父母对子女、孙子女、外孙子女的抚养和子女、孙子女、外孙子女对父母、祖父母、外祖父母的赡养和配偶、兄弟姐妹之间的相互扶养。

监视居住由公安机关执行，人民检察院对指定居所监视居住的决定和执行是否合法实行监督。监视居住的申请程序参照取保候审申请程序。

四、代理申诉和控告

《刑事诉讼法》第三十六条规定，"辩护律师在侦查期间可以为犯罪嫌疑人提供法律帮助；代理申诉、控告；……"犯罪嫌疑人虽然被国家追究刑事责任，但其生命健康权、人格尊严权、财产权、诉讼权等应当受到法律的保护。律师根据从侦查机关了解的犯罪嫌疑人涉嫌的罪名和向犯罪嫌疑人了解的案件情况，认为犯罪嫌疑人的行为不构成犯罪，或者属于法律规定的不追究刑事责任的情况，或者侦查机关承办人员有侵犯犯罪嫌疑人的人身健康权、人格尊严权、财产权、诉讼权或其他合法权益等情况的，可以代理犯罪嫌疑人向法律监督机关提出申诉和控告，要求侦查机关予以纠正。

律师应当根据犯罪嫌疑人的陈述以及掌握的案情和相关法律，代书相应申诉状、控告状，送交相应的法律监督机关。

五、监督逮捕程序

律师在侦查阶段还可参与并监督针对犯罪嫌疑人的逮捕程序，其主要工作是审查可不被逮捕的条件，以及书写法律意见书。

1. 审查可不被逮捕的条件

犯罪嫌疑人刑事拘留 3 日到 30 日，侦查机关对被拘留的人员，认为可能需要逮捕的，会向人民检察院提请审查批准。如果犯罪嫌疑人涉嫌的罪行较轻，且没有其他重大犯罪嫌疑并且符合《人民检察院刑事诉讼规则（试行）》第一百四十四条所列的六种情况的，人民检察院可以作出不批准逮捕的决定或者不予逮捕。①

2. 书写法律意见书

律师应当根据在侦查机关的交谈中、与犯罪嫌疑人会见之中了解到的案情情况，对于符合不予逮捕条件的犯罪嫌疑人，应当及时与人民检察院相关部门联系，提出辩护理由，书写法律意见书，建议人民检察院不要对犯罪嫌疑人作出逮捕的决定。

六、调查取证

律师调查取证工作的目的是通过调查取证，全面了解对犯罪嫌疑人有利和不利的事实，澄清、核实案件材料中有矛盾的事实，确立一项新事实以从整体上获得对犯罪嫌疑人、被告人无罪、罪轻或免予处罚有利的证据，维护其合法权益。

根据有关法律的规定，辩护律师调查取证主要分为三类：一是向有关单位和个人调查取证；二是向人民检察院申请收集、调查取证；三是申请人民法院收集调查证据，申请人民法院通知证人、鉴定人出庭作证。以下，我们就调查取证的内容、方式、程序和范围等进行说明：

1. 调查取证的内容

（1）犯罪嫌疑人、被告人身份方面的证据。

（2）犯罪嫌疑人、被告人无罪方面的证据。

（3）犯罪嫌疑人、被告人主观方面的证据。

（4）犯罪嫌疑人、被告人的行为在法律上不构成犯罪的证据。

（5）犯罪嫌疑人、被告人在共同犯罪的作用方面的证据。

（6）犯罪嫌疑人、被告人是否具有其他法定从轻情节的证据。

（7）犯罪嫌疑人、被告人行为社会危害性方面的证据。

2. 调查取证的方式

（1）询问证人或者被害人。

（2）调取书证、物证、视听资料和电子数据。

（3）申请人民检察院、人民法院收集、调取证据，申请证人出庭作证。

（4）通过查阅卷宗寻找证据。

---

① 这六种情况分别是：（一）属于预备犯、中止犯，或者防卫过当、避险过当的；（二）主观恶性较小的初犯，共同犯罪中的从犯、胁从犯，犯罪后自首、有立功表现或者积极退赃、赔偿损失、确有悔罪表现的；（三）过失犯罪的犯罪嫌疑人，犯罪后有悔罪表现，有效控制损失或者积极赔偿损失的；（四）犯罪嫌疑人与被害人双方根据《刑事诉讼法》的有关规定达成和解协议，经审查，认为和解系自愿、合法且已经履行或者提供担保的；（五）犯罪嫌疑人系已满十四周岁未满十八周岁的未成年人或者在校学生，本人有悔罪表现，其家庭、学校或者所在社区、居民委员会、村民委员会具备监护、帮教条件的；（六）年满七十五周岁以上的老年人。

3. 调查取证的程序

辩护律师调查取证，法律上未规定固定的程序，然而从律师调查取证的惯例来看，应当按下列程序操作：

（1）取证律师持律师事务所介绍信，向当事人出示律师执业证，以两人共同调查为宜。

（2）调取的物证、书证、视听资料、电子数据等证据材料要请提供人签名盖章确认，律师应详细记录证据的出处、提供人、制作人、日期等，最后由律师签名确认。

（3）向证人调查取证要事先征得被调查人的同意，告知调查的内容和作伪证的法律后果并且制作调查笔录，记录完毕后交证人阅读后签名确认。

（4）向被害人或者被害人提供的证人取证，要经过人民检察院或者人民法院同意方可进行。

（5）为了防范刑事法律风险，律师在调查取证时可以邀请公证人员、居（村）民委员会人员公证或见证，同时录像、录音。

（6）特别注意：律师不得强迫、欺骗、引诱证人作证。

4. 调查取证的范围

2012 年修订的现行《刑事诉讼法》将律师在侦查阶段的身份由代理人变更为辩护人，由此赋予了辩护律师在侦查阶段调查取证的权利。辩护律师的调查取证范围包括：① 犯罪嫌疑人不在犯罪现场的证据；② 犯罪嫌疑人没有达到刑事责任年龄的证据；③ 犯罪嫌疑人属于依法不负刑事责任的精神病人的证据。

七、提交辩护意见书

律师应当在案件侦查终结之前，通过会见犯罪嫌疑人、了解案件的基本情况，书写一份辩护意见书，对本案的认定事实方面、采纳证据方面、适用法律方面以及对犯罪嫌疑人有利的情节方面提出辩护意见，供侦查机关参考。同时侦查机关有义务将律师的辩护意见归档并将案件侦查终结、移送审查起诉的情况通知辩护律师。

八、法律风险防范

律师在会见犯罪嫌疑人时会有帮助串供、犯罪嫌疑人翻供的风险，在为犯罪嫌疑人亲属传递信息时有风险，在调查取证时也有风险，因此，律师应当学会规避风险，保护自己。

有关具体的防范方法，我们认为，主要从律师会见犯罪嫌疑人、信息传递以及调查取证等方面加以关注。首先，律师在与犯罪嫌疑人会见时，要做到以下三点：一是要有保密意识，律师对会见中知晓的国家机密、商业秘密和个人隐私都要在法律规定的范围内进行保密；二是在侦查阶段不要过分涉及案情，以免误导犯罪嫌疑人产生不利于案件侦查工作正常进行和辩护工作顺利开展的不良情绪，甚至因此做出一些过激的行为；三是做好会见笔录，一份详细、清楚的会见笔录可以说是开展后续辩护工作的基础和依据。

其次，侦查阶段律师在为犯罪嫌疑人亲属传递信息时，也要注意严格做到以下四点：第一，立场坚定，时刻想到自己是法律工作人员，应当严格遵守法律、法规，不要把自己等同于当事人；第二，在接受委托时就应表明自己的立场，在委托协议中对有关问题作明确约定；第三，告诉犯罪嫌疑人家属，请他们将想转达的事项，如让犯罪嫌疑人签署文件，交侦查人员办理，或者等案件结束后由家属与犯罪嫌疑人见面时解决；第四，在与犯罪嫌疑人会见时，律师只能传达家人平安、喜讯以及盼望其早日出来的信息或者询问是否需要家里送钱送衣；等等。对家属转告的内容也是如此，要将涉及案情事项以及一切非法要求的内容全部过滤掉。

最后，在调查取证时，律师应当注意：不要盲目进行没有目的、不必要的调查取证；应按照法律的规定进行调查取证，排除无关人员；不要向证人谈论案情，注意保守取证时知晓的秘密；尽量启用申请取证程序；及时提交证据；等等。

第三节　审查起诉阶段的律师辩护

一、审查起诉阶段律师辩护概述

审查起诉是人民检察院在对侦查机关或侦查部门侦查终结移送起诉的案件受理后，依法对侦查机关或侦查部门认定的犯罪事实和证据、犯罪性质以及适用法律等进行审查核实并作出处理决定的一项诉讼活动。

根据法律规定，人民检察院在收到侦查机关移送的起诉的案件材料之日起 3 日内，应当通知犯罪嫌疑人有权委托辩护人。律师与犯罪嫌疑人家属签订委托手续后即可开展此项辩护工作。

二、联系公诉机关

律师在与当事人办理完毕委托手续后，应当立即以电话或其他形式与公诉机关的承办人员取得联系：告知对方律师已经获得犯罪嫌疑人的辩护权；拟约定时间、地点提交手续、查阅案件卷宗。应当向人民检察院提交的法律文书有：授权委托书、律师事务所公函、律师执业证。

三、阅卷

作为辩护律师应当全面地查阅整个案件的卷宗，另外，要把每本卷宗的编号记录下来，以便举出证据的出处。其需要查阅、摘抄、复制的材料范围有实体性证据，如书证、物证、证人证言、视听资料和电子数据等；还有程序性证据，如报案笔录、立案审批表、破案报告书、呈报拘留报告书、司法鉴定通知书等。

对律师阅卷的要求首先是全面，其次是认真仔细。阅卷的方法如下。

1. 制作阅卷笔录

制作阅卷笔录有多种方法，在此介绍三种方法：

（1）摘录法。将起诉意见书中的犯罪事实用时间、地点、人物、事情、事物、经过和原因七个要素分列出来，后将卷宗中的证据用最简单的词语按七个要素进行摘录，然后将摘录的证据与起诉意见书所陈述的七个要素进行核对，就可知起诉意见书所指控的事实是否清楚，证据是否正确、有无缺漏。

（2）列表法。在复杂的案件中，可采用列表法，将案件事实以表格的形式展现出来，使律师对案件的犯罪事实、证据等内容一目了然。列表法有许多种类，经常用到的有案件证据总表、单个证据表、阅卷总览表、分类表和对比表。

（3）图示法。如果刑事案件极为复杂，摘录法和列表法都不能清晰展示案件事实时，可采用图示法来制作阅卷笔录。图示法是将案件的事实按时间分类、按事件分类或者按关系分类制作简图，将各种复杂的证据化繁为简，使线索清晰。

2. 审查证据

审查证据就是律师对案件卷宗中的证据，就其合法性、真实性和关联性进行事先分析，找出证据的疑点、提出疑问。

审查证据首先要考虑证据的合法性，即取证主体是否合法、取证手段是否合法和证据形式是否合法。证据的真实性是指证据必须是真实可靠的，不能是伪造或虚假的。证据的关联性是指证据与案件事实之间的逻辑联系。一个证据只有具备了合法性、真实性和关联性才能证明其诉讼主张。具体审查证据时首先要考虑证据的来源，即合法性，然后再考虑其真实性与关联性。

需要审查的证据包括：① 犯罪嫌疑人的身份事项材料；② 前科劣迹材料；③ 案发材料；④ 物证；⑤ 书证；⑥ 证人证言；⑦ 被害人证言；⑧ 犯罪嫌疑人的供述和辩解；⑨ 鉴定意见；⑩ 勘验、检查、辨认、侦查实验笔录；⑪ 视听资料、电子数据；⑫ 扣缴、收缴、发还清单。

3. 作出阅卷总结论

律师经过审查、分析卷宗后应当作出阅卷结论：① 被告人是否是实施犯罪的行为人员？② 犯罪事实是否查清？③ 证明犯罪事实的证据是否确实、充分？④ 犯罪行为的定性是否正确？⑤ 适用法律是否正确？⑥ 被告人有无法定从轻、酌定从轻和其他情节？

如果通过阅读卷宗发现以上六点基本齐全，表明侦查机关已经将案件侦查工作做得非常扎实，事实清楚、证据确凿。反之，就给辩护律师提供了辩护的空间。

四、会见犯罪嫌疑人

审查起诉阶段会见犯罪嫌疑人的目的，是通过会见向犯罪嫌疑人核实案件证据，倾听犯罪嫌疑人的辩解意见，全面了解案情，掌握对其有利的事实，提出辩护意见。

审查起诉阶段会见犯罪嫌疑人，律师应当携带授权委托书，律师会见在押犯罪嫌疑人、被告人专用介绍信，起诉意见书副本，承办律师的律师执业证。律师会见犯罪嫌疑在人实体方面的内容包括：① 出示起诉意见书并征求意见；② 核实有关证据；③ 与犯罪嫌疑人自由交谈，了解对其有利的事实；④ 制作审查起诉阶段会见笔录。

需要注意的是，律师可以直接向犯罪嫌疑人核实相关证据，但对被害人证言、证人证言以及同案犯证言等的核实应谨慎。

五、提交辩护意见书

根据《刑事诉讼法》第三十五条规定："辩护人的责任是根据事实和法律，提出犯罪嫌疑人、被告人无罪、罪轻或者减轻、免除其刑事责任的材料和意见，维护犯罪嫌疑人、被告人的诉讼权利和其他合法权益。"律师在审查起诉阶段查阅了起诉意见书和整个案件材料，会见了犯罪嫌疑人，进行了必要的调查后，应当对整个案件有了比较全面的了解，会发现对犯罪嫌疑人有利的事实和意见，在确定好思路后应该向公诉机关提出辩护意见。

六、法律风险防范

1. 防止犯泄露国家机密罪

律师要有保密的法律意识，坚定固守法律底线，不能迎合当事人家属的无理要求。遇到当事人家属提出阅读、摘抄、复制案件卷宗的要求时，应当耐心地、有礼貌地、语重心长地对其进行劝说，讲明法律的规定，以及泄露卷宗材料会对他们的亲人带来不利的后果，委婉地加以拒绝。如果遇上固执己见、自以为是的当事人家属，律师要当机立断终止委托关系，拒绝代理该案，不为一个案件而断送自己美好的前程。

2. 防止犯诉讼代理人毁灭证据、伪造证据、妨害作证罪

律师始终要牢记自己的责任是维护犯罪嫌疑人、被告人的合法权益。律师就是律师，不要把自己当成当事人，失去理智做出愚蠢的行动。在阅卷中要对案件事实有自己独立正确的判断，对于当事人的非法要求加以拒绝，对于需要调查的事实事先要有所思考，这个调查是否必要？可能会产生什么后果？律师只有时刻为自己敲响警钟，才能保持清醒的认识。

第四节　第一审阶段的律师辩护

一、第一审阶段律师辩护概述

根据《刑事诉讼法》的规定，第一审程序是指人民法院受理人民检察院提起公诉或者自诉人提起自诉以后，在控辩双方及其他诉讼人的参加下，依法进行初次审理和裁判的诉讼活动。其任务为正确行使国家的刑事处罚权，维护社会秩序和社会公共利益，保障犯罪嫌疑人、被告人的合法权益，充分发挥刑事诉讼的法制教育作用。

二、联系一审审判机关

根据《最高人民法院关于适用〈中华人民共和国刑事诉讼法〉的解释》第四十七条规定，刑事案件移送一审法院之后，辩护律师可以持相关法律文书到一审法院查阅、摘抄案卷材料，而人民法院应当为其提供方便并保证必要的时间。

一审审判阶段辩护律师应当向审判机关提交以下法律文书：① 授权委托书；② 律师事务所公函；③ 律师执业证。

三、阅卷

阅卷是一审案件辩护律师的重要工作之一。一审阅卷工作的内容与审查起诉阶段阅卷工作的内容相同，请参照本章第三节的相关内容。

四、会见被告人

在案件进入一审审判阶段以及开庭前，律师会见被告人是必不可少的步骤。在此阶段会见被告人，律师工作的重点在于核实案件事实和证据材料，听取被告人对本案的辩解意见，与被告人就律师的辩护意见达成一致并且对其进行庭前培训，告知的意见法庭审理案件的程序、如何正确回答法庭的提问、如何正确行使自己的权利等。

在一审阶段会见被告人，律师应当带好以下文件前往看守所：① 授权委托书；② 律师会见在押犯罪嫌疑人、被告人专用介绍信；③ 起诉书副本；④ 承办律师的律师执业证。

一审阶段与被告人交谈的内容，涉及程序和实体两个方面。程序方面参见本章第二节的相关内容，而实体方面则主要包括如下三个流程：① 询问被告人是否收到公诉机关的起诉书，如被告人未收到或因某种原因而未能阅读起诉书内容的，辩护律师应向被告人出示起诉书并就其主要内容进行说明，征求被告人对起诉书的意见；② 向被告人核实有关证据，这项工作必须细致、完整地进行，特别是起诉书中提到的证据以及辩护律师在阅卷中摘抄、记录的重要证据，应当向被告人一一说明、解释并且核实，询问被告人对这些证据有无意见、疑问等；③ 对被告人进行法庭审理前的"培训"，主要是向其说明法庭开庭的程序和主要内容，被告人在庭审中的相关权利和义务，以及如何在庭审中真实、合法地表达自己的辩护观点。

具体来说，辩护律师对被告人的庭前培训的内容主要有：① 告知被告人法庭审理程序分为法庭调查和法庭辩论两大部分；② 告知被告人听清审判人员、公诉人员、辩护人等的提问并予正确回答，对公诉人出示的证据进行质证，提出质证意见；③ 告知被告人在法庭上有申请合议庭组成人员、书记员、公诉人回避，提出证据、申请新的证人到庭、调取新的证据、重新鉴定或者勘验、检查，可以自行辩护，法庭辩论终结后最后陈述的权利。

律师应当制作会见被告人笔录，会见笔录应当包括律师对被告人进行法律咨询、核实证据、交流辩护意见、庭前培训等内容，并由被告人核对后签名。

五、确定辩护思路

刑事辩护的思路可以分为实体辩护和程序辩护。实体辩护可分为事实辩护、证据辩护、定性辩护、法律适用辩护和量刑辩护。程序辩护可分为侦查程序违法辩护、审查起诉程序违法辩护、审判程序违法辩护。

（一）实体辩护

实体辩护是指刑事诉讼中的被告人、辩护人针对控方的犯罪指控，根据事实和法律，提出、论证被告人无罪、罪轻或者应当减轻、免除刑事责任的材料和意见的一种辩护方法。其目的是维护被告人的合法权益，避免被告人被错误定罪或承受不应有的刑事处罚。

1. 事实辩护

事实辩护是辩护人反驳公诉机关对被告人犯罪事实的认定，提出控方没有证据证明被告人实施了犯罪行为，或者指控犯罪事实罪数不正确。通常分为有罪和无罪或者数罪和一罪。

2. 证据辩护

证据辩护分为两个方面：一是证据能力辩护（单个证据）；二是证据司法证明能力辩护（整个系列证据）。

证据能力是一个证据能够充当定案根据的法律资格。一个证据有了证据资格还必须有证明力，证明力是指一个证据能够证明案件事实的能力，又被称为"证据价值"或"证明价值"。证据能力和证明力体现在证据的真实性、关联性与合法性上。

司法证明能力是指刑事案件整个系列证据对于案件事实的证明作用和证明作用的大小。法律规定对定罪要做到"事实清楚，证据确实、充分"，即应当符合下列条件：定罪量刑的事实都有证据证明；据以定案的证据均经法定程序查证属实；综合全案证据，对所认定事实排除合理怀疑。

律师要严格掌握以上要求，在审查证据的司法证明力时，如果控方出示的证据有以下情况，律师应当提出辩护意见：

（1）未形成证据链的证据。控方为了证明犯罪事实的成立，必须提供出一系列的证据来证明其诉讼主张。其中既有直接证据，也有间接证据，有物证和书证、证人证言等一系列证据形式。此时，律师应当考虑两点：第一，采用直接证据证明案件事实时还应当有间接证据予以相互印证，整个案件证据形成证据链以"锁住"犯罪嫌疑人。第二，没有直接证据而全部采用间接证据的，必须符合运用间接定案的规则。

（2）自相矛盾或结论骑墙居中的证据。所谓自相矛盾的证据，即前后不一、明显缺乏因果关系或原因导致的结果与案情完全相反、无法自圆其说的证据。而结论骑墙居中的证据，则是指在控方提供的证据体系中出现了两种或两种以上结论的证据，这违反了形式逻辑中的排中律。排中律的内容是：两个相互矛盾或相互反对的思想不同时为假，其中必有一真。违反这一要求的逻辑错误就是"模棱两可"，通常称为"骑墙居中"，其表现在认识上出现这边可能是真的，那边也可能是真的的情况，即模棱两可的证据。这种自相矛盾或结论骑墙居中的证据，都不能作为定罪的依据。

3. 定性辩护

定性辩护可以从"重罪"向"轻罪"的角度进行辩护，又称"轻罪辩"。辩护人否定控方对案件的定性，提出被告人的行为不构成控方认定的罪名，适用另一个比较轻的罪名的规定。

4. 法律适用辩护

此种方法是指在公诉机关指控的事实成立的情况下，辩护人提出控方适用法律不当，应当适用对被告人有利的法律。

5. 量刑辩护

量刑辩护是辩护律师针对犯罪事实清楚、证据确实充分、适用法律正确的案件，运用法律规定的减轻处罚情节和虽然没有法律规定但是根据具体情况能够考虑从轻处罚的情节，为犯罪嫌疑人获得较轻处罚的辩护方法，主要分为法定从轻情节辩护和酌定从轻情节辩护。此外，还有其他情节辩护，如犯罪嫌疑人的平时表现，犯罪嫌疑人退赃、赔偿情况，被害人有严重过错，犯罪嫌疑人身体状况、家庭成员身体经济状况和社会舆论，等等。

（二）程序辩护

程序辩护是指在刑事辩护中，以有关部门的侦查、起诉、审判活动的程序性违法为由，提出犯罪嫌疑人、被告人无罪、罪轻或者不应当追究刑事责任的意见，以及要求对未依法进行的诉讼程序应当予以补充或者重新进行，对非法取得的证据应当予以排除等从程序的角度进行辩护的方法。具体涉及的程序包括：① 案件管辖（注意职能管辖、级别管辖和地域管辖）；② 回避；③ 辩护与代理；④ 证据；⑤ 强制措施（注意拘传、监视居住、刑事拘留、逮捕的各种条件）；⑥ 侦查（注意讯问犯罪嫌疑人、询问证人、勘验、检查、搜查、查封、扣押、鉴定、技术侦查和侦查终结的各种程序性规定）；⑦ 审查起诉；⑧ 审判方面（注意起诉书送达，向辩护人送达出庭通知书，庭前会议，审判公开，证人出庭作证，质证，申请新证人、调取新证据，申请鉴定人出庭，法庭辩论，最后陈述，阅读庭审笔录，上诉，羁押期限等方面的程序性规定）。

六、出庭前准备工作

出庭前律师所需做的程序性工作包括：了解法庭组成人员名单，注意案件是否属于不公开范围，向法庭提交辩方证据，申请证人、鉴定人、人民警察和专家证人出庭，申请排除非法证据，准备法庭辩护方案，会见被告人和申请延期开庭，等等。辩护律师可以申请召开庭前会议，在参加庭前会议时与法院进行沟通。

七、出席第一审法庭审理

（一）法庭调查
律师应当穿着律师袍准时到法庭。要注意审判长宣布开庭后，是否核对被告人身份事项、案由，是否宣读法庭组成人员名单，是否告知诉讼参与人的诉讼权利，是否申请回避，是否告知诉讼参与人有权申请通知新证人到庭，是否调取新的物证、申请重新鉴定或者勘验等内容。如果审判长在宣布开庭后遗漏以上某个内容，律师应当及时提出异议，要求法庭改正。法庭调查的程序如下：

1. 法庭讯问与发问
具体为公诉人讯问，律师发问被告人、发问证人、发问鉴定人、发问专家证人、发问人民警察。

2. 法庭质证、举证
具体包括对控方证据的质证和律师举证。

（二）法庭辩论
法庭辩论是一审案件审理中的第二个阶段，在审判长的主持下，由控辩双方就本案的犯罪事实、证据的确实充分、适用法律等方面进行辩论。法庭辩论的目的是使控辩双方有充分的机会阐明自己的观点，充分阐述理由和根据，在程序上保障被告人和诉讼参与人的合法权益，使法庭作出公正的裁决。

律师参与法庭辩论前应当事先做好准备，要提纲挈领、抓住要点，明确辩论的目的，注意发言方式。

（三）辩护词的撰写
辩护词是辩护人为了维护被告人的合法权益，在法庭辩论阶段，根据事实和法律，说明被告人无罪、罪轻或者应当减轻、免除刑事责任的书面发言。制作一份有力、在理的辩护词，对于促进公正审判、维护法律尊严和保护被告人的合法权益是具有积极意义的。一份好的辩护词应当观点鲜明、论据充分、论证有力、逻辑严密、用词准确、语言简明。

此外，无论何种案件，律师在撰写辩护词时都应当考虑到的通用的辩护观点，主要有以下五项：

（1）被告人是否已达到刑事责任年龄。

（2）被告人是否需要进行司法精神病鉴定。

（3）被告人是否初犯。

（4）被告人是否具有立功或自首情节。

（5）被告人的犯罪行为是否与被害人或第三人的过错有因果关系。

八、庭审后的工作

庭审后的工作包括向法庭提交辩护词，参与法庭宣判和最后会见被告人。律师应当在一审判决后未生效的 10 日内到看守所会见被告人，询问其对一审判决的意见，问清楚是否要提起上诉。如果一审被告人不服一审判决的，律师应当为其书写上诉状，由被告人签字后立即制作上诉状，其中正本一本，副本五份或根据对方当事人的人数提供相应数量的副本，提交一审法院，被告人和律师正本留底各一份，并就会见内容制作会见笔录。同时将一审被告人是否提起上诉的情况以电话或者书面的形式通知被告人的家属。

第五节　第二审阶段的律师辩护

一、第二审阶段的律师辩护概述

第二审程序是第二审人民法院根据上诉人的上诉或者人民检察院的抗诉，就第一审人民法院没有发生法律效力的判决或裁定认定的事实和适用法律进行审理和裁判的诉讼活动。其特点是第二审程序既可能是原审的第一审案件也可能是审判监督程序审理的案件。第二审程序的引起原因是一审被告人对一审判决的上诉或一审公诉机关对一审判决的抗诉。除基层人民法法院外，其他上一级人民法院都可能成为二审案件审理的法院。

通过第二审程序可以维护一审法院的正确裁判，纠正第一审法院的错误裁判，有利于上级人民法院监督和指导下级人民法院的审判工作，保证办案质量，保证人民法院审判权的正确行使，保证司法公正。

第二审人民法院受理案件后决定是否开庭审理案件或书面审理案件。经开庭审理或书面审理后可能会有以下四种结果：

（1）一审判决认定事实清楚、采集证据确实充分、适用法律正确，量刑适当的，作出驳回上诉、抗诉，维护原判的裁定。

（2）一审判决认定事实清楚，但适用法律有错或者量刑不当，二审法院撤销原审判决，依法改判。

（3）一审判决认定事实不清或者证据不足，由二审法院查清事实后改判，或者裁定撤销原判，发回一审法院重审。

（4）一审判决违反诉讼程序的，由二审法院裁定撤销原判，发回一审法院重审。

二、联系二审审判机关

第二审审判阶段律师与当事人办理完毕委托手续后，应当及时联系第二审审判机关，并向其提交以下法律文书：① 授权委托书；② 律师事务所公函；③ 律师执业证。

三、查阅案卷材料

第二审案件阅卷的范围包括实体性证据和程序性证据。

第二审证据材料阅读方法除与审查起诉、第一审阶段有共同之处外，也有特殊之处，如顺序阅卷方法、倒叙阅卷方法和重点阅卷方法。

律师在第二审阶段阅卷时还需分析第一审案件判决，思考第一审判决认定事实是否清楚，采纳的证据是否确实、充分；第一审判决书定性、适用法律是否正确；第一审判决书量刑是否恰当；第一审审理程序是否符合法律规定。

四、出庭前准备工作

在出庭前，辩护律师应做好的准备工作包括：会见上诉人、申请回避、申请不公开审理、提供或申请调取新的证据、申请第二审法院开庭审理、申请召开庭前会议、确定辩护思路、准备法庭辩护方案等。

需要特别说明的是，二审出庭前，辩护律师会见上诉人之前与一审程序中会见当事人之前对案件的了解程度有所不同。在一审程序中，只有进入审查起诉和法院审判阶段，辩护律师才能够复制、查阅、摘抄案件的卷宗材料，而在侦查阶段只能了解简单的案情和可能涉嫌的罪名，因此，在会见犯罪嫌疑人之前并不能知悉整个案件的证据材料；在二审程序中，辩护律师会见上诉人之前，就可以复制、查阅、摘抄案件的全部案卷材料，包括在一审时形成的各种法律文书，如辩护词、庭审笔录、一审判决书等。由于二审程序会见前，上诉人已经经过一审程序，对自己的行为定性及相关法条也有所了解，其心理状态与一审程序会见时有很大的不同，这就要求辩护律师对上诉人的询问内容要更具针对性，对一审判决中有争议的案情和证据进行着重询问和记录，以便找出疑点，为二审辩护打好基础。

此外，第二审法院根据实际情况，对上诉案件可以采取书面审理的方式，也可以采取开庭审理的方式。但是，根据《刑事诉讼法》第二百二十三条规定，被告人、自诉人及其法定代理人对第一审认定的事实、证据提出异议，可能影响定罪量刑的上诉案件；被告人被判处死刑的上诉案件；人民检察院抗诉的案件和其他应当开庭审理的案件，二审法院应当组成合议庭开庭审理。此外，第二审法院决定不开庭审理的，应当讯问被告人，听取其他当事人、辩护人和诉讼代理人的意见。

五、出席第二审法庭审理

1. 法庭调查

与参与第一审法庭审理的情况一样，律师应当注意法庭调查的程序是否符合法律规定，对不符合法律规定的情况应当及时提出，以维护上诉人的合法权利。同时也要注意与第一审法庭审理的不同之处：

（1）法庭调查开始阶段由审判长或审判员宣读一审判决书或者裁定书所认定的事实，然后由上诉人陈述上诉理由或者检察院宣读抗诉书。如果是既有上诉又有抗诉的案件，先由检察院员宣读抗诉书，再由上诉人陈述上诉理由。

（2）举证阶段先由检察院出示一审判决所依据的证据，然后由上诉人或者辩护人进行质证以及提出新的证据、申请新的证人到庭作证，举证、质证方法与一审举证、质证相同。

（3）法庭辩论阶段如果是上诉案件，先由上诉人、辩护人发言，再由检察院发言；如果是抗诉案件则先由检察院发言，再有上诉人、辩护人发言；如果是既上诉又抗诉的案件则先由检察员发言，再由上诉人、辩护人发言。

2. 法庭辩论

律师在二审法庭调查中法庭辩论环节发表的辩论观点与一审法庭审理时有所不同，应当重点围绕一审判决中的问题展开，即就认定事实、采集证据、定性与适用法律以及程序等方面进行论证，其他方面也基本与一审程序相同。

六、书面审理

除法律规定必须开庭审理的其他二审案件，人民法院一般采取书面审理的方式。所谓书面审理就是由二审承办法官阅卷、讯问上诉人，听取辩护人的意见，后由合议庭评论后作出裁判。

作为二审的辩护人，律师在知道二审法院不开庭审理案件后，应当立即会见上诉人，告知其情况，提醒上诉人在二审法官提审时向其说明上诉理由，让承办法官重视并接受其上诉和理由。

二审的辩护律师应当十分重视二审辩护词的撰写。律师在全面阅卷、会见上诉人之后应当制作一份质量非常高的辩护词，其中要详细论证一审判决书中认定事实、采信证据、定性、适用法律、量刑方面和程序等方面存在的问题，全面系统地提出辩护意见，使得二审承办法官重视律师的意见，在审查案件时发现问题，作出对上诉人有利的裁判。

七、庭审后的工作

律师参与二审法庭审理后应当及时将辩护词送交二审法院承办人，有必要的也可以与承办人进行交流，进一步让二审法庭听取辩护人的意见。同时注意二审法庭的宣判通知，如果接到宣判通知应当立即通知上诉人家属并到庭参加宣判。

二审律师在接到二审裁判书后，应当立即到看守所会见上诉人，倾听上诉人的意见，向上诉人解释有关法律问题，争取使其息诉服判，好好劳动改造，重新做人。

第六节　律师担任被害人的代理人

一、被害人的概念和特征

被害人是正当权利或合法利益遭受犯罪行为侵害的人。广义的被害人包括自然人（个体被害人）、法人或非法人团体（团体被害人）和社会公益（社会被害人）；狭义的被害人仅指自然人（个体被害人）。我们在这里仅讨论狭义的被害人。被害人具有以下特征：

（1）被害人的合法权益遭受到犯罪行为的损害。这里的"合法权益"包括人身权、财产权。这里所说的"损害"也可能包括物质上遭受的损害或精神上遭受的损害；可能是有形的损害，也有可能是无形的损害；可能是具体的损害，也可能是抽象的损害。

（2）被害人是犯罪行为的侵害对象。一般来说，当犯罪行为直接指向被害人时，被害人与犯罪行为侵害的对象就是同一人。但是当犯罪行为并非直接指向被害人，而是指向其他利益时，被害人与犯罪行为的侵害对象就可能不是同一人。

（3）被害人是犯罪行为所造成的危害结果的承受人。一般来说，被害人是受到犯罪行为直接侵害的人，也是危害结果的直接承受人。不过，从犯罪学意义上来说，犯罪行为与损害结果之间不一定具有刑法上的因果关系，因此，被害人也有可能是犯罪行为的间接损害者。

除此之外，也有学者将被害人的特征归纳为被害性、互动性和可责性，从犯罪学的角度指出被害人本身可能具有某种被害的倾向性或易受性，在犯罪行为的实施过程中，也与犯罪人有互动作用，甚至对犯罪行为有一定的推动和诱发作用，因而，在道义上也存在一定的责任。

二、被害人代理程序

（1）接受咨询。律师应当耐心接受被害人及其家属对相关事实和法律问题的咨询，在解答疑问时，要以认真负责的态度对被害人及其家属给予安抚和其他帮助。

（2）审查被害人或委托人的主体资格。公诉案件中可以作为委托方，委托律师作为被害人的诉讼代理人的包括：① 被害人本人；② 已经死亡被害人的近亲属；③ 无行为能力或者限制行为能力被害人的法定代理人。

（3）办理委托手续。被害人及其法定代理人或者近亲属可与律师事务所签订委托代理合同，由律师事务所委派律师作为诉讼代理人为被害人代理诉讼活动。

（4）查阅卷宗。需要查阅卷宗的内容为：① 检察机关制作的起诉书；② 案件犯罪事实的证据；③ 被告人的身份事项资料；④ 物证；⑤ 书证；⑥ 证人证言；⑦ 被害人证言；⑧ 犯罪嫌疑人（被告人）的供述和辩解；⑨ 鉴定意见；⑩ 勘验、检查、辨认、侦查实验等笔录；⑪ 视听资料、电子数据。

（5）调查取证。律师作为被害人的诉讼代理人，对于了解到的能够认定被告人犯罪但公诉机关尚未调查、核实的问题，律师应当申请检察机关收集相关证据。如果检察机关认为没有必要调查的，则代理律师可以自行调查收集相关证据。

（6）与被害人见面、会谈。律师作为被害人的诉讼代理人在与被害人见面、会谈时，应当关注谈话内容与侦查机关或者检察机关询问被害人时的回答是否一致，重点核实能够认定被告人犯罪但检察机关未作调查的情况与原因，对于谈话中发现的证据材料的矛盾和疑点要进行核实和澄清，排除疑点。律师会见被害人应当制作会见笔录，并经被害人阅读或者向其宣读，补充遗漏或者差错，经被害人确认无误后，在笔录上签名盖章。

（7）参加法庭审理。根据《刑事诉讼法》的规定，在法庭审理过程中，代理律师应依法指导、协助或代理被害人行使以下诉讼权利：① 申请回避；② 出示、宣读有关证据；③ 陈述案件事实；④ 请求法庭通知未到庭的证人、鉴定人和勘验、检查笔录制作人出庭作证；⑤ 经审判长许可，向被告人、证人、鉴定人、勘验检查笔录制作人发问；⑥ 对证人证言、鉴定意见发表异议，对被告人及其辩护人向被害人提出的威胁性、诱导性或与本案无关的发问提出异议；⑧ 申请通知新的证人到庭，调取新的证据，申请重新鉴定或者勘验；⑨ 必要时，请求法庭延期审理。

在法庭审理中，代理律师应与公诉人互相配合，依法行使控诉职能，与被告人及其辩护人展开辩论。代理意见与公诉意见不一致的，代理律师应从维护被害人的合法权益出发，独立发表代理意见，并可与公诉人展开辩论。此外，根据《刑事诉讼法》第四十七条的规定，诉讼代理人认为公安机关、人民检察院、人民法院及其工作人员阻碍其依法行使诉讼权利的，有权向同级或者上一级人民检察院申诉或者控告。

第七节　申诉代理业务

一、申诉代理业务概述

刑事申诉是指刑事案件的当事人、法定代理人根据法律的规定，对已经发生法律效力的判决、裁决认为其认定事实的主要证据不足，或适用法律确有错误，或违反法定程序，影响案件正确裁判的，可向当事人说明检察机关有法律监督权，经当事人授权，向人民检察院或人民法院提出申请，要求重新审理的诉讼活动。

2016年1月12日，最高人民法院举办新闻发布会，介绍了最高人民法院在保障律师诉讼权利、为律师执业创造良好条件的有关情况。会上指出，自2013年开始，最高人民法院积极开展律师参与涉诉信访化解工作的调研，目前，已经起草了《关于实行律师代理申诉制度若干问题的规定》，吸收各方意见后将会尽快下发，为律师代理申诉业务创造条件。

刑事申诉是当事人的权利，根据《刑事诉讼法》第二百四十二条，当事人及其法定代理人、近亲属的申诉符合下列情形之一的，人民法院应当重新审判：

（1）有新的证据证明原判决、裁定认定的事实确有错误的，可能影响定罪范围。

（2）据以定罪量刑的证据不确实、不充分、依法应当予以排除，或者证明案件事实的主要证据之间存在矛盾。

（3）原判决、裁定适用法律确有错误。

（4）违反法律规定的诉讼程序，可能影响公正审判。

（5）审判人员在审理该案件的时候，有贪污受贿、徇私舞弊、枉法裁判行为。

此外，关于申诉提起的时间，根据《最高人民法院关于规范人民法院再审立案的若干意见（试行）》（法发〔2002〕13号）第十条的规定，人民法院对刑事案件的申诉人在刑罚执行完毕后两年内提出的申诉，应当受理；超过两年提出申诉，具有下列情形之一的，应当受理：① 可能对原审被告人宣告无罪的；② 原审被告人在本条规定的期限内向人民法院提出申诉，人民法院未受理的；③ 属于疑难、复杂、重大案件的。

二、申诉案件代理程序

（1）接待咨询。律师在接待申诉案件的当事人及其法定代理人或近亲属时，应认真听取其对案件及裁判过程的陈述、异议，判断案件是否符合申诉的条件、是否在法定的应当受理期内。对当事人的咨询要进行耐心的解答，并不宜为了接案而对申诉的结果毫无根据地"打包票"。

（2）接受委托。律师接受申诉案件当事人及其法定代理人或近亲属的委托，为其代理申诉，应当由所在的律师事务所与当事人或其他有权进行委托的人签订委托代理合同，再由律师事务所指派其作为该案的代理律师开展工作。

（3）代书申诉状。代书申诉状是律师的代书业务之一，申诉状应当载明当事人的基本情况、申诉的请求、申诉事实与理由等。

（4）确定申诉的管辖法院。根据《刑事诉讼法》和最高人民法院《关于适用〈中华人民共和国刑事诉讼法〉的解释》的有关规定，申诉由终审人民法院管辖。如果是第二审法院准许撤回上诉裁定的案件，申诉人对第一审判决提出申诉的，可以由第一审人民法院管辖。

（5）提交法院申诉材料，包括申诉状、原一审和二审判决书、裁定书等法律文件，其他相关材料，如新的证据、线索等。其中，经过人民法院复查后再审的，应当附有驳回通知书、再审判决书或裁定书；以新的证据证明原裁判认定的事实确有错误为由申诉的，应当同时附有证据目录、证人名单和主要证据复印件或者照片。

（6）申诉成立的条件。人民法院对立案审查的案件，应当在3个月内作出决定，至迟不能超过6个月。符合申诉成立的条件为：① 有新证据证明原判决、裁定所认定的事实确有错误，可能影响定罪量刑的；② 据以定罪量刑的证据不确实、充分，依法应当排除的；③ 证明案件事实的主要证据之间存在矛盾的；④ 主要事实依据被依法变更或者撤销的；⑤ 认定罪名错误的；⑥ 量刑明显不当的；⑦ 违反法律关于溯及力规定的；⑧ 违反法律规定的诉讼程序，可能影响公正裁判的；⑨ 审判人员在审理该案件时有贪污、受贿、徇私舞弊、枉法裁判行为的。

（7）申诉成立后的工作。如果申诉成立，人民法院按照审判监督程序重新审判案件。律师应当与当事人重新办理委托手续，支付费用。具体的办案程序与一审、二审的辩护工作相同。

三、申诉代理中应当注意的问题

此外，作为申诉代理律师，应当特别注意以下问题：

（1）申诉人对已经发生法律效力的刑事判决、裁定，向人民法院提出申诉，不停止对生效刑事判决、裁定的执行。

（2）申诉人对刑事附带民事案件仅就民事部分提出申诉的，申诉人有证据证明民事部分判决明显失当且原审被告人有赔偿能力的，人民法院应予申诉立案。除此之外，一般不予申诉立案。

（3）申诉人就同一刑事案件向同一人民法院一般只能申诉一次；对经两级人民法院依照审判监督程序复查均驳回的刑事案件，当事人再次提出申诉的，如果没有新的充分理由，人民法院不予受理；对经作出生效裁判法院的上一级人民法院依照审判监督程序审理后维持原判的刑事案件，当事人再次提出申诉的，人民法院不予受理；对最高人民法院再审裁判或者复查驳回的刑事案件，申诉人仍不服又提出申诉的，人民法院不予受理。

（4）律师如经审查发现原刑事判决、裁定正确的，应当说服申诉人服判息诉，如申诉人坚持无理申诉的，应告知其法院可能会采取书面形式驳回申诉。

第八节　自诉代理业务

一、自诉代理业务概述

律师的自诉代理业务是指在刑事自诉案件中，律师接受自诉人及法定代理人的委托，作为代理人参加诉讼的活动。《刑事诉讼法》第四十四条规定，"自诉案件的自诉人及其法定代理人，……，有权随时委托诉讼代理人。"自诉案件具有性质较轻、范围较大、有民事案件性质的特点，其范围可分为三大类。

1. 告诉才处理的案件，包括：

（1）侮辱、诽谤案件。

（2）暴力干涉婚姻自由案件。

（3）虐待案件。

（4）侵占案件。

2. 被害人有证据证明的轻微刑事案件，包括：

（1）故意伤害案件。

（2）非法侵入住宅案件。

（3）侵犯通信自由案件。

（4）重婚案件。

（5）遗弃案件。

（6）生产、销售伪劣商品案件（严重危害社会秩序和国家利益的除外）。

（7）侵犯知识产权案件（严重危害社会秩序和国家利益的除外）。

（8）属于《刑法》分则第四章、第五章规定的，对被告人可能判处 3 年有期徒刑以下刑罚的案件。

3. 其他案件

被害人有证据证明对被告人侵犯自己人身、财产权利的行为应当依法追究刑事责任，而公安机关或者人民检察院不予追究被告人刑事责任的案件。

二、自诉案件代理律师的主要工作

1. 接待自诉人咨询

律师在接待自诉人时要认真听取自诉人对案件事实的陈述，查阅自诉人提供的案件材料，并对自诉人的诉讼权利进行审查。最重要的是，律师在接受委托前，应审查案件是否符合法定自诉案件范围和立案条件。

2. 接受委托

与其他业务的委托过程相同，律师接受自诉人的委托，担任其诉讼代理人，应当由所在的律师事务所与当事人或其他有权进行委托的人签订委托协议，再由律师事务所指派其作为该案的代理律师开展工作。律师事务所与委托人签署的委托协议一式二份，一份交委托人，一份交律师事务所存档。

3. 收集证据

人民法院对自诉案件进行审查后，要求自诉人补充证据或撤回自诉的，律师应协助自诉人作好补充证据工作或与自诉人协商是否撤回自诉。人民法院决定开庭的，代理律师应做好开庭前准备工作。对于自己无法取得的证据，可申请人民法院依法调查取证。

4. 书写自诉状

自诉案件的代理律师应帮助自诉人分析案情，确定被告人和管辖法院，调查、了解有关事实和证据，代写刑事自诉状。自诉状应包括以下内容：① 自诉人、被告人的姓名、年龄、民族、籍贯、出生地、文化程度、职业、工作单位、住址等自然情况；② 被告人的犯罪事实，包括时间、地点、手段、危害后果等；③ 被告人行为所触犯的罪名；④ 具体的诉讼请求；⑤ 致送人民法院的名称和具状时间；⑥ 证人的姓名、住址；⑦ 证据的名称、件数、来源等。被告人是两人以上的，应按被告人的人数提供起诉状的副本。

5. 代为提起刑事自诉

根据《刑事诉讼法》第二百零五条的规定，人民法院对于自诉案件进行审查后，按照下列情形分别处理：① 犯罪事实清楚，有足够证据的案件，应当开庭审判；② 缺乏罪证的自诉案件，如果自诉人提不出补充证据，应当说服自诉人撤回自诉，或者裁定驳回。

针对第二种情况，律师应当帮助自诉人做好补充证据工作或者说服自诉人撤回起诉；如果人民法院不予立案的，律师应当代理自诉人申请复议。

6. 出席法庭审理

（1）庭前培训。作为自诉案件自诉人的诉讼代理人，律师应当在开庭前就庭审程序、应遵守的法庭纪律和规范、自诉人在陈述案情及回答审判人员、对方当事人及其诉讼代理人发问时应注意的问题等，对自诉人进行"培训"，以免在开庭过程中出现一些本可避免的不利情形。

（2）代为行使诉讼权利。在法庭辩论阶段，律师在发表代理意见是应当注意以下几点：首先，根据自诉人提供的证据论证指控的犯罪事实成立；其次，针对被告人的犯罪行为进行法律界定，提出适用的法律条文；再次，对被告人提出量刑意见；最后，论证被害人提出附带民事赔偿的事实的法律依据。

根据《刑事诉讼法》第二百零六条和第二百零七条的规定，自诉人在宣告判决前，可以同被告人自行和解或者撤回自诉；自诉案件的被告人在诉讼过程中，也可以对自诉人提起反诉。如果被告人提起反诉的，自诉人的代理律师也可接受委托作为反诉中自诉人的辩护人。

律师担任自诉案件被告人辩护工作的内容和方法与公诉案件辩护人的工作相一致，此处不再赘述。

第九节 刑事附带民事诉讼代理业务

一、刑事附带民事诉讼代理业务概述

刑事附带民事诉讼，是指犯罪行为受害人依法向司法机关提出赔偿被告人犯罪行为所造成物质损失的诉讼活动。它具有性质的特殊性、法律依据的复杂性和处理程序的附属性等特点。刑事附带民事诉讼本质上属于民事诉讼的性质，应当适用民事实体法和程序法，但它又是在刑事诉讼的过程中发生、由犯罪行为所引起的，因此，同时适用刑事和民事两种法律规范。

需要注意的是，刑事附带民事诉讼的原告是刑事案件中的被害人，被告则是刑事案件中的被告人。在刑事诉讼部分，他们的诉讼地位有所区别，被害人处于受到同情的一方，而被告人的地位相对不利；而作为刑事附带民事诉讼的原告和被告，他们的诉讼地位却是平等的，即享有平等的权利和义务，其合法权益也应受到法律的平等保护。

二、刑事附带民事诉讼代理业务的程序

1. 接待咨询

刑事附带民事诉讼的代理律师接待当事人的咨询与民事诉讼代理律师类似，唯一不同并需要注意的是，刑事附带民事诉讼是在刑事诉讼的过程中进行的，其原告即为刑事诉讼中的被害人，其被告即为刑事诉讼中的被告人。因此，代理律师如果本身已经担任刑事诉讼的代理人或者辩护人，那么对案件情况已有了解，在接待咨询时只需明确被害人的赔偿要求或被告人的赔偿能力，根据刑事部分所确认的法律事实或法律责任，回答有关民事部分的赔偿问题即可。

2. 接受委托

刑事附带民事诉讼的当事人委托律师担任诉讼代理人，应当与律师所属的律师事务所签订委托代理协议，并在委托代理协议、授权委托书中明确代理律师的代理权限，涉及承认、放弃和变更诉讼请求，进行和解或调解等权利的行使时，需要由委托人全权委托或特别授权。此外，如果是刑事诉讼被告人的辩护人，律师在担任刑事附带民事诉讼代理人时，应注意辩护人和代理人两种身份的转换，注意刑事和民事部分的责任不能互相抵消。

3. 调查取证

根据我国《律师法》第三十五条的规定，受委托的律师根据案情的需要，可以申请人

民检察院、人民法院收集、调取证据或者申请人民法院通知证人出庭作证。这一规定表明，律师的在代理刑事附带民事诉讼中的调查取证权受到法律的保护。

代理律师主要可以通过两种途径调查取证：① 向人民法院、人民检察院等司法机关调查取证；② 向当事人调查取证。根据《律师法》第三十五条第二款的规定，律师调查取证的，应当凭律师执业证书和律师事务所证明，向有关单位或者个人调查与承办法律事务有关的情况。

近年来，已有许多地方人民法院在民事诉讼中试行律师调查令制度，以更好地保障当事人的诉讼权利，强化律师依法调查收集证据的作用。例如，2016 年 6 月，重庆市高级人民法院发布了《关于在民事诉讼中试行律师调查令的意见》（以下简称《意见》），规定从 7 月 1 日起，民事诉讼代理律师在调查收集证据时遇阻可向法院申请律师调查令。该《意见》规定，律师调查令适用于法庭审理阶段，当事人在举证期内需要向案外人调查收集证据的，可经由诉讼代理律师向法院申请签发律师调查令。律师调查令申请调查收集的证据限定为由有关单位或个人保存，与案件事实直接相关且当事人及诉讼代理律师因客观原因无法自行收集的书证以及电子数据、视听资料等。需值得注意的是，律师调查令申请调查收集的证据不包括国家秘密、个人隐私、商业秘密等损害公共秩序、侵害公民权利的内容，证人证言也不在律师调查令调查收集的证据范围之内。当事人由诉讼代理律师向法院申请签发律师调查令的审查时限为 7 日，律师调查令由重庆市高级人民法院统一制作样式，各法院统一归口管理，使用有效期限最长不得超过 15 日。诉讼代理律师持律师调查令调查时，应当同时将律师执业证书交由接受调查人核对。调查取证后，诉讼代理律师应在 5 日内将调查收集的全部证据提交法院。对因故未使用的律师调查令，应当在律师调查令载明的有效期限届满后 5 日内交还法院入卷；接受调查人未提供证据的，诉讼代理律师应书面说明原因。[①]

4. 审查原告的主体资格

根据《刑事诉讼法》第九十七条规定，刑事附带民事诉讼的原告通常是刑事诉讼中的被害人，被害人死亡或者丧失行为能力的，被害人的法定代理人、近亲属有权提起刑事附带民事诉讼。因此，代理律师应对刑事附带民事诉讼的原告资格按以下三个步骤进行审查：① 审查原告是否具备诉讼主体资格；② 审查原告是否具有诉讼能力；③ 确定被告。

5. 确定诉讼请求的范围

根据现有的《刑事诉讼法》及相关法律、法规，被害人提出的赔偿范围只包括因人身权利受到犯罪侵犯而遭受的物质损失；因受到犯罪侵害，提起刑事附带民事诉讼或者单独提起民事诉讼要求赔偿精神损失的，人民法院不予受理。关于刑事附带民事诉讼案件赔偿范围是否应当包括精神损害赔偿问题，实务界和理论界争议都很大，专家、学者各执己见，不过，随着"权利救济"理念的深入和刑事法律的完善，越来越多的学者和实务专家都认为

---

① 赵紫东：《重庆法院推出民事诉讼律师调查令制度，保障律师调查取证》，中国律师网，http://www. acla. org. cn/html/industry/20160629/25747. html，2016-06-29。

当前司法实践中对刑事附带民事诉讼中精神损害问题的处理原则很有修正的必要。

作为刑事附带民事诉讼原告，可以提出赔偿请求的项目是丧葬费、医疗费、误工费、护理费、交通费、住院伙食补助费、营养费、残疾辅助器具费，具体规定请参照《最高人民法院关于审理人身损害赔偿案件适用法律若干问题的解释》第十七条。

6. 代书刑事附带民事诉状

律师担任刑事附带民事诉讼的代理人，应当根据事实和法律，为当事人代书刑事附带民事诉讼的起诉状或答辩状。诉状的写法，与民事诉讼起诉状和答辩状的写法相同，在此不作赘述。

需要注意的是，律师在撰写刑事附带民事诉讼起诉状时，应先审查起诉是否符合《最高人民法院关于适用〈中华人民共和国刑事诉讼法〉的解释》第一百四十五条的规定，即附带民事诉讼的起诉条件包括：① 起诉人符合法定条件；② 有明确的被告人；③ 有请求赔偿的具体要求和事实、理由；④ 属于人民法院受理附带民事诉讼的范围。此外，刑事附带民事诉讼当事人对自己提出的主张，有责任提供证据，因此，代理律师还应当在撰写并递交起诉状的同时，整理并在起诉状后附相关证据目录。刑事诉讼中的被告辩护律师在代理刑事附带民事诉讼时，应当根据原告在起诉状中提出的赔偿要求及事实、理由进行反驳，并提供有利于被告一方的相关证据清单。

7. 出席法庭审理

刑事附带民事诉讼的代理律师出席法庭审理的程序与工作内容与民事诉讼代理相同，主要包括：① 庭前培训；② 代为行使诉讼权利；③ 参与调解；④ 查阅法庭庭审记录；⑤ 提起上诉。

需要注意的是，刑事附带民事诉讼是发生在刑事诉讼过程中的，其原告即刑事诉讼中的被害人，原告及其代理律师在刑事诉讼中的地位与在刑事附带民事诉讼中的地位不同，在刑事附带民事诉讼中原告的代理律师应当帮助原告进行更为独立和全面的诉讼活动。而刑事附带民事诉讼中被告的代理律师，则应当注意根据原告的提出的民事赔偿请求及其事实、理由进行反驳。

8. 申请强制执行

根据《民事诉讼法》第二百二十四条的规定，发生法律效力的民事判决、裁定，以及刑事判决、裁定中的财产部分，由第一审人民法院或者与第一审人民法院同级的被执行的财产所在地人民法院执行。在人民法院刑事附带民事判决书生效后，代理律师要立即替当事人代书申请执行书，申请人民法院执行判决，使当事人及时获得赔偿。

课后思考题

吴某英，原浙江某某控股集团有限公司法人代表，2007 年 3 月 16 日因涉嫌非法吸收公众存款罪被依法逮捕。2009 年 12 月，浙江省金华市中级法院一审认定，吴某英于 2005 年 5

月至 2007 年 2 月间，以非法占有为目的，采用虚构事实、隐瞒真相、以高额利息为诱饵等手段，向社会公众非法集资人民币 7.7 亿元。案发时尚有 3.8 亿元无法归还，还有大量的欠债。法院一审以集资诈骗罪判处吴某英死刑，剥夺政治权利终身，并处没收个人全部财产。吴某英上诉。

2012 年 1 月 18 日，浙江省高级法院二审驳回上诉，维持原判并报最高人民法院核准。2012 年 4 月 20 日，最高人民法院未核准吴某英死刑，该案发回浙江省高级法院重审。2012 年 5 月 21 日，浙江省高级法院作出终审判决，以集资诈骗罪判处吴某英死刑，缓期两年执行，剥夺政治权利终身，并处没收个人全部财产。

结合以上案例，请回答：

1. 在该案一审中，吴某英的代理律师如要求会见被告人，则应提供（　　）

A. 授权委托书　　　　　　　　　　B. 律师会见在押犯罪嫌疑人、被告人专用介绍信

C. 起诉书副本　　　　　　　　　　D. 承办律师的律师执业证

2. 吴某英上诉后，浙江省高级人民法院理论上可能会（　　）

A. 驳回上诉、抗诉，作维护原判的裁定　B. 依法改判

C. 裁定撤销原判，发回一审重审　　　　D. 裁定撤销原判，发回一审再审

第十章

行政诉讼代理业务

● **学习目标** ●

　　本章是全书的重点章节之一，着重介绍了律师代理行政诉讼业务的具体工作内容和方法。希望学习者通过本章的学习，对行政诉讼律师代理的基本概念和特点有所了解，理解并掌握律师在代理行政诉讼时应遵循的基本原则、代理范围及其种类，重点掌握律师在行政诉讼代理中的工作内容和程序，尤其应区分律师作为行政诉讼原、被告代理人时在权利义务方面的不同。在本章的学习过程中，学习者还应注意运用所学知识，练习对实际案例的分析和代理实务操作。

第一节　行政诉讼律师代理概述

一、行政诉讼律师代理的概念和特点

（一）行政诉讼律师代理的概念

　　我国现行《行政诉讼法》[①] 第二条规定："公民、法人或者其他组织认为行政机关和行政机关工作人员的行政行为侵犯其合法权益，有权依照本法向人民法院提起诉讼。"也就是说，行政诉讼是人民法院接受公民、法人或者其他组织的请求，通过审查行政主体的行政行为合法性与合理性的方式，解决特定范围内行政争议的活动。

　　行政诉讼中的律师代理，即律师接受行政诉讼当事人或其法定代理人的委托，担任诉讼代理人，参与行政诉讼活动，维护当事人合法权益的一项业务活动。与民事诉讼代理类似，行政诉讼代理也可分为法定代理、委托代理和指定代理三种。不过，基于这一诉讼的特殊性，行政诉讼中的律师代理，一般都是委托代理或指定代理。

　　由于在三大诉讼中，行政诉讼代理相对而言是较新的业务，律师在代理行政诉讼业务中

---

　　①　1989 年 4 月 4 日第七届全国人民代表大会第二次会议通过，1989 年 4 月 4 日中华人民共和国主席令第 16 号公布，1990 年 10 月 1 日起施行，根据 2014 年 11 月 1 日《全国人民代表大会常务委员会关于修改〈中华人民共和国行政诉讼法〉的决定》修订，自 2015 年 5 月 1 日起施行。

的经验积累尚不充分，所以必须准确把握行政诉讼律师代理的主要特点和掌握基本代理行政诉讼业务的原则，方能做好行政诉讼工作。

（二）行政诉讼律师代理的特点

1. 委托人在实体和程序关系上的特点

律师可以接受行政诉讼双方当事人的委托，成为诉讼代理人。但作为律师必须明确地意识到双方委托人在实体关系上是不对等的。一方当事人是代表国家行使行政管理权限的行政主体，即国家行政机关或法律法规授权的组织，行政主体的行政行为具有拘束力、确定力和强制力；而另一方当事人是在行政法律关系中受到公权力活动影响的对象，即处于行政相对人的地位。双方在实体法律关系中，其意志、地位、权利与义务都是不对等的。但当行政相对人提起行政诉讼并被受理时，双方的实体关系在这一阶段就转化为行政诉讼法律关系，这是程序法律关系。在程序法律关系中，双方都在法院的指挥下进行诉讼活动，地位是平等的，但权利与义务是非对等的，原告恒定为相对人，被告恒定为相应的行政主体。

2. 委托代理权限上的特点

原、被告都可委托律师代理行政诉讼，但由于原告与被告在行政诉讼中的权利与义务不同，因此决定了律师代理权限的不同。作为原告方的代理律师，享有一般律师代理的诉讼权利，具有代理起诉权、撤诉权、调查取证权等，而作为被告方的代理律师，因行政主体在行政实体关系中的强势地位，其权利须在程序法律关系中受到一定的限制，故被告代理律师不具有起诉权、撤诉权、收集证据权、提请和解权等。

3. 证明责任上的特点

律师在行政诉讼代理中，因原告、被告地位不同，而在工作内容和程序上有很大差别，明显反映在证明责任的差异性上。在行政诉讼中，原告方只要举出受到行政行为侵害事实存在的证据即可，被告方则必须就该行政行为的合法性、适当性加以举证，否则即承担败诉责任。并且，在行政诉讼中，被告方的代理律师不能自行收集证据。

4. 涉及法律知识层面和种类上的特点

行政主体的行政管理范围极其广泛，行政行为的种类也是千差万别，行政行为必须依法执行，而行政行为的法律依据则几乎涉及我国绝大部分的法律、法规和规章，涉及所有行政管理部门，涉及各行各业。随着行政管理法制化程度的提高，今后行政管理方面的法规、规章还会不断增加。律师代理行政案件所必须掌握的行政法律、法规、规章，无论在内容丰富性还是在层面广泛性上，都远远超过代理民事案件和刑事案件。代理律师只有熟悉和掌握广泛而丰富的法律知识，才能有效地维护委托人的合法权益。

二、行政诉讼律师代理所需掌握的法律

（一）基本法律

1. 《宪法》

《宪法》规定了国家机构的设置、行政机关的设置及其职权范围、财产权利、公民权利等。这些内容有助于律师确定国家机关之间的关系，了解行政机关的特点和职权，了解公民权利的范围等。

2. 《立法法》

《中华人民共和国立法法》（简称《立法法》）明确规定了我国立法的各种形式、效力、程序以及相互之间的关系。律师通过学习《立法法》熟练掌握法律、法律解释、行政法规、地方性法规、自治条例和单行条例、规章的概念、立法权限、层级关系等，对于理解、应用行政诉讼的各项制度均具有非常重要的作用。

3. 《行政诉讼法》

《行政诉讼法》是律师办理行政诉讼业务的基本依据。

4. 《行政复议法》

《中华人民共和国行政复议法》（简称《行政复议法》）确定了行政复议的范围、复议的申请程序、受理程序、审查程序和处理决定的类型。律师了解行政复议制度，一方面可以理解行政复议和行政诉讼的关系，如行政复议前置的案件在复议期限内不得提起行政诉讼的规定；另一方面很多行政诉讼案件是因为行政复议而引起的，如复议机关不受理复议申请，复议机关不作出复议答复或者认为复议决定书违法等。

5. 《民事诉讼法》

《行政诉讼法》的立法本身是非常简洁的，很多诉讼程序的一般问题，要参照适用《民事诉讼法》。大量的诉讼程序比如诉讼保全、先予执行、集团诉讼等的规定，都参照《民事诉讼法》的有关规定执行。

6. 《国家赔偿法》

《中华人民共和国国家赔偿法》（简称《国家赔偿法》）主要规范了国家赔偿的范围、标准、程序等，其中涉及行政赔偿部分，是办理行政诉讼业务的律师应当掌握的重要内容。律师通过学习《国家赔偿法》可以明确哪些行政行为造成的哪些损害可以得到国家赔偿，赔偿的金额是多少，赔偿的程序如何进行等。

7. 《公务员法》

《中华人民共和国公务员法》（简称《公务员法》）主要规范了公务员的条件、义务和权利，公务员的职务与级别、录用、考核、任免、奖惩以及纠纷解决的程序等，有助于律师理解行政诉讼的收案范围以及公务员与行政机关的关系等。

8. 《行政许可法》和《行政处罚法》

《中华人民共和国行政许可法》（简称《行政许可法》）和《中华人民共和国行政处罚

法》（简称《行政处罚法》）是具体针对两种不同的行政行为类型的专门立法，对于行政许可、行政处罚的立法、执法问题作出了详尽规定，是律师代理行政许可争议、行政处罚争议必须掌握的法律规范。

9. 《政府信息公开条例》

该条例确定了政府信息以公开为原则，以不公开为例外的基本要求，具体规定了政府主动公开信息、依申请公开信息的各种情形和程序，确立了公民、法人和其他组织对政府信息的知情权。

10. 《治安管理处罚法》

公安机关在行使治安管理职能过程中的行为，属于行政法调整的范畴，因此《中华人民共和国治安管理处罚法》（简称《治安管理处罚法》）是律师办理治安行政案件的重要法律依据。

11. 相关司法解释

在我国，司法解释是由最高人民法院对现行法律进行的进一步解析和就法律适用问题进行指导的补充规定，具有与法律同等的效力。我国的司法解释往往与法律同步制定并发布，如《最高人民法院关于执行〈中华人民共和国行政诉讼法〉若干问题的规定》《最高人民法院关于行政诉讼证据若干问题的规定》《最高人民法院关于审理行政案件适用法律规范问题的座谈会纪要》《最高人民法院关于行政诉讼撤诉若干问题的规定》《最高人民法院关于行政案件管辖若干问题的规定》等。

（二）行政诉讼部门法律

根据法律业务涉及的部门不同，律师在法律服务过程中要掌握该法律业务所涉及的部门法律，比如公安、交通、海关、税收、金融监管等不同的业务方向，均涉及不同的部门法律。因此律师在从事法律服务的过程中，除掌握基本的行政法律原理和规定外，还要掌握这些专门领域的法律、行政法规、地方性法规、部门规章和地方性规章，以及规章以外的规范性文件和司法解释等。

第二节　行政诉讼律师代理的基本原则

一、合法性审查原则

（一）合法性审查原则的基本内容

《行政诉讼法》第六条规定："人民法院审理行政案件，对行政行为是否合法进行审查。"这一规定是合法性审查原则的法律依据。合法性审查原则的具体内容包括以下几个方面：

（1）行政诉讼审查的对象是行政行为。根据《行政诉讼法》第二条第二款的规定，作为行政诉讼审查对象的行政行为，包括法律、法规、规章授权的组织作出的行政行为。

（2）人民法院审查的程度，限于对行政行为合法性的审查。行政诉讼对行政行为的合法性审查，应当遵循司法权和行政权的明确界限，即司法权既要对行政权进行监督，又不能代替行政权作出决定。需要说明的是，根据我国2014年修订的《行政诉讼法》第七十条和第七十七条的规定，人民法院对于明显不当的行政行为也可作出撤销、重作或变更判决。

（3）审查结果的有限性。这与法院的审查程度密切相关，正因为法院的审查程度有限，审查的结果也相应是有限的，这主要表现为判决形式（类型）的有限性。人民法院所作出的行政诉讼判决类型一般包括撤销（含部分撤销）、重作、限期履行、确认违法、确认无效以及赔偿等，而并不随意直接变更行政行为的内容，仅对明显不当的行政处罚或其他行政行为涉及对款额的确定、认定确有错误的，可以适用变更判决。

（二）合法性审查原则对律师代理工作的要求

（1）律师通过合法性审查原则来审查判断是否接受当事人的委托。凡不属于行政诉讼审查范围的，比如由于国防、外交行为或内部行政行为所引起的纠纷，就可以确定不能接受当事人的行政诉讼代理要求。

（2）律师通过合法性审查原则来审查判断诉讼的策略。根据合法性审查原则，行政诉讼的结果受限于行政诉讼的审查程度，受限于司法权与行政权的界限。因此，律师应当结合行政诉讼的特点，考虑当事人的利益，制定准确的诉讼策略。

（3）律师通过合法性审查原则准确提出诉讼请求。根据合法性审查原则，行政诉讼的判决形式是有限的，当事人的争议很可能在行政诉讼中无法得到最终的解决。因此，律师要在与当事人充分沟通的基础上，根据合法性审查原则的特点，准确提出行政诉讼的诉讼请求，维护当事人的合法权益。

需要说明的是，根据《行政诉讼法》第七十条的规定，行政行为明显不当的，人民法院可以判决撤销或者部分撤销，或判决被告重新作出行政行为。可见，虽然合法性审查是行政诉讼的首要原则，但合理性审查也是重要的补充性原则之一。

二、被告对行政行为的合法性承担举证责任原则

（一）被告承担举证责任的范围

《行政诉讼法》第三十四条规定："被告对作出的行政行为负有举证责任，应当提供作出该行政行为的证据和所依据的规范性文件。"这一规定体现了行政机关应当"先取证，后裁决"的执法要求，其具体含义为：

（1）行政机关对于被起诉的行政行为是否合法承担举证责任，但是对于没有被起诉的行政行为的合法性不承担举证责任。在实际工作中，很多行政机关的行政行为以其他行政机关的一个或者多个行政行为作为前提和依据，但是只有最终的行政决定被当事人提起行政诉讼。因此，对于被告行政机关而言，其只需要对被起诉的行政行为的合法性承担举证责任，而不需要对没有被起诉的行政行为承担举证责任。那些作为行政机关依据或者前提的行政行为的合法性应当按照"行政行为效力先定原则"，在行政诉讼中不作为审查的对象，也不在

被告行政机关承担举证的范围内。

（2）行政机关对于被起诉的行政行为承担举证责任，但是在某些特殊的情况下，应当由原告承担举证责任。根据有关司法解释的规定，行政诉讼中的原告也在一定的情况下承担举证责任。根据《最高人民法院关于行政诉讼若干问题的规定》（以下简称《行政诉讼证据规定》）第四条、第五条的规定，原告承担举证责任的情形主要包括：

① 证明起诉符合法定条件，但被告认为原告起诉超过起诉期限的除外。根据《行政诉讼法》的规定，原告起诉应当符合的条件有：原告是认为行政行为侵犯其合法权益的公民、法人或者其他组织；有明确的被告；有具体的诉讼请求和事实根据；属于人民法院受案范围和受诉人民法院管辖。原告应当围绕这些起诉条件收集充分的证据。实践中，各级法院在审查受理条件时，主要审查的是被诉行政行为的存在、受案范围和管辖法院等。

② 在起诉被告不作为的案件中，证明原告曾经提出申请的事实。根据《行政诉讼证据规定》第四条的规定，公民、法人或其他组织在起诉被告不作为的案件中，应当就其在行政程序中曾经提出申请承担举证责任，但以下两种情形除外：第一，被告应当依职权主动履行法定职责的；第二，原告因被告受理申请的登记制度不完备等正当事由不能提供相关证据材料并能够作出合理说明的。实践中，律师可以建议或者协助当事人收集一些证明其提交申请的证据，比如行政机关收到申请的回执、向行政机关寄送申请的邮寄凭证、证人证言等。

③ 在一并提起的行政赔偿诉讼中，证明因受被诉行为侵害而造成损失的事实。根据国家赔偿法的规定，原告应当证明其损害的存在，具体程度、损害的计算，损害与被诉行政行为之间的因果关系。

④ 其他应当由原告承担举证责任的事项。律师代理行政诉讼案件的原告时，应当全面理解行政诉讼中举证责任分配的内容。对于原告应当承担举证责任的情形，应当调查、收集有关证据；在被告承担举证责任的情形下，也要主动收集证据，证明被告的行政行为存在不合法的情形。律师在代理被告行政机关时，也要明确行政机关并非在所有的情况下都需要承担举证责任，某些情况下的举证责任由原告承担。这样可以减轻行政机关的应诉压力，将应诉的重点集中在行政行为的合法性方面。

（二）举证责任与证据的收集、提供

举证责任制度并不排除不承担举证责任的一方当事人提供证据的权利。为了便于法院查明案件事实，有效解决行政争议，任何一方当事人，无论是否承担举证责任，都应考虑尽可能收集并向法院提供与案件事实有关的证据，这不仅是当事人享有的诉讼权利，同时，根据《行政诉讼法》第三十九条的规定，人民法院有权要求当事人提供或者补充证据。在人民法院要求提供证据的情况下，当事人也有义务配合法院的审理工作，提供有关的证据材料。

在实际工作中，被告承担举证责任的观念已经深入人心，所以被告在提供证据方面比较积极。但是原告一方，往往因为片面理解了被告承担举证责任的内容，就忽视或者轻视对证据的收集和提供，这样既不利于法院审理案件，也不利于原告权益主张的实现。因此，律师在代理行政诉讼案件时，无论是代理原告还是代理被告，为最大限度地体现当事人的合法利益，均应当按照诉讼的各项证据规则，收集符合法定形式的证据，并在法定期限内提供给法庭。

三、诉讼不停止执行原则

《行政诉讼法》第五十六条规定，"诉讼期间，不停止行政行为的执行"，这一原则体现了行政行为的效力先定原则，也在一定程度上体现了对公共秩序的优先保护。但是，根据《行政诉讼法》的规定，在下列法定的情形下，诉讼期间可以停止行政行为的执行：

（1）被告认为需要停止执行的。

（2）原告或者利害关系人申请停止执行，人民法院认为该行政行为的执行会造成难以弥补的损失，并且停止执行不损害国家利益、社会公共利益的。

（3）人民法院认为该行政行为的执行会给国家利益、社会公共利益造成重大损害的。

（4）法律、法规规定停止执行的。

一般情况下，对于那些一旦执行就很难回转、很难挽回或者很难有效补救的行政行为，原告在诉讼中，均应当向法院提出停止行政行为执行的申请，比如办公大楼的拆除、涉及人身自由的处罚等。同时，对于某些不需要停止执行的行政行为，律师作为代理人要提醒当事人及时履行行政行为赋予的义务。

【案情】某公司从事广告业务，没有按照法定的批准程序就在风景名胜区设立广告设施，被主管行政机关处以罚款 8 000 元。该公司不服，聘请律师进行行政诉讼。诉讼过程中，原告收到行政机关的通知，要求其缴纳逾期未缴纳的罚款的滞纳金 4 800 元。当事人表示非常不能理解，认为律师没有履行好职责，并与律师产生了争议。

【提问】该案中，律师是否尽到了代理义务？

【评析】在这个案例中，当事人被处以罚款的行政处罚，针对这种处罚行政机关都会明确告知履行期限，一般要求在当事人收到行政处罚决定书之日起 15 日内到指定的银行缴纳罚款。根据相关法律的规定，当事人到期不缴纳罚款的，每日按罚款数额的 3% 加处罚款。在这个案例中，因为仅仅是罚款这种财产处罚，当事人申请停止执行获得批准的可能性不大，作为代理律师应当及时提示当事人履行缴纳罚款的义务。而在该案例中，因为律师没有很好地履行职责，导致当事人的损失进一步扩大，双方进而发生了争议。这种情况律师应当是可以避免的。

四、行政诉讼不适用调解的原则

1989 年首次出台的《行政诉讼法》在第五十条规定："人民法院审理行政案件，不适用调解。"因此，一直以来，理论界将"不适用调解"作为行政诉讼的一个基本原则来看待，但是在此后的实务中，对这个原则的突破比较常见，比如诉讼中常见的撤诉与被告改变或者撤销行政行为等。在 2007 年颁布并实施的《中华人民共和国行政复议法实施条例》① （简称《行政复议法实施条例》）第四十条规定："公民、法人或者其他组织对行政机关行使法律、法规规定的自由裁量权作出的具体行政行为不服申请行政复议，申请人与被申请人在行政复议决定作出前自愿达成和解的，应当向行政复议机构提交书面和解协议；和解内容不损害社会公共利益和他人合法权益的，行政复议机构应当准许。"这一规定表达了行政复议对行政机关所作的决定给予充分的尊重，从行政复议的层面上首先突破了"不适用调解"原则。2008 年，最高人民法院在《关于认真贯彻执行〈关于行政诉讼撤诉若干问题的规定〉的通知》（法发〔2008〕9 号）中明确提出，"……合议庭可以发挥宣传、建议、协调和法律释明的作用……要尽可能通过协调化解行政争议……"，这一规定为人民法院在行政诉讼中适用调解、行政机关通过改变或者撤销行政决定来化解矛盾、解决争议，提供了充分的依据。

最终，在 2014 年 11 月修订出台的新《行政诉讼法》第六十条中，延续旧法"不适用调解"的同时，也明确了"行政赔偿、补偿以及行政机关行使法律、法规规定的自由裁量权的案件可以调解"。这也可以说是从《行政诉讼法》的层面上，对行政诉讼"不适用调解"原则做了正式的突破。因此，行政诉讼中的代理律师，不论代理原告还是被告，均可在诉讼的不同阶段与情形中，根据实际情况，考虑并协助当事人通过和解的方式化解矛盾、解决争议，以最大限度地实现当事人的诉讼目的和利益。

第三节　行政诉讼律师代理的范围和种类

一、行政诉讼律师代理的范围

（一）能够代理的行政诉讼的案件范围

律师代理行政诉讼的案件范围，包括《行政诉讼法》关于人民法院可以受理的公民、法人和其他组织对行政行为不服而提起的行政诉讼，还包括其他法律、法规中规定的可诉行政案件。具体来说，包括：

（1）对行政拘留、暂扣或者吊销许可证和执照、责令停产停业、没收违法所得、没收非法财物、罚款、警告等行政处罚不服的。

（2）对限制人身自由或者对财产的查封、扣押、冻结等行政强制措施和行政强制执行不服的。

（3）申请行政许可，行政机关拒绝或者在法定期限内不予答复，或者对行政机关作出的有关行政许可的其他决定不服的。

（4）对行政机关作出的关于确认土地、矿藏、水流、森林、山岭、草原、荒地、滩涂、海域等自然资源的所有权或者使用权的决定不服的。

---

① 于 2007 年 5 月 23 日国务院第 177 次常务会议通过，自 2007 年 8 月 1 日起施行。

（5）对征收、征用决定及其补偿决定不服的。

（6）申请行政机关履行保护人身权、财产权等合法权益的法定职责，行政机关拒绝履行或者不予答复的。

（7）认为行政机关侵犯其经营自主权或者农村土地承包经营权、农村土地经营权的。

（8）认为行政机关滥用行政权力排除或者限制竞争的。

（9）认为行政机关违法集资、摊派费用或者违法要求履行其他义务的。

（10）认为行政机关没有依法支付抚恤金、最低生活保障待遇或者社会保险待遇的。

（11）认为行政机关不依法履行、未按照约定履行或者违法变更、解除政府特许经营协议、土地房屋征收补偿协议等协议的。

（12）认为行政机关侵犯其他人身权、财产权等合法权益的。

《行政诉讼法》第十二条第一款对属于受案范围的案件作了列举规定之后，该条第二款进而规定："除前款规定外，人民法院受理法律、法规规定可以提起诉讼的其他行政案件。"通过梳理现行法律、法规和司法解释的规定，我们发现律师还可以代理下列行政诉讼案件：

（1）根据《专利法》不服确认专利权等处理决定的案件。

（2）根据《律师惩戒规则》对律师惩戒委员会关于取消律师资格和撤销律师事务所的惩戒决定或复议决定不服的案件。

（3）根据《行政复议法》第六条的规定，对侵犯人身权、财产权之外的其他合法权益的行政复议决定不服的案件。

（4）根据《最高人民法院关于适用〈中华人民共和国行政诉讼法〉若干问题的解释》第十一条规定的公民、法人或其他组织就政府特许经营协议、土地和房屋等征收征用补偿协议和其他行政协议所提起的行政诉讼案件。

（5）根据 2002 年实施的《最高人民法院关于审理国际贸易行政案件若干问题的规定》（法释〔2002〕27 号）确定的国际贸易行政案件。

（6）根据 2003 年施行的《最高人民法院关于审理反倾销行政案件应用法律若干问题的规定》（法释〔2002〕35 号）第一条确定的反倾销行政案件。

（二）不能代理的行政诉讼案件范围

根据《行政诉讼法》第十三条的规定，相对人就以下事项向人民法院提起行政诉讼的，人民法院不予受理：

（1）国防、外交等国家行为。

（2）行政法规、规章或者行政机关制定、发布的具有普遍约束力的决定、命令。

（3）行政机关对行政机关工作人员的奖惩、任免等决定。

（4）法律规定由行政机关最终裁决的行政行为。

二、行政诉讼律师代理的种类

(一) 行政诉讼原告的代理

1. 行政诉讼原告的概念

根据《行政诉讼法》第二十五条的规定，依法提起诉讼的行政行为的相对人以及其他与行政行为有利害关系的公民、法人或者其他组织是原告。因此，行政诉讼原告，是指对行政行为不服，以自己的名义向法院提起诉讼，从而启动行政诉讼程序的公民、法人和其他组织。这里需要把握的要点有三：① 原告是公民、法人或其他组织；② 原告与被诉行政行为有利害关系，包括不利的关系和有利的关系，但必须是一种已经或者必将形成的关系；③ 原告必须认为自己的合法权益受到被诉行政行为的侵害，并在起诉时具有完整的法律人格。

2. 行政诉讼原告资格的确认

在行政诉讼的律师代理活动中，原告资格的确认是一个复杂的问题。原告资格是指相对人就行政争议所具有的向法院提起行政诉讼并成为原告的一种法律能力。根据最高人民法院司法解释的规定，在人民法院确认原告方面需要注意的问题有以下几点：

(1) 受害人的原告资格。受害人是指受到其他公民（加害人）违法行为侵害的人。在发生侵害时，行政机关可能有两种做法：一是不予处理；二是处罚了加害人，但受害人认为处罚轻微。在这两种情况下，受害人是否可以起诉，要求法院判令行政机关追究或者加重加害人的责任？由于受害人不是行政行为直接针对的人，利害关系如何认定是一个比较困难的问题。对此，最高人民法院认为，由于加害人的违法行为侵害了受害人的合法权益，受害人可以依法要求主管行政机关追究加害人的行政法律责任；受害人对主管行政机关不追究加害人的行政法律责任或者对主管行政机关施加给加害人的法律责任形式或程度不服的，可以提起行政诉讼。

(2) 相邻权人的原告资格。相邻权，是指不动产的所有权人或者使用权人在行使行政所有权或使用权时，对相毗邻的他人的不动产享有的一定范围内的支配权，如排水、通风、日照等权利。如果被诉行政行为侵害了起诉人的相邻权，利害关系即告成立。例如，规划部门许可某公司修建30层大楼，影响了与之相邻的其他房主的采光权、通风权，这些房主均具有对规划部门的许可行为提起行政诉讼的原告资格。

(3) 公平竞争权人的原告资格。公平竞争权是一项独立的法律权利，但与其他权利往往有交叉关系。竞争关系的存在是公平竞争权存在的基础，公平竞争权受到行政行为的侵犯，即可通过行政诉讼予以救济。例如，若干企业竞投出租车营运权，政府以行政决定的形式将出租车营运权批给某个企业，其他参投企业均可以公平竞争受到侵害为由提起行政诉讼。又如，某市政府发布通知，将某块商业用地的使用权以投标方式出让，价高者得，甲、乙企业分别出资投标，两者其他条件均同等，但甲的出资额远高于乙。如该市政府仍决定由乙取得开发权，则这一决定明显侵害了甲的公平竞争权，甲即属于行政行为的利害关系人而得以作为原告提起行政诉讼。

（4）投资人的原告资格。这里包括两种情况：第一，行政行为侵害联营企业、中外合资或合作企业的联营、合资、合作一方的合法权益的，联营方、中外合资方或合作方可以作为原告提起行政诉讼；第二，行政行为侵害联营、合资或合作企业合法权益的，除了联营、合资或合作企业外，联营方、合资方或合作方也可作为原告起诉。

（5）合伙或其他非法人组织的原告资格。行政诉讼中衡量起诉人是否具有原告资格，不是看其是否具备法律上的权利能力或是否能够独立地承担财产性的法律责任，而是看其是否是某项权利的享有主体以及是否具有独立的权利主体地位。合伙企业或不具法人资格的其他组织具有独立的权利主体地位，也应当具备原告资格。

（6）股份制企业内部机构的原告资格。股份制企业的股东大会、股东代表大会、董事会等认为行政机关作出的行政行为侵犯企业经营自主权的，可以以企业名义提起诉讼。但需要注意，它们并不具有原告资格，它们只是被法律允许代为行使企业的起诉权而已。换言之，股份制企业的上述内部机构起诉时必须以企业的名义，而联营企业、中外合资或中外合作企业的联营、合资和合作各方则可以以自己的名义提起诉讼，这是两者最大的区别。

（7）非国有企业的原告确认。非国有企业一经成立，即具有独立的权利主体地位。非国有企业被注销、撤销、合并、分立后，虽然已实际上从法律上消灭，但并不妨碍原企业的独立权利主体地位，原企业或原企业的法定代表人仍具有原告资格。

（8）农村土地使用权人的原告资格。农村土地承包人等土地使用权人对行政机关处分其使用的农村集体所有土地的行为不服，可以自己的名义提起行政诉讼。在司法实践中，存在大量行政机关违法处分农村集体所有土地的行为，如在承包期内随意提高承包费用等。这些违法行为极大地损害了包括土地承包者在内的土地使用权人的合法权益，因此，土地使用权人是直接的利益相关人，具有原告资格。

3. 行政诉讼原告资格的转移

原告资格在法定条件下可以转移，即有权起诉的公民死亡、法人或者其他组织终止，其原告资格依法自然转移给有利害关系的特定公民或者其他组织承受。

（1）自然人原告资格的转移。根据《行政诉讼法》第二十五条第二款的规定，有权提起诉讼的公民死亡，其近亲属可以提起诉讼。这里所指的"近亲属"包括配偶、父母、子女、兄弟姐妹、祖父母、外祖父母、孙子女、外孙子女和其他具有抚养、赡养关系的亲属。在这种情况下，近亲属享有原告资格，以自己的名义提起诉讼，其地位等同于有权提起诉讼的公民。

（2）法人或其他组织原告资格的转移。根据《行政诉讼法》第二十五条第三款的规定，有权提起诉讼的法人或者其他组织终止，承受其权利的法人或者其他组织可以提起诉讼。不过，承受原告资格的公民或者组织应当向人民法院提供其近亲属的证明或者作为被终止的组织的权利承受者的证明文件。如果在诉讼过程中出现了这种情况，也就是说，原告死亡需要等待其近亲属表明是否参加诉讼的；作为原告的法人、组织终止，尚未确定权利义务承受人的，诉讼中止。中止诉讼期限届满 90 日仍无人继续诉讼的，裁定终结诉讼，但有特殊情况的除外。

（二）行政诉讼被告的代理

行政诉讼被告，是指原告认为其所作出的行政行为侵犯了自己的合法权益而诉至法院，并由法院通知其应诉的行政机关或被授权组织。具体而言，行政诉讼的被告必须同时符合三个条件：① 必须是行政机关或法律、法规、规章授权的组织；② 必须是作出被诉行政行为的主体；③ 必须是法院通知应诉的主体。

现行《行政诉讼法》第二十六条规定了六种不同情形的行政诉讼被告：① 公民、法人或者其他组织直接向人民法院提起诉讼的，作出行政行为的行政机关是被告。② 经复议的案件，复议机关决定维持原行政行为的，作出原行政行为的行政机关和复议机关是共同被告；复议机关改变原行政行为的，复议机关是被告。③ 复议机关在法定期限内未作出复议决定，公民、法人或者其他组织起诉原行政行为的，作出原行政行为的行政机关是被告；起诉复议机关不作为的，复议机关是被告。④ 两个以上行政机关作出同一行政行为的，共同作出行政行为的行政机关是共同被告。⑤ 行政机关委托的组织所作的行政行为，委托的行政机关是被告。⑥ 行政机关被撤销或者职权变更的，继续行使其职权的行政机关是被告。

（三）行政诉讼第三人的代理

《行政诉讼法》第二十九条规定，公民、法人或者其他组织同被诉行政行为有利害关系但没有提起诉讼，或者同案件处理结果有利害关系的，可以作为第三人申请参加诉讼，或者由人民法院通知参加诉讼。因此，理解行政诉讼第三人的定义，我们必须把握以下几点：① 第三人是除原、被告以外的诉讼参加人，并不依附于任何一方，而是具有完全的当事人地位，享有管辖异议权和上诉权；② 第三人是主动申请并经法院批准或由法院依职权通知参加诉讼的；③ 第三人必须同被诉行政行为或案件处理结果有利害关系存在。

需要注意的是，"利害关系"是判断第三人的核心概念，这种利害关系不仅限于法律上的利害关系，而且必须是一种独立的利害关系，否则就不是第三人，而是必要的共同诉讼人。此外，还要注意第三人与证人、鉴定人等的区分。

行政诉讼第三人主要有以下几种：① 行政处罚案件中的受害人或者加害人；② 行政处罚案件中的共同被处罚人；③ 行政裁决案件中的当事人；④ 作出相互矛盾的行政行为的行政机关；⑤ 与行政机关共同署名作出处理决定的非行政组织；⑥ 原告不同意追加的被告或不同意起诉的具有被告资格的行政机关；⑦ 经复议的行政纠纷的第三人。

另外，经复议的行政案件，复议机关改变原行政行为的，复议机关是被告，但由于法院对原行政行为也要进行审查，因此，可以将作出原行政行为的行政机关列为第三人。

第四节　行政诉讼律师代理的工作程序

一、收案与接受委托

（一）收案

收案是指律师事务所与公民、法人、其他组织等当事人订立聘请律师合同，以律师事务所名义接受当事人的委托，并指派 1 至 2 名律师作为当事人的诉讼代理人。律师不应私自接受委托。律师事务所应向委托人介绍其指派的律师，取得委托人的同意。律师事务所应尽可能满足委托人的指名委托要求。

对于获得法律援助条件的当事人，律师事务所按照法律援助机构的意见指派律师承办，并与当事人办理委托手续。无民事行为能力、限制民事行为能力的当事人要求委托律师的，律师事务所应与其法定代理人办理委托手续。律师事务所接受委托后，应编号并办理收案登记。

（二）接受委托

接受原告的委托，应符合人民法院的受案范围。对不符合受案范围的行为，律师事务所不应接受其委托。

接受被告或第三人的委托，应在人民法院向被告或第三人送达起诉状副本后，或者第三人申请参加诉讼时办理委托手续。两个以上行政机关因共同作出同一行政行为被人民法院列为共同被告的，共同被告聘请同一律师或同一个律师事务所的不同的律师，应与各被告分别办理委托手续。

接受上诉人、被上诉人或其他当事人的委托担任二审代理人的，应在一审判决、裁定送达后办理委托手续，但已代理一审并与委托人另有约定的除外。

当事人未在一审判决送达后 15 日内，或者未在一审裁定送达后 10 日内提出上诉的，律师事务所不应接受委托。

接受再审案件当事人的委托，应在人民法院的判决、裁定发生法律效力后办理委托手续，但已代理原审并与委托人另有约定的除外。

当事人在判决、裁定发生法律效力 2 年后提出申请再审，要求委托律师代理再审的，律师事务所不应接受委托。

公民、法人或者其他组织单独就行政损害赔偿要求委托律师的，律师事务所应根据下列情形，分别办理：

（1）当事人已向人民法院起诉，并由人民法院受理的，律师事务所可以接受该当事人的委托，指派律师担任其行政赔偿案件的代理人。

（2）当事人请求行政损害赔偿，但尚未由行政机关先行解决的，律师事务所可以接受该当事人的委托，指派律师担任其向行政机关请求赔偿的非诉讼代理人。

（3）当事人对行政机关的损害赔偿处理不服，拟向人民法院提起诉讼的，律师事务所可以接受该当事人的委托，担任其行政赔偿诉讼的代理人。

（4）行政行为被人民法院生效的裁判文书确认为违法的，或被复议机关决定撤销的，或由作出该行政行为的行政机关自行撤销的，当事人就该行政行为请求行政损害赔偿的，律师事务所可以接受该当事人的委托，指派律师担任其行政赔偿案件的代理人。

委托手续包括以下内容：① 委托人与律师事务所签署的聘请律师合同；② 委托人与律师事务所签署的授权委托书；③ 合同及授权委托书，应记明具体的委托事项和权限，委托权限应注明是一般授权还是特别授权①；④ 出具律师事务所函，呈送受理案件的人民法院。律师事务所接受委托后，无正当理由，不得终止代理。律师事务所接受委托后，承办律师不履行或者因特殊情况不能履行代理义务的，律师事务所应在征得委托人同意后，及时调整承办律师。

二、证据

（一）调查取证

律师调查、收集、提供证据，应合法、客观、全面、及时，不得伪造、变造证据，不得隐匿证据，不应威胁、利诱他人提供虚假证据，不得妨碍对方当事人合法取得证据，不得诱导当事人伪造证据。

律师调查、收集与本案有关的证据，应由律师事务所出具介绍信，并出示律师执业证。法律另有规定的，依照规定执行。律师向证人调查取证时，一般以两人或两人以上共同进行为宜。

律师收集书证、物证应收集原件、原物。收集原件、原物有困难的，可以复制、照相，或者收集副本、节录本，但对复制件、照片、副本、节录本应附证词或说明。视听资料，应说明其来源。

律师对涉及国家秘密、商业秘密和个人隐私的证据应保密，不应在公开开庭时出示的，向法院提交时应作出明确标注。

律师认为需要进行鉴定的证据，应及时告知委托人并代理其向有关鉴定部门提出书面申请，或请求人民法院委托鉴定。

律师不能及时调查、收集证据的，应向人民法院说明情况并申请延期提交该证据。

1. 向委托人收集证据

律师接受原告委托，应要求委托人提供其所知道的案件的一切事实，并提供以下证据：① 证明起诉符合法定条件的证据以及被诉行政行为存在的依据；② 依法经复议才能起诉的，

---

① 变更、放弃、承认诉讼请求，提起上诉，转委托，签收法律文书，行政赔偿程序中的调解，应有委托人的特别授权；未注明的，视为一般授权。

应提供已经过复议程序的证据；③ 在起诉被告不作为的案件中，证明其提出申请的事实，但被告应依职权主动履行法定职责及被告受理申请的登记制度不完备的除外；④ 在一并提起行政赔偿的诉讼中，证明因受被诉行为侵害而造成损失的事实；⑤ 对被诉行政行为提出反驳理由的事实依据。

律师接受被告委托，应要求委托人提供其作出被诉行政行为的证据和所依据的规范性文件，包括下列证据和材料：① 证明被告有权作出行政行为的职权依据；② 证明被告执法程序的事实依据和相应的程序性规范依据；③ 被告作出行政行为所认定的事实的证据；④ 被告执法目的合法的依据；⑤ 被告作出行政行为的法律依据；⑥ 认为原告应复议前置而未申请复议或起诉超过起诉期限的证据；⑦ 在被告不作为的案件中，主张不作为理由的事实依据和法律依据；⑧ 其他相关证据和材料。

对委托人陈述的案件事实，律师应制作谈话笔录，并由陈述人签名。委托人能够提供证据及证据线索而不提供的，在告知其不提供证据及证据线索将会产生的法律后果后，委托人仍不提供的，视为委托人隐瞒事实真相，律师可以拒绝代理；也可在向委托人讲明法律后果后，以已有的证据、事实完成代理。

2. 向证人调查和收集证据

律师在向证人调查、收集证据时，应首先告知其律师身份，出示律师执业证；告知证人应如实反映与本案有关的情况，并向其讲明作伪证应负的法律责任。

律师向证人调查、收集证据，可以由证人自己书写证言内容。证人不能自己书写的，可由他人代为书写，由证人签名、盖章或以其他方式确认。证人证言应注明姓名、年龄、性别、职业、住址等基本情况，并注明出具证言的日期，附上证人身份证复印件等证明证人身份的文件。有关单位提供的证明材料，应由单位加盖印章。

律师调查、收集与本案有关的材料，可以采用制作调查笔录及法律规定的其他方式。调查笔录应载明调查人、被调查人的基本身份情况，被调查人与本案当事人的关系，调查时间，调查地点，调查内容，调查笔录制作人等基本情况；还应载明律师的身份介绍，律师要求被调查人实事求是作证等内容，以及调查事项发生的时间、地点、人物、经过、结果等与本案有关的情况。

律师制作调查笔录，应全面、准确地记录调查内容，并交由被调查人阅读或向其宣读。如有修改补充，应由被调查人在修改或补充处签名、加盖印章或以其他方式确认。经确认无误后，由调查人、被调查人、记录人签名、盖章或以其他方式确认，并署上日期。

律师在向证人调查、收集证据时，如需录音、录像，应征得证人的明确同意。

律师从国家机关抄录、复制与本案有关的材料时，应尊重事实和忠实于原件，并经该国家机关确认。

3. 向对方当事人调查和收集证据

律师经对方当事人同意，可以向其调查、收集证据，制作调查笔录，经对方当事人明确同意，在调查、收集证据时，可以录音、录像。

担任被告代理人的律师，在诉讼过程中，不应自行向原告收集证据，但是原告或者第三人在诉讼过程中，提出了其在被告实施行政行为过程中没有提出的反驳理由或者证据的，并且人民法院认为应或者经人民法院准许可以补充相关证据的除外。

4. 申请人民法院调查取证

担任原告或者第三人诉讼代理人的律师，因客观原因无法自行收集证据的，应及时申请人民法院调取该证据。

律师申请人民法院调取证据，应在举证期限内向人民法院递交书面申请，并向人民法院提供证据线索。申请书应写明证据持有人的姓名或名称、住址等基本情况，拟调取证据的内容，申请调取证据的原因及其要证明的案件事实。

当事人应提供而无法提供证据原件或者原物的，律师应告知当事人或者代理当事人申请人民法院调取该证据。

人民法院接受申请调取该证据时，要求律师协助调查收集证据的，律师应予以协助。

担任原告或者第三人诉讼代理人的律师，根据案情需要或者委托人提出需要勘验物证现场、重新勘验物证现场的，或者需要对专门性问题进行鉴定、重新鉴定的，应依授权及时代理委托人向人民法院书面提出勘验申请或者鉴定申请，并说明申请的理由。

（二）证据保全和证据的审查、整理和提交

1. 证据保全

在证据可能灭失或者以后难以取得的情况下，律师应在征得委托人同意后，及时代理其向人民法院申请保全证据。申请证据保全应在举证期限届满前书面提出，并说明证据的名称和地点、保全的内容和范围、申请保全的理由等事项。

2. 证据的审查、整理和提交

对收集的证据，律师应审查其是否符合合法性、真实性和关联性，特别需要审查证据的来源是否真实、可靠和合法，证据形成和制作的形式要件是否完备和合法，证据的内容是否清楚而无歧义，能否证明与案件有关的事实，各个证据间的关系是否互相印证，有无彼此矛盾之处，证据提供的基本情况及其与本案或本案当事人是否存在法律上的利害关系，证据是否涉及国家秘密、当事人的商业秘密或者个人隐私，以及其他需要审查的内容或形式。

对收集的证据，律师应进行整理，编制证据目录，载明证人名单或证据名称及其拟证明的事实。

担任原告或者第三人诉讼代理人的律师，应把收集的证据，在开庭前或者人民法院指定的交换证据之日向人民法院提交。法律或者人民法院另行规定提交证据期限的，应在该规定期限内提交证据。

担任被告代理人的律师，应在被告收到起诉状副本之日起 10 日内将被告作出行政行为时的证据、依据或收集到的其他有关证据向人民法院提交。人民法院准许被告补充相关证据的，应在人民法院规定期限内提交。

三、一审程序中的律师代理

（一）确定管辖

律师接受原告委托，代为提起诉讼的，应根据不同情况分别确定案件管辖人民法院。

（1）行政机关作出行政行为后，未经复议而直接起诉的，应向作出该行政行为的行政机关所在地的基层人民法院提起行政诉讼。

（2）经过复议的案件，复议机关改变原行政行为的，也可以向该复议机关所在地的人民法院提起行政诉讼。

复议机关的复议决定有下列情形之一的，属于"改变原行政行为"：

① 改变原行政行为所认定的主要事实和证据的；

② 改变原行政行为所适用的规范依据且对定性产生影响的；

③ 撤销、部分撤销或者变更原行政行为处理结果的。

（3）下列一审行政诉讼案件，应向被告所在地的中级人民法院提起诉讼：

① 专利行政诉讼案件、海关处理的案件、国际贸易行政诉讼案件；

② 对国务院各部门或者省、自治区、直辖市人民政府所作的行政行为提起诉讼的案件；

③ 被告为县级以上人民政府的案件，但以县级人民政府名义办理不动产物权登记的案件可以除外；

④ 社会影响重大的共同诉讼、集团诉讼案件；

⑤ 重大涉外或者涉及香港特别行政区、澳门特别行政区、台湾地区的案件；

⑥ 其他重大、复杂的案件。

（4）下列一审行政诉讼案件，应向被告所在地的高级人民法院指定的中级人民法院或者被告所在地的高级人民法院提起诉讼：

① 反倾销行政诉讼案件；

② 反补贴行政诉讼案件。

（5）对限制人身自由的行政行为不服的，应向被告所在地或者原告的户籍所在地、经常居住地和被限制人身自由地的人民法院提起行政诉讼。行政机关基于同一事实既对人身又对财产实施行政处罚或者采取行政强制措施的，被限制人身自由的公民，被扣押或没收财产的公民、法人或者其他组织对上述行为均不服的，既可以向被告所在地的人民法院提起诉讼，也可以向原告所在地的人民法院提起诉讼，由受诉人民法院一并管辖。

（6）因不动产提起的行政诉讼，应向不动产所在地的人民法院起诉。

（二）代理起诉和应诉

1. 代理原告起诉

（1）律师依据当事人的请求，可为其代写起诉状。起诉状应根据起诉的事实和理由，分别提出下列诉讼请求：

① 请求判决撤销或者部分撤销被诉行政行为；

② 请求判决变更显失公正的被诉行政处罚；

③ 对被告不履行法定职责的，请求判决被告在法定期限内履行法定职责；

④ 请求判决确认被诉行政行为违法或者无效，并可同时请求被诉行政机关采取相应的补救措施。

提出上述诉讼请求的同时，可根据原告遭受损害的事实和理由，一并请求判决被告承担相应的行政赔偿责任。

（2）律师应根据不同情况，分别在下列时限内及时向人民法院提交经原告签署的起诉状：

① 未经复议程序，原告直接向人民法院起诉的，应在原告知道作出行政行为之日起3个月内向人民法院提出起诉，法律另有规定的除外；

② 经过复议的，应在收到复议决定书之日起15日内向人民法院提出起诉，法律另有规定的除外；

③ 当事人申请复议，复议机关应在收到复议申请书之日起2个月内作出复议决定，复议机关决定延期的，在延期届满前作出决定，法律、法规另有规定的除外，复议机关逾期不作决定的，应在复议期满或延期届满之日起15日内向人民法院提出起诉，法律另有规定的除外；

④ 行政机关作出行政行为时未告知当事人诉权或者起诉期限的，起诉期限从当事人知道或者应当知道诉权或起诉期限之日起计算，但从知道或者应当知道行政行为内容之日起最长不应超过2年；

⑤ 复议决定未告知当事人诉权或者法定起诉期限的，按上述第④项办理；

⑥ 当事人不知道行政机关作出的行政行为内容的，其起诉期限从知道或者知道该行政行为内容之日起计算，对涉及不动产的行政行为从作出之日起不超过20年，其他行政行为从作出之日起不超过5年，由于不属于起诉人自身的原因超过起诉期限的，被耽误的时间不计算在起诉期间内。

（3）律师向人民法院提交诉状的同时提交能够证明原告主体资格和行政行为可诉性的有关证据材料，以及授权委托书和律师事务所函。

（4）对于超过法定起诉期限，且无正当理由起诉的，律师应告知当事人，该起诉可能被法院裁判不予受理或者驳回，并与当事人终止委托关系。当事人仍坚持起诉的，律师在向当事人讲明预测的诉讼结果并由当事人签字记录在卷后，可继续代理。

（5）律师向人民法院提交诉状和证据材料后，经人民法院初步审查认为立案依法尚需补充有关证据材料的，律师应及时补交。

（6）在接到人民法院的立案（受理）通知书后，律师应通知当事人在规定的期限内及时交纳诉讼费。

（7）在接到人民法院不予受理的裁定书后，律师应及时告知当事人，并可依据当事人的委托，提起上诉，或另择理由另行起诉。

（8）人民法院自接到起诉状之日起 7 日内既不立案，又不作出裁定的，律师可代理当事人向上一级人民法院申诉或者起诉。期限从人民法院接到起诉状之日起计算，因起诉状内容欠缺而要求补正的，从人民法院收到补正材料之日起计算。

2. 律师代理被告应诉

（1）律师对人民法院送达的起诉状副本，应迅速并重点审查下列事项：

① 被诉的行政行为是否客观存在；

② 被诉行政机关是否依法应被列为被告；

③ 原告的起诉是否符合《行政诉讼法》及有关司法解释规定的受案范围；

④ 起诉人是否具备原告的资格；

⑤ 受诉人民法院有无管辖权；

⑥ 起诉是否超过起诉期限；

⑦ 是否遗漏诉讼当事人。

（2）律师应在被告收到起诉状副本之日起 10 日内，将被告作出行政行为的证据、依据等有关材料向人民法院提交。律师根据被告要求，可代写答辩状，并在规定的期限内向人民法院提交。

（3）律师若发现案件不属于受诉人民法院管辖，应及时告知被告，并可建议或根据被告的要求，在被告接到人民法院应诉通知之日起 10 日内以书面形式向人民法院提出管辖异议。

（三）财产保全和先予执行的代理

对于因一方当事人的行为或者其他原因，可能使行政行为或者人民法院生效裁判不能或者难以执行的案件，律师作为代理人，可以根据当事人的要求代其向人民法院提出财产保全的申请，但不应为当事人提供担保。

原告起诉行政机关未依法发给抚恤金、社会保险金、最低生活保障费等案件，律师可以根据原告的要求代其向人民法院提出先予执行的申请。律师代为提出财产保全申请，应告知申请人提供担保，并告知申请不当和不提供担保的法律后果。律师代为提出财产保全、先予执行申请，应让申请人提供被申请人的银行账号、有价证券、房地产及其他财产线索。律师也应在可能的情况下主动调查。律师应告知当事人财产保全金额限于诉讼请求中涉及的财产范围或与本案有关的财产范围。

财产保全或者先予执行中被申请人的律师应审核以下事项：

（1）申请人的申请是否错误。

（2）申请人请求财产保全或者先予执行的金额是否超越范围。

（3）申请人是否提供了担保，担保人是否具有担保能力。

财产保全被申请人的律师应询问被申请人是否愿意提供担保并申请人民法院解除保全，被申请人愿意并能提供切实担保的，律师可代其书写解除财产保全申请书并提交人民法院。

财产保全或先予执行被申请人的律师，应询问被申请人是否要求复议，并可根据被申请人的要求代其书写复议申请书。

（四）代理出庭

1. 出庭准备

代理原告的律师，应在被告提交证据的法定期限届满之日起尽早到人民法院阅卷，并根据人民法院的规定，复制或摘抄被告提交的作出行政行为的全部证据、依据，以及其他有关案卷材料。

代理被告的律师，也应在开庭前到人民法院阅卷，并根据法律规定，复制或摘抄原告反驳行政行为的证据以及其他有关案卷材料。

律师可以根据被代理人提供的以及从阅卷中获得的材料，准备法庭调查、质证和辩论提纲。调查、质证和辩论提纲包括事实陈述提纲、举证提纲、质证提纲、发问提纲、辩论提纲和综合陈述提纲。需要通知证人出庭作证的，律师应在开庭前向人民法院提出通知证人出庭作证的申请，并告知证人的姓名、身份、工作单位或住址、联系电话等。在开庭前，律师应向当事人介绍其诉讼权利和诉讼义务，征求当事人对合议庭组成人员是否申请回避的意见。律师接到开庭通知书后应按时出庭，有下列情形之一，不能按时出庭的，应及时与人民法院联系，提交书面申请改期开庭，并提供改期申请的理由或依据：

（1）因不可抗力，律师无法出庭履行职务的。

（2）律师收到两份以上同时开庭的通知书，无法参加后接到通知书的开庭审理活动的。

（3）由于客观原因律师无法按时到达开庭地点的。

律师上述改期开庭的申请未得到人民法院许可的，应及时报告律师事务所，由律师事务所为当事人安排其他能够胜任该案件代理的律师出庭，并通知当事人。

2. 参加法庭调查

律师出庭应遵守法庭规则和法庭秩序，听从法庭指挥。法庭在核对当事人及其代理人身份时，律师有权对对方当事人及其代理人的身份提出异议。法庭宣布案件受理、起诉状副本送达、被告提交证据材料和答辩状等程序性情况后，律师有权对其中不符合法律规定之处提出异议。法庭未宣布上述程序性情况的，律师有权提请法庭当庭宣布。

法庭调查开始后，原告代理律师可代为口头陈述或者宣读起诉状，陈述诉讼请求、事实和理由。根据法庭询问，原告代理律师可代为陈述被诉行政行为和有关行政法律文书送达的时间、申请复议的时间和内容、复议决定的内容和送达的时间、提起诉讼的时间。

被告代理律师应根据法庭的询问，就被告作出的被诉行政行为，分别陈述下列内容：

（1）行政行为的名称、文号、内容、作出的行政机关、作出的时间及有关送达情况。

（2）被告的职权依据。

（3）被告的行政执法程序及依据。

（4）被告所认定的事实。

（5）行政行为所适用的法律。

（6）被告行政执法的目的。

（7）法庭认为与被诉行政行为有关的其他问题或事实。

在法庭调查过程中，律师应认真记录，做好质证、发问的准备，完善庭前准备的各项工作。

在举证过程中，律师应出示证据材料或依据，并说明该证据的名称，证据来源，取证时间、地点，取证人员及用以证明的事实。被告代理律师对开庭前已经提交人民法院的关于作出行政行为的证据材料和依据，应另行复制准备一套，并在法庭调查过程中当庭出示，由法庭传递给对方当事人质证。法庭已经组织过庭前证据交换的，被告代理律师仍应将上述证据原件在法庭调查过程中出示。律师可以就对方当事人及其代理人出示的证据，从真实性、关联性、合法性及与其所要证明的事实关系等方面进行质证。

经法庭许可，律师可以向证人、鉴定人及其他诉讼参与人发问。律师应就与被诉行政行为是否合法以及该行政行为是否侵犯原告或者第三人合法权益有关的问题发问。发问受到法庭制止时，律师应尊重法庭的决定，调整问题内容或者发问方式，或表明发问的必要性和关联性。针对其他当事人或代理人威逼性、诱导性发问，带前提的发问或者与本案无关的发问，律师有权提出反对意见。

在法庭调查及质证过程中才发现的证据疑问，律师可以申请重新鉴定、勘验，要求补充证据，必要时可以申请中止或延期审理。但被告代理律师对被告提供的证据一般不应申请重新鉴定、勘验和要求补充证据。

3. 参与法庭辩论

律师的辩论发言，应围绕被诉行政行为是否合法以及法庭调查中出现的争议焦点进行，从事实、证据、逻辑、法律等不同方面进行分析，阐明观点，陈述理由。律师发表代理意见应重事实，讲法理，有良好的文化修养和风度，尊重对方的人格，不应讽刺、挖苦、谩骂、侮辱、嘲笑对方。在法庭辩论过程中，律师发现案件某些事实未查清的，可以申请恢复法庭调查。在庭审过程中，发现审判程序违法，律师应指出，并要求立即纠正，以维护当事人的诉讼权利。

4. 休庭后的工作

律师应认真阅读法庭笔录，如有遗漏或者差错，建议立即申请法庭予以补正，应按法庭要求及时提交代理词。需要并且可以补充证据的，律师应在法庭指定的期限内提交。

被告代理律师根据庭审的具体情况，可以征求被告是否对被诉行政行为作变更、撤销或部分撤销的意见。被告要求或者愿意对被诉行政行为作变更、撤销或部分撤销的，律师应及时告知法庭，并附上被告变更、撤销或部分撤销被诉行政行为的书面决定或意见。

在人民法院对行政诉讼案件宣告判决或者裁定前，被告作出改变被诉行政行为的书面决定或意见后，原告代理律师应告知原告，并征求原告是否撤诉的意见。原告要求撤诉的，律师可以根据原告的书面请求代其向人民法院申请撤诉。

四、其他程序中的律师代理

（一）二审程序中的律师代理

律师可以根据当事人的请求，代其书写上诉状或答辩状。

没有参加一审诉讼的律师担任二审代理人的，应及时到人民法院查阅案卷，并可要求复制或摘录案卷材料。必要时可与一审律师取得联系，全面了解一审情况。一审律师应予以配合。

律师在查阅一审案卷时，既要审核被诉行政行为是否合法，还要对一审人民法院的审判活动及其作出的判决或裁定从以下几方面进行审核：① 案件是否属于人民法院的受理范围；② 一审人民法院所列当事人是否正确，有无遗漏；③ 一审人民法院的审判程序是否合法；④ 一审认定事实是否清楚、完整，有无前后矛盾；⑤ 一审裁判的证据是否充分、确凿，有无未经质证的证据作为判决或裁定的依据，有无不应当采信的证据被采信了，应采信的却没被采信，证据相互之间有无矛盾；⑥ 一审认定的事实与判决或裁定的结果是否具备必然的逻辑联系；⑦ 一审适用法律、法规是否正确；⑧ 一审判决有无加重对原告的处罚，有无应变更显失公正的行政处罚而未变更，有无应移送刑事处理的而未移送。

律师应根据一审情况，根据法律规定，及时做好证据补充工作，尽量收集支持被代理人主张、反驳对方主张的新证据。当事人对一审人民法院认定的事实有争议的，律师应要求二审人民法院依法开庭审理。二审案件开庭审理的，律师参加庭审的程序与一审相同。另外建议律师做好二审对一审程序进行审查的准备工作。二审案件不开庭审理的，律师应及时提交书面代理词。

对人民法院依法应向有关行政机关发司法建议书而未发的，律师可向二审人民法院提出；人民法院仍未采纳的，律师可向人民法院提交书面的律师意见书。

（二）审判监督程序和再审程序中的律师代理

律师可以根据行政诉讼当事人的委托，代其撰写并向有管辖权的人民法院递交申诉状，但根据《行政诉讼法》第九十条的规定，原判决、裁定不停止执行。申请再审和申诉的范围包括已经生效的判决书、行政赔偿调解书、不予受理和驳回起诉的裁定书。律师代理当事人申请再审和申诉，应让当事人提供尽可能详细的一、二审诉讼情况，提交尽可能完整的证据材料和诉讼文书，必要时可与一、二审代理人取得联系，以便全面掌握案情。

律师查阅有关材料，应着重审核下列内容：① 发现了新的重要证据，使原判决、裁定的基础丧失；② 原判决、裁定认定事实的主要证据不足；③ 原判决、裁定适用法律、法规有错误；④ 原审的审判人员、书记员应回避而未回避的，依法应开庭审理而未经开庭即作出判决的，未经合法传唤当事人而缺席判决的，遗漏必应参加诉讼的当事人的，对与本案有关的诉讼请求未予裁判的，其他违反法定程序可能影响案件正确裁判的情形；⑤ 有足够证据证明行政赔偿调解违反自愿原则或者调解协议的内容违反法律规定。

人民法院审理再审案件，按一审程序进行的，律师从事诉讼代理的规定与一审规定相同；按二审程序进行的，则与二审规定相同。

（三）执行程序中的律师代理

对发生法律效力的行政判决书、行政裁定书、行政赔偿判决书、裁定书和行政赔偿调解书，负有义务的一方当事人拒绝履行的，对方当事人可以委托律师代理申请人民法院强制执行；对上述生效法律文书申请执行，应向一审法院提出。

公民、法人或者其他组织对行政行为在法定期限内不提起诉讼又不履行的，行政机关聘请律师代为申请人民法院强制执行时，律师应审查是否符合以下条件：① 行政行为依法可以由人民法院执行；② 行政行为已经生效并具有可执行内容；③ 申请人是作出该行政行为的行政机关或者法律、法规、规章授权的组织；④ 被申请人是该行政行为所确定的义务人；⑤ 被申请人在行政行为确定的期限内或者行政机关另行指定的期限内未履行义务；⑥ 申请人在法定期限内提出申请。律师代理申请人民法院强制执行非诉行政行为的，应向申请人所在地的基层人民法院提出；执行对象为不动产的，应向不动产所在地的基层人民法院提出。

行政机关根据法律的授权对平等主体之间的民事争议作出裁决后，当事人在法定期限内不起诉又不履行，作出裁决的行政机关在申请执行的期限内未申请人民法院强制执行的，生效行政行为确定的权利人或者其继承人、权利承受人在 90 日内可以委托律师代理申请人民法院强制执行。

律师代理享有权利的当事人依前款规定申请人民法院强制执行的，应向作出该行政行为的行政机关所在地的基层人民法院提出；执行对象为不动产的，应向不动产所在地的基层人民法院提出。

律师代理行政机关申请人民法院强制执行其非诉行政行为的，应提交申请执行书、据以执行的行政法律文书、证明该行政行为合法的材料和被执行人财产状况证明材料及其他人民法院认为必应提交的材料。

行政机关或者行政行为确定的权利人在申请人民法院强制执行前，有充分理由认为被执行人可能逃避执行的，代理律师可以根据委托人的要求代其申请人民法院采取财产保全措施。律师应告知行政机关或行政行为确定的权利人应提供相应的财产担保。

▨ 课后思考题

2001 年 5 月 18 日，杭州市政府发出《关于对市区行政审批的小型客运出租汽车征收经营权有偿使用费的通告》（简称《通告》），决定对杭州市区原行政审批的尚未缴纳经营权有偿使用费的小型客运出租汽车，一次性征收经营权有偿使用费 3 万元，并重新核定使用期限 10 年。

方某燕等 688 名出租车经营户向杭州中级人民法院起诉，要求撤销这一行政决定。经法院审理认为，杭州市政府为维护社会主义计划经济和市场经济两个不同时期投入市区营运的小型客运出租汽车经营户的公平竞争权,依职权作出被诉行为,于法有据,程序合法,遂判决维持杭州市人民政府的行政决定。方某燕等688人不服一审判决,提出上诉。省高级人民法院二审判决驳回上诉,维持原判。

请结合以上案例,回答:

1. 在本案中,( )需要对《通告》的合法性承担证明责任。

A. 方某燕个人　　　　　　　　　　B. 杭州市政府

C. 方某燕等688人　　　　　　　　D. 杭州中级人民法院

2. 该案一审为中级人民法院,下列同样属于一审为中级人民法院的有( )。

A. 复议机关改变原行政行为的案件　　B. 专利行政诉讼案件

C. 海关处理的案件　　　　　　　　D. 国际贸易行政诉讼案件

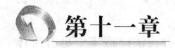

第十一章

法律援助业务

学习目标

　　本章着重介绍律师的法律援助业务。《律师法》第二十八条第三款规定，律师有义务"接受刑事案件犯罪嫌疑人、被告人的委托或者依法接受法律援助机构的指派，担任辩护人，接受自诉案件自诉人、公诉案件被害人或者其近亲属的委托，担任代理人，参加诉讼"。法律援助律师是实施法律援助的重要力量，是法律援助的重要承担者。学习本章要求重点熟悉和掌握法律援助的概念、特征、功能和基本程序等内容。

第一节　法律援助业务概述

　　法律援助制度本质上是一项基本的人权保障制度，旨在保护社会中的弱势力量。提供法律援助不仅是司法救济的重要组成部分，也是律师执业活动中一项重要的工作。它起源于西方，在经历了从最初自发的民间慈善到国家层面的法律保障制度、从个体行为到团体行为、从自力的救济到成熟的公民权利保障、从律师的职业要求到规范的法律制度这样一个过程，并为大多数的国家所接受。法律援助制度在我国起步较晚，不过随着社会经济的不断发展，法律实务的增加也引起了社会各界对法律援助需求的增加。到目前为止，在我国的法律体系中，法律援助工作已成为一个重要的组成部分，而且有了一定的发展成果，在保护公民合法权益与保障人权等方面起着重要的作用。

一、法律援助定义与起源

　　法律援助制度，是国家在司法制度运行的各个环节和各个层次上，对因经济困难及其他因素而难以通过通常意义上的法律救济手段保障自身基本社会权利的社会弱势群体减免费用，提供法律帮助的一项法律保障制度。

　　法律援助制度是国家对于人权的保障，对于弱势群体的保护，这一制度的确立，是经济发展、社会文明和法制完善的必然产物。15世纪末的英国最早出现了法律援助制度的雏形，当时政府承认穷人有免付诉讼费和律师辩护费的权利。由于这个制度对于资本主义的发展具有推动作用，因而在资本主义国家范围内得以传播并发展。

从 20 世纪 50 年代开始，法律援助的一些基本内容在我国有关法律法规中也有所体现。1954 年颁布的第一部《人民法院组织法》在规定被告人代理权时，规定了人民法院认为有必要时，可以为被告人指定辩护人。1956 年司法部发布的《律师收费暂行办法》等文件中，规定了律师免费或减费给予法律帮助的具体案件范围。而在改革开放和社会主义市场经济不断发展的时代，法律援助被制度化了。这也反映了我国社会文明与法制文明的不断进步。

二、法律援助制度的法律特征

法律援助的本质在于保护弱势群体，使得那些在面临诉讼时无力支付律师费用的人也可以保护自己的合法权益不受侵害。对法律援助制度的合理利用，不仅有助于合理配置司法资源，同时还提高了社会成员对社会、经济、法律生活的参与程度。总而言之，法律援助制度是一项重要的制度，不仅是全体公民平等拥有的一项基本权利，也在法律机制的完善，社会管理职能的实现，社会矛盾的缓和等方面发挥着积极的作用。法律援助制度主要有以下几个特征：

1. 法律援助制度是现代法治国家的本质要求

"法律面前人人平等"是深深植根于每一个人脑海中的观念，国家立法保护这一原则，同时国家也有责任和义务实现这一原则。据统计，全球目前有超过 140 个国家或地区建立了法律援助制度，而且法律援助制度的内容和条款均被纳入这些国家或地区的宪法或宪法性文件中，也就是说，与早期、自发的法律援助形式相比，现代型法律援助体现了国家性，是现代法治国家的本质要求。

我国目前仍处于社会主义初级发展阶段，需要依靠市场来调节大量的经济行为，而在特殊或个别阶段国家需要依靠法律服务来进行行政干预和宏观调控，承担这项工作的一般是律师事务所等中介机构。不过部分主体在需要寻求律师帮助时，由于各种原因的存在无力通过市场方式来实现，此时就需要借助非市场的方式，即法律援助制度来寻求帮助。非市场的国家行为方式能够使上述问题得到解决，法律援助问题无法通过市场来解决，必须依靠政府机构，这样，显著的国家行为特征就体现在法律援助制度中。作为一种特殊的法律保障制度，在其产生、发展直至完善的整个过程中，法律援助、国家职能以及法律建设等的关系一直相当紧密，因为使法律援助制度化的任务只有国家有能力承担。

2. 国家和公民是法律援助制度的义务主体和权利主体

法律援助是一项国家义务行为，国家强制力是保证该制度正常运行的坚强后盾，国家以法律的形式对这一制度进行保护。除了将公民应有的这些权利写入法律条文中进行保护以外，国家还有义务帮助其实现这些权利。法律援助制度作为一项国家行为，是不向受援助的当事人收取费用的。而律师在进行相关的诉讼活动时，是按照一定的标准收取费用的。尽管由于律师的个人道义行为，可能会免收或减收部分当事人的费用，但这两者是存在着极大的差别的。尽管进行辩护的是律师本人，律师却不是法律援助制度的义务主体。国家虽然不直接提供法律帮助，却因其有义务保证公民有受到法律援助的权利，而成为法律援助制度的义务主体，而所有社会民众都是法律援助制度的权利主体。

3. 法律援助制度具有福利性

与其他的诉讼代理不同，法律援助制度是不需要被援助的当事人支付报酬的。法律援助制度是无偿为存在经济困难的社会成员提供法律帮助，而并非仅仅提供经济支持，这一制度的本质是一项社会保障措施，是国家行为。正是由于这一特性，决定了必须严格按照法定条件及程序来决定社会成员是否有资格获得法律援助。法律援助制度的福利性，实质上是国家对社会成员合法权益的保护，帮助他们实现应有的权利。随着法律援助制度的不断发展，我国公民享受法律援助的规模和范围也在不断扩大。

4. 法律援助制度具有广泛性

首先，从我国法律援助的受案范围来看，法律援助包括刑事辩护和刑事代理，民事、行政诉讼代理，非诉讼法律事务代理，公证证明，法律咨询、代拟法律文书及其他形式的法律服务。而一些国家的法律援助则仅限于特定的刑事、民事案件的辩护代理及简单的不涉及财产关系的法律咨询。其次，从我国法律援助的对象来看，只要是确因经济困难或有其他特殊情况的公民，以及符合特定条件的外国人，都可以获得法律援助。而许多国家则完全排除了法人和外国人的法律受援权。最后，从法律援助的主体来看，我国法律不仅明确规定提供法律援助是律师的应尽义务，而且还要求公证人员、基层法律服务工作者及其他法律专业人员也应为维护社会弱势群体的法律权益，并提供法律援助。而在一些国家，法律援助被认为仅仅是公设律师的工作和少数具有正义感的私人律师的善举。

5. 法律援助制度具有专业性

法律援助的实施者，是指面向公众直接提供任何形式的法律援助、具体从事法律援助工作的机构和人员。专门的法律援助服务机构的设置，则往往与管理机构的设置相适应。法律援助服务人员是直接办理具体援助案件的法律援助主体，是实现国家法律援助制度社会功能的关键环节。法律援助服务人员素质的高低，直接关系到法律援助能否顺利进行，进而影响整个法律援助制度的社会评价与价值实现。

因此各个国家都对法律援助服务人员从专业素质、个人素质等方面做了要求。在我国，从事法律援助的人员既包括专职法律援助律师、社会执业律师、公证人员、基层法律工作者在内的法律工作人员，也包括社会团体、法律院校的法律援助志愿人员。他们都是受过法律教育的人员，都具有较高的专业素质，可以为法律援助的当事人提供专业的法律服务，更好地维护其合法权益。

三、法律援助的机构及人员

1. 法律援助机构

自 1994 年年初，司法部提出建立法律援助制度后便积极开展试点工作，经过不断摸索和总结，我国已建立起符合我国国情的法律援助机构框架。

在国家一级，建立司法部法律援助中心，统一对全国的法律援助工作实施指导和监督。司法部法律援助中心主要负责对法律援助工作进行业务指导，制定全国性的法律援助规章制度以及制订法律援助的中长期发展计划和年度工作计划，协调全国法律援助工作事宜，开展与国外法律援助团体及人士的交流活动等，同时还可以在非常必要时承办少数重大案件。

在省级地方，建立省（自治区、直辖市）法律援助中心。省级地方不要求与中央的机构设置完全一致，但都应当建立法律援助管理机构，在业务上接受司法部法律援助中心的指导和监督，对所辖区域内的法律援助工作实施指导和协调。同时省级法律援助机构还承担少量实施或组织实施为公民提供法律服务的功能。

在地、市一级地方，建立地区（市）法律援助中心，行使对法律援助工作的管理和组织实施的双重职能。

在具备条件的县、区级地方，建立县（区）级法律援助中心，具体组织实施本地的法律援助工作。不具备条件的地方，由县（区）司法局具体组织实施法律援助工作，直接依托现有的律师事务所、公证处和基层法律服务机构开展工作。

除此之外，在社会生活中还有许多团体如公会、妇联、高等学校的法律系所建立的法律援助组织等，也在我国法律援助制度中起着极其重要的作用。为确保我国法律援助机构体系的不断完善，保证法律援助制度的统一实施以及实施质量，社会团体的法律援助工作应当纳入司法行政机关法律援助机构的统一指导与监督之下。

2. 法律援助人员

法律援助人员是指在法律援助机构中具体履行法律援助职责，直接承办法律援助事项和案件并享有法律援助权利和承担法律援助义务的人。《法律援助条例》中第二十一条规定："法律援助机构可以指派律师事务所安排律师或者安排本机构的工作人员办理法律援助案件；也可以根据其他社会组织的要求，安排其所属人员办理法律援助案件。"亦即说明，在我国，律师事务所的律师、法律援助机构的工作人员以及其他社会组织的所属人员都可以成为法律援助人员。

我国法律援助实施的主体主要有四种：① 法律援助机构的专业人员；② 律师事务所的律师，主要提供诉讼法律援助与非诉讼法律援助；③ 公证机关的公证人员，主要提供公证事项的法律援助；④ 基层法律服务工作者，主要提供法律咨询、代书、普通非诉讼业务事项的帮助等简单的法律援助。其中，律师承担了大部分的法律援助工作。

四、法律援助的功能

法律援助这一制度在构建和谐社会中起着极其重要的作用，它就像一条纽带，连接着每个主体和诉讼程序。它使得平等、公正不再遥不可及，它也让每个人都体会到了法律对于社会公民的平等保护。

1. 实施法律援助有助于保障人权

我国将尊重与保护人权写入《宪法》，说明我国对人权的保障力度大大超过了以往任何时期，而辩护权作为基本人权的一种，也受到了法律给予的强有力的保障。在诉讼中，尤其是刑事诉讼中，与公诉人同为诉讼当事人的普通民众就处于弱势地位。为了防止权利的滥用，为了保障被告人的合法权益不受来自国家机器的侵害，法律援助制度起着极其重要的作用。

2. 法律援助有助于社会的安定与和谐

社会的发展与公民个体的发展都需要一个安定而和谐的环境。而维护社会安定的最优方案是控制社会，将社会生活与生产保持在一个有序高效的状态内，而将社会矛盾控制在一个较少或较容易解决的状态内。在当下，所有社会矛盾都几乎与利益挂钩，而矛盾的解决自然也与利益息息相关。作为一个法律纠纷，利益的体现不仅仅在于诉讼的标的，还在于诉讼的经济成本上。对于弱势群体而言，诉讼成本高使其寻求法律帮助变得遥不可及，法律赋予他们的权利也只是"镜中花""水中月"。因此，如果一旦诉讼的成本降低，这些弱势群体的利益就能得到保护，社会矛盾也就变得易于解决，社会的安定与和谐也就得以实现。

3. 法律援助有助于实现公平与正义

法治应该是人道的，它应更多地将关注投向需要它的弱者。法律援助制度的建立就是要使每个公民都有权依法享有法律赋予的权利。法律也是正义的，它应对所有人都一视同仁，然而每个公民的受教育程度不同、所处的环境不同，以及社会财富的差异，造成了实际获得法律保护机会的不均等和实际享有权利的差别。法律援助制度可以消除其享有权利的差别，使弱势群体也能平等地行使诉讼权，进入诉讼程序，维护自己的合法权益。法律援助通过法律的正义来实现社会的正义，通过法律的公平来实现人权的平等。

以下，我们来看一则律师提供法律援助的实例：

2013年9月，孙某骑自行车由北向南行驶，李某驾驶某局通信段的小客车由东向西行驶，小客车前部与自行车左侧接触，造成两车损坏，孙某受伤。经公安机关交通管理部门做出道路交通事故认定书认定小客车司机李某负全责。事故发生后孙某先后到两家医院进行治疗，被诊断为左股骨近端粉碎性骨折、左腓骨骨折、左下肢深静脉血栓。孙某治疗终结后因家庭经济困难，向密云县法律援助中心申请了法律援助，中心经审查批准后指派北京市某律师事务所律师史某为孙某提供法律援助。

史律师根据孙某提供的案件情况，立即着手对被告单位进行的细致调查，向车管所调取肇事车辆和驾驶人信息，并查明李某驾驶的小客车在某保险公司投保了"交强险"和20万元不计免赔的商业三者险，事故发生在保险期间内。史律师根据孙某提供的医院诊断证明、病历、医院出具的病假证明和营养费证明、孙某家庭户口本、孙某父母身份信息等证明，为孙某写了起诉书，将某局通信段和某保险公司列为被告向密云县人民法院提起诉讼，要求赔偿人身及财产损失，同时申请对孙某的身体伤残程度及误工期、营养期、护理期进行司法鉴定。

在密云县人民法院开庭审理中，史律师针对案件争议的焦点，某保险公司提出不同意支付误工费、原告转院的费用、医疗左下肢深静脉血栓费用的意见进行了反驳。通过史律师的辩法析理、据理力争，以及强有力的辩论意见，给被告方大力的反击，最后三项要求都得到法院不同程度的支持，最大程度地维护了孙某的合法权益。

五、律师法律援助资金及相关费用

尽管律师在进行法律援助时不收取受援人的费用，但是不可以避免地会有相关费用开销，涉及法律援助资金来源的问题。我国目前还无法做到全面由政府承担这部分费用，按照惯例，我国律师法律援助资金的来源，主要有三种：① 政府财政拨款；② 律师事务所业务收费中提取的一定比例；③ 社会捐助。

律师在提供法律援助过程中所需的费用归纳起来一般包括差旅费、文印费、交通费、通信费、调查取证费等。这些都是律师在办案过程中必要的开支，费用的最终支付一般有几种情况：

（1）受援人列入诉讼请求的，人民法院可根据具体情况判费用由非受援的败诉方承担。

（2）法律援助机构做出法律援助决定后，受援人可以据此向有管辖权的人民法院提出缓、减、免交诉讼费的书面申请，并附符合法律援助条件的有效证明材料。人民法院对于法律援助机构经审查认为符合法律援助条件的，应当先行对受援人做出缓收案件受理费及其他诉讼费的决定，待案件审结后再根据案件的具体情况决定诉讼费的支付。

（3）经人民法院调解达成协议的案件，诉讼费用由诉讼双方协商解决，协商不成的，由人民法院根据诉讼双方的具体情况作出决定。

第二节　法律援助的范围与对象

一、申请法律援助的范围

我国尚无有关法律援助的统一法典，目前对法律援助事宜进行规范的最主要是2003年国务院出台并施行的《法律援助条例》，此外，有关法律援助的规定还散见于《刑事诉讼法》《律师法》等条文，以及"两高"（最高人民法院、最高人民检察院）和司法部的相关规定、通知中，如《司法部关于贯彻落实〈法律援助条例〉促进和规范法律援助工作的意见》（2003 年），《律师和基层法律服务工作者开展法律援助工作暂行管理办法》（司法部，2004 年），《办理法律援助案件程序规定》（司法部，2012 年），《关于刑事诉讼法律援助工作的规定》（最高人民法院、最高人民检察院、公安部、司法部，2013 年），《最高人民法院、司法部关于加强国家赔偿法律援助工作的意见》（2014 年），等等。

《法律援助条例》对申请法律援助的范围与申请法律援助的对象都作了比较详尽的规定。

（一）可以申请法律援助的情形

根据《法律援助条例》第十条第一款的规定，公民对下列需要代理的事项，因经济困难没有委托代理人的，可以向法律援助机构申请法律援助：① 依法请求国家赔偿的；② 请求给予社会保险待遇或者最低生活保障待遇的；③ 请求发给抚恤金、救济金的；④ 请求给付赡养费、抚养费、扶养费的；⑤ 请求支付劳动报酬的；⑥ 主张因见义勇为行为产生的民事权益的。上述六种情形主要是针对民事诉讼和行政诉讼中的法律援助。该条同时还赋予了省、自治区、直辖市人民政府可以对前款规定的六种情形以外的法律援助事项作出补充规定的权力；公民也可以就第一款、第二款规定的事项向法律援助机构申请法律咨询。

《法律援助条例》又在第十一条中规定了在刑事诉讼中可以向法律援助机构申请法律援助的情形，具体包括：① 犯罪嫌疑人在被侦查机关第一次讯问后或者采取强制措施之日起，因经济困难没有聘请律师的；② 公诉案件中的被害人及其法定代理人或者近亲属，自案件移送审查起诉之日起，因经济困难没有委托诉讼代理人的；③ 自诉案件的自诉人及其法定代理人，自案件被人民法院受理之日起，因经济困难没有委托诉讼代理人的。

在可以申请提供法律援助的情况下，法律援助的启动方式是依申请启动的。启动的前提是当事人因经济困难没有聘请律师或委托诉讼代理人。

不过，近年来，已呈现出经济困难并非申请法律援助的必备要件的趋势。例如，2013 年"两高""两部"（公安部、司法部）联合颁布的《关于刑事诉讼法律援助工作的规定》第二条第二款就并未强调"因经济困难"，而是规定具有下列情形之一，犯罪嫌疑人、被告人没有委托辩护人的，可以依照前款规定申请法律援助：① 有证据证明犯罪嫌疑人、被告人属于一级或者二级智力残疾的；② 共同犯罪案件中，其他犯罪嫌疑人、被告人已委托辩护人的；③ 人民检察院抗诉的；④ 案件具有重大社会影响的。

（二）应当提供法律援助的情形

《法律援助条例》第十二条对人民法院指定法律援助的情形作了规定："公诉人出庭公诉的案件，被告人因经济困难或者其他原因没有委托辩护人，人民法院为被告人指定辩护时，法律援助机构应当提供法律援助。被告人是盲、聋、哑人或者未成年人而没有委托辩护人的，或者被告人可能被判处死刑而没有委托辩护人的，人民法院为被告人指定辩护时，法律援助机构应当提供法律援助，无须对被告人进行经济状况的审查。"

而在 2013 年开始实施的新《刑事诉讼法》中第三十四条对此作出了新的规定：犯罪嫌

疑人、被告人因经济困难或者其他原因没有委托辩护人的，本人及其近亲属可以向法律援助机构提出申请。对符合法律援助条件的，法律援助机构应当指派律师为其提供辩护。犯罪嫌疑人、被告人是盲、聋、哑人，或者是尚未完全丧失辨认或者控制自己行为能力的精神病人，没有委托辩护人的，人民法院、人民检察院和公安机关应当通知法律援助机构指派律师为其提供辩护。犯罪嫌疑人、被告人可能被判处无期徒刑、死刑，没有委托辩护人的，人民法院、人民检察院和公安机关应当通知法律援助机构指派律师为其提供辩护。

可见，《刑事诉讼法》已经将提供法律援助辩护的前提规定为犯罪嫌疑人、被告人未委托辩护人，一旦符合条件，就应当为当事人提供法律援助，而不对其经济状况进行审查。此外，法律援助服务的对象也由"被告人"变为"犯罪嫌疑人、被告人"，提供法律援助的诉讼阶段由审判阶段扩大到侦查、审查起诉和诉讼阶段。

（三）非诉讼法律援助

非诉讼法律援助业务也是法律援助业务的重要组成部分，其是与诉讼法律援助相对而言的，是指法律援助人员对于受援人申请的无争议的法律事务及已经发生争议的法律事务通过诉讼以外的途径解决的援助服务，如代写法律文书等。随着法律援助的发展，非诉讼法律援助范围呈扩大的趋势，非诉讼法律援助范围的扩大有利于预防诉讼纠纷的发生，有利于维护社会的安定。非诉讼法律援助主要包括代写法律文书、法律咨询、参加调解、帮助调查等。

（四）可以优先获得法律援助的情形

在申请法律援助的服务对象中，有下列情形之一的，可以优先获得法律援助：

（1）持有民政部门颁发的伤残军人证、抚恤优待金领取登记证或其他有效救济证明的。

（2）追索赡养费、抚养费、扶养费、劳动报酬及抚恤金的。

（3）申请人是残疾人、老年人、妇女和儿童的。

（五）不予法律援助的情形

目前我国并未严格规定不予法律援助的情形，不予援助的情形包括但不仅限于以下几种：① 因申请人的过错侵犯他人的合法权益而引起的民事诉讼或刑事自诉案件；② 申请人提供不出涉讼案件的有关证据而且无法调查取证的案件；③ 其他经主管机关批准，法律援助中心对外声明不予受理的案件；④ 因申请人过错而引起的行政诉讼案件；⑤ 可由行政机关处理而不需通过诉讼程序的事务；⑥ 申请人出具虚假证明骗取法律援助的；⑦ 诉讼标的不足一定金额的债权债务纠纷；⑧ 其他不予法律援助的情况。

申请人如果对法律援助中心作出的不予提供法律援助的决定有异议的，可以在收到不予援助通知书之日起 5 日内，向原法律援助中心提出书面申请，要求重新审查一次；也可以向该法律援助中心的主管司法行政机关申请重新审议一次。

法律援助中心或其主管司法行政机关应当在收到重新审查（审议）申请之日起 15 日内作出重新审查（审议）决定（以不影响申请人的诉讼时效为前提，下同），并书面通知申请人。在特殊情况下，法律援助中心、司法行政机关可以适当延长重新审查或重新审议的时间，但延长的时间最多不能再超过 15 日。

（六）终止法律援助的情形

根据《法律援助条例》第二十三条的规定，办理法律援助案件的人员遇有下列情形之一的，应当向法律援助机构报告，法律援助机构经审查核实的，应当终止该项法律援助：① 受援人的经济收入状况发生变化，不再符合法律援助条件的；② 案件终止审理或者已被撤销的；③ 受援人又自行委托律师或者其他代理人的；④ 受援人要求终止法律援助的。

值得一提的是，中共中央办公厅、国务院办公厅 2015 年 6 月联合发布了《关于完善法律援助制度的意见》（以下简称《意见》），其中明确提出法律援助的范围将逐步扩大。从民事、行政法律援助的覆盖面来说，《意见》要求各省（自治区、直辖市）要在《法律援助条例》规定的经济困难公民请求国家赔偿，给予社会保险待遇或者最低生活保障待遇，发给抚恤金、救济金，给付赡养费、抚养费、扶养费，支付劳动报酬等法律援助范围的基础上，逐步将涉及劳动保障、婚姻家庭、食品药品、教育医疗等与民生紧密相关的事项纳入法律援助补充事项范围，帮助困难群众运用法律手段解决基本生产生活方面的问题。探索建立法律援助参与申诉案件代理制度，开展试点，逐步将不服司法机关生效的民事和行政裁判、决定，聘不起律师的申诉人纳入法律援助范围。

二、法律援助的对象

法律援助对象是指具备法定条件或资格、可以申请并获得法律援助的人。一般来看，各国对法律援助对象的限定多为本国公民，并不包括法人或其他组织。外国人如要获得法律援助，须受到更为严格的条件和范围的限定。我国《法律援助条例》第二条规定："符合本条例规定的公民，可以依照本条例获得法律咨询、代理、刑事辩护等无偿法律服务。"可见，我国法律援助对象以"公民"作为限制条件。不过，要真正成为法律援助的对象，还需要符合如下三个条件：

（1）有充分理由证明自己为保障自己的合法权益需要帮助，或者确因经济困难，无能力或无完全能力支付法律服务费用的我国公民。

（2）盲、聋、哑和未成年人为刑事被告人或者犯罪嫌疑人，没有委托辩护律师的，应当获得法律援助。可能被判处死刑的刑事被告人没有委托辩护人的，应当获得法律援助。其他残疾人、老年人为刑事被告人或者犯罪嫌疑人，因经济困难没有能力聘请辩护律师的，可以获得法律援助。

（3）刑事案件中外国被告人或无国籍被告人没有委托辩护人的，人民法院为其指定律师辩护的，可以获得法律援助。

第三节　律师法律援助工作

一、律师在法律援助中的义务与权利

律师虽然在从事法律援助工作中并未向受援人收取费用，但这并不代表律师在从事法律援助的过程中不需要对受援人承担责任。律师在法律援助中的义务与权利主要体现如下：

（1）律师不得无故推脱，应当接受法律援助机构的指派承办无偿法律事项。

（2）律师接受指派后，不得疏于履行其职责，无正当理由不得拒绝、延迟或者终止承办的法律援助事项。

（3）律师拒不履行法律援助义务，或者疏于履行法律援助义务导致受援人遭受重大损失的，法律援助机构可以建议有关司法机关不予年审注册或给予相应惩罚。

（4）受援人不遵守法律规定以及不按法律援助协议的规定予以必要合作，经法律援助机构批准，承办律师可以拒绝或者终止提供法律援助。

二、法律援助启动的申请与审查

1. 法律援助申请的提出

（1）请求国家赔偿的，向赔偿义务机关所在地的法律援助机构提出申请。

（2）请求给予社会保险待遇、最低生活保障待遇或者请求发给抚恤金、救济金的，向提供社会保险待遇、最低生活保障待遇或者发给抚恤金、救济金的义务机关所在地的法律援助机构提出申请。

（3）请求给付赡养费、抚养费、扶养费的，向给付赡养费、抚养费、扶养费的义务人住所地的法律援助机构提出申请。

（4）请求支付劳动报酬的，向支付劳动报酬的义务人住所地的法律援助机构提出申请。

（5）主张因见义勇为行为产生的民事权益的，向被请求人住所地的法律援助机构提出申请。

申请法律援助的，应当向审理案件的人民法院所在地的法律援助机构提出申请。被羁押的犯罪嫌疑人的申请由看守所在24小时内转交法律援助机构，申请法律援助所需提交的有关证件、证明材料由看守所通知申请人的法定代理人或者近亲属协助提供。

申请人为无民事行为能力人或者限制民事行为能力人的，由其法定代理人代为提出申请。无民事行为能力人或者限制民事行为能力人与其法定代理人之间民事诉讼或者因其他利益纠纷需要法律援助的，由与该争议事项无利害关系的其他法定代理人代为提出申请。

《法律援助条例》第十七条的规定，申请应当采用书面形式，填写申请表；以书面形式提出申请确有困难的，可以口头申请，由法律援助机构工作人员或者代为转交申请的有关机

构工作人员作书面记录。申请代理、刑事辩护的法律援助应当提交下列证件、证明材料：① 身份证或者其他有效的身份证明，代理申请人还应当提交有代理权的证明；② 经济困难的证明；③ 与所申请法律援助事项有关的案件材料。

2. 法律援助机构对申请的审查

因为法律援助具有福利性及帮助弱者的特性，因此法律援助机构在对受援人的选择上，需要进行一定的审查，主要审查的内容有：

（1）申请是否符合法律援助申请管辖的规定。

（2）申请人是否符合一般受援对象的经济条件的有关规定，或者是否属于法律援助的特殊对象。

（3）所申请的援助事项是否具有合法性。

根据《法律援助条例》第十八条的规定，相关法律援助机构对公民提出的法律援助申请进行审查，对于符合法律援助条件的，做出同意援助的决定。如果法律援助机构认为申请人提供的材料不完备或有疑义的，应通知申请人做必要的补充或向有关单位或个人索取有关证明材料，并可视情况进行调查。申请人未按要求作出补充或者说明的，视为撤销申请；认为申请人提交的证件、证明材料需要查证的，由法律援助机构向有关机关、单位查证。

在法律援助机构审查申请的过程中，法律援助机构中负责审查和批准接受援助申请的工作人员有下列情况之一的应当回避：① 是援助事项的申请人或申请人的近亲属；② 是与申请事项有直接利害关系的人。

3. 法律援助机构对是否给予援助的决定

根据 2013 年"两高""两部"联合颁布的《关于刑事诉讼法律援助工作的规定》第八条："法律援助机构收到申请后应当及时进行审查并于 7 日内作出决定。对符合法律援助条件的，应当决定给予法律援助，并制作给予法律援助决定书；对不符合法律援助条件的，应当决定不予法律援助，制作不予法律援助决定书。"

对符合条件的，应作出同意进行法律援助的书面决定，并立即指定承办法律援助业务的法律服务机构，通过该机构指派法律援助承办人员。将同意提供法律援助的决定书及具体承办事项的法律服务机构和人员转交与通知受援人，由法律援助承办人员与法律援助机构、受援人三方签订法律援助协议，明确规定各方面的权利与义务。

对不符合条件的，做不予援助的书面决定，并告知申请人理由。申请人如果对法律援助中心作出的不予提供法律援助的决定有异议的，可以向管辖该法律援助机构的主管司法行政机关提出，司法行政机关应当在收到异议之日起 5 个工作日内进行审查，经审查认为申请人符合法律援助条件的，应当以书面形式责令法律援助机构及时对该申请人提供法律援助。

申请人确有紧急情况的，法律援助机构可以立即决定给予其法律援助；法律服务机构也可先行提供法律援助，之后报法律援助机构核准。

第四节 法律援助的实施与法律责任

一、法律援助的实施

根据《法律援助条例》第二十条的规定，由人民法院指定辩护的案件，人民法院在开庭 10 日前将指定辩护通知书和起诉书副本或者判决书副本送交其所在地的法律援助机构；人民法院不在其所在地审判的，可以将指定辩护通知书和起诉书副本或者判决书副本送交审判地的法律援助机构。同时，人民法院书面告知被告人符合法律援助条件的情况或经济困难的证明材料。

法律援助机构接到通知后，对被告人是盲、聋、哑和未成年人，或者可能判处死刑的辩护案件，应当在 3 日内通过律师事务所指派律师提供辩护。对刑事被告人符合当地政府规定的经济困难标准，人民法院认为需要指定律师为其提供辩护的刑事案件，法律援助机构或者司法行政机关应于收到指定辩护的通知书 3 日内作出决定，对符合条件的给予法律援助，并通知有关人民法院。

对人民法院根据案情认为确需律师辩护、符合下列条件的刑事被告人，法律援助机构或者司法行政机关应于接受人民法院指定辩护 3 日内，指派承担法律援助义务的律师提供辩护：① 本人确无经济来源，家庭经济情况无法查明的；② 本人确无经济来源，其家属经多次劝说仍不愿为其承担辩护律师费用的；③ 共同犯罪案件中，其他被告已委托辩护人，而该被告人未委托辩护人的；④ 外国籍被告人没有委托辩护人的；⑤ 案件有重大社会影响的；⑥ 人民法院认为起诉意见和移送的案件证据材料有问题，有可能影响正确量刑的；等等。

二、法律援助的法律责任

法律援助机构及其工作人员的工作是为保障社会民众的合法权益，保持社会的安定与和谐。法律援助律师作为援助工作的主力军，同时也是受过法律教育的专业人士，应当按照《律师法》与《法律援助条例》的要求履行法律援助义务，无偿为受援人提供符合标准的法律服务，依法维护受援人的合法权益，接受律师协会和司法行政机关的监督。

《法律援助条例》中规定了法律援助机构及其工作人员的法律责任。其中第二十六条规定，法律援助机构及其工作人员有下列情形之一的，对直接负责的主管人员以及其他直接责任人员依法给予纪律处分：① 为不符合法律援助条件的人员提供法律援助，或者拒绝为符合法律援助条件的人员提供法律援助的；② 办理法律援助案件收取财物的；③ 从事有偿法律服务的；④ 侵占、私分、挪用法律援助经费的。法律援助最为明显的特点即是无偿地为受援人提供服务，因此对所有收取受援人财物或从事有偿服务的人，都应当给予处分。也正因为法律援助的无偿性与福利性，才要求对申请法律援助的受援人进行审核，将帮助留给那些有迫切需要的人。同时，条例中还规定：办理法律援助案件收取的财物，由司法行政机关责令退还；从事有偿法律服务的违法所得，由司法行政机关予以没收；侵占、私分、挪用法律援助经费的，由司法行政机关责令追回，情节严重，构成犯罪的，依法追究刑事责任。

《法律援助条例》第二十七条规定了律师事务所的法律责任如下：律师事务所拒绝法律援助机构的指派，不安排本所律师办理法律援助案件的，由司法行政部门给予警告、责令改正；情节严重的，给予1个月以上3个月以下停业整顿的处罚。

法律援助律师作为援助工作的主力军，同时也是受过法律教育的专业人士，应当按照《律师法》与《法律援助条例》的要求履行法律援助义务，无偿为受援人提供符合标准的法律服务，依法维护受援人的合法权益，接受律师协会和司法行政机关的监督。《法律援助条例》第二十八条规定了律师的法律责任，律师有下列情形之一的，由司法行政机关给予警告、责令改正；情节严重的，给予1个月以上3个月以下停止执业的处罚：① 无正当理由拒绝接受、擅自终止法律援助案件的；② 办理法律援助案件收取财物的。有前款第② 项违法行为的，由司法行政机关责令退还违法所得的财物，可以并处所收财物价值1倍以上3倍以下的罚款。

▓ 课后思考题 ▓

殷某某现年8岁。2005年2月26日，殷某某因颈部长了一个肿块，父母带他来到了本地区有名的医院——A医院治疗。该院的医生在对殷某某的病情诊断后，为其做了甲状舌管囊肿切除术。但手术后出院不久，殷某某便出现全身浮肿、怕冷、乏力等明显症状，其父母遂带殷某某到B医院进行检查。经检查后得知，殷某某的甲状腺被完全切除，致使殷某某甲状腺永久性缺失。此后，他们多次来到A医院讨说法，但遭到院方拒绝。无奈之下，他们想到法院起诉，讨个公道。但经过咨询后，他们对高额的诉讼费用和律师代理费犯了愁。殷某某的父母均是油棉厂的下岗职工，家庭生活十分困难。

走投无路之下，殷某某父亲听说法律援助中心能帮助他们免费打官司，于是抱着试试看的心理，来到县法律援助中心。县法律援助中心热情地接待了他。了解到他的情况后，在按规定审查了他的相关材料后县法律援助中心决定给予其法律援助，并很快办妥了相关手续，指派C律师事务所承办该案。C律师事务所的两位律师多次到殷某某家中了解情况，针对殷某某的家庭困难情况，两位律师主动与法院进行沟通协调，使人民法院为殷某某缓免了诉讼费用，使案件得以顺利立案。

结合以上案例，请回答：

1. 殷某某年龄尚小，为无民事行为能力人，则（　　　　）可以代为提出法律援助申请。

A. 律师事务所　　　　　　　　　　　　　B. 律师

C. 其法定代理人　　　　　　　　　D. 法院

2. 县法律援助中心工作人员有下列情况之一的，应当回避（　　　）。

A. 是援助事项的申请人或申请人的近亲属　B. 是与申请事项有直接利害关系的人

C. 是对援助事项了解较少的人　　　　D. 是对援助事项缺乏相关经验的人

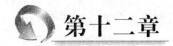

第十二章

法律顾问实务

● **学习目标** ●

　　法律顾问是律师执业过程中必然涉及的实务，也是我国律师法赋予律师的一项重要业务。了解法律顾问的基本职责，熟悉法律顾问工作的基本流程，掌握企业法律顾问与政府法律顾问工作的不同特点及各自的职责范围，是本章的主要学习内容。希望学习者通过学习本章内容，对法律顾问实务的基本概念有所了解，同时，着重掌握作为企业法律顾问和政府法律顾问两种不同实务的具体工作内容和工作方法，并注意运用所学知识进行实务操作练习。

第一节　法律顾问概述

一、法律顾问的定义

　　法律顾问是指依法接受公民、法人或者其他组织的聘请，以自己的专业知识和技能为聘请方提供法律服务的专业性活动人员。法律顾问有广义与狭义之分，广义的法律顾问指为聘请方提供法律服务的人员，它既包括律师和取得法律顾问资格的人员，也包括具有专业知识的其他人员，如法律研究人员、教学人员等。而狭义的法律顾问，仅指接受聘请，为聘请方提供法律服务的律师。

二、法律顾问的特征

1. 身份双重性

　　受聘于自然人、法人和其他组织的社会律师既是隶属于律师事务所的职业律师，又是作为受聘人的代理人处理法律事务的专业人员。一方面，要接受律师事务所的管理和监督，受到律师行为规范、律师职业道德与律师职业纪律的约束；另一方面，要依照法律顾问聘任合同的规定，积极履行自己的职责，遵守合同约定的义务，为聘请方做好法律服务。

2. 法律地位的独立性与平等性

法律顾问作为法律职业人，以自己的法律知识依法独立地执行职务，其职业行为受法律保护，任何单位和个人不得非法干涉。律师担任法律顾问，只忠实于事实和法律，依法保护聘请方的合法权益，不受聘请方的意志左右。对于聘请方的无理要求和违法行为，应予以说服、劝阻或者纠正，以维护法律的严肃性。特别是担任政府部门的法律顾问时，律师的工作不同于行政事务工作，政府不能用行政命令干涉法律顾问的活动。律师事务所与聘请方之间的关系是平等的民事合同关系，对于具体提供法律服务的律师而言，其与聘请方也不存在隶属关系，律师不是聘请方的职员。这与具有公务员身份的公职律师与政府机关的关系有所区别。

3. 服务内容和对象的广泛性

法律顾问是一项综合性法律服务工作，服务范围十分广泛。从服务的内容看，法律顾问工作包括各种法律事务，凡涉及法律的各项事务都可以作为法律顾问的服务内容。依照《律师法》的规定，法律顾问的服务内容包括为聘请方就有关法律问题提供意见，草拟、审查法律文书，代理参加诉讼、调解或者仲裁互动，办理聘请方委托的其他法律事务。从服务的对象看，接受服务的主体包括国家机关、企事业单位、社会团体、公民个人和家庭等，凡是有法律服务需求的单位和个人都可以是法律顾问的服务对象。

三、法律顾问的分类

（一）根据服务对象分类

1. 企业法律顾问

企业法律顾问是最常见、最主要的一种法律顾问形式。企业是市场最活跃的主体，在企业的生产经营的过程中，除了面临市场风险外，还可能遭遇大量的法律风险。为了维护交易市场的安全，也为了实现企业利益的最大化，大多数企业都会聘请法律顾问为自己解决一些法律上的事务。一名优秀的法律顾问可以为企业带来很多利益，他不仅可以处理相关诉讼，还可以为企业处理出具法律意见书等非诉讼业务，为企业的发展提出合理的建议，为企业制度的完善提出合理的建议。

2. 政府法律顾问

在依法行政的时代，各级政府及其行政管理部门纷纷建立政府法律顾问制度，政府法律顾问为政府重大决策及在经济活动中提供法律意见和建议，参与国家和地方立法草案的咨询论证工作，充分发挥咨询、顾问和参谋作用，成为各级政府运用法律手段管理经济和社会事务的生力军。

3. 事业单位和社会团体法律顾问

医疗、文化、科技、教育等事业单位以及工会、妇联等社会团体聘请法律顾问，可帮助其建立制度，实行法制化管理。同时也可在利益受到侵害之时，运用法律手段保护自己的合法权益。法律顾问也可以帮助事业单位及社会团体的成员提高法律意识，预防和化解法律风险。

4. 私人法律顾问

私人法律顾问在我国并不常见，但随着社会的发展，人们之间交往的增多以及民众法制意识的增强，私人法律顾问也会慢慢增多。

（二）按法律顾问服务时间分类

1. 常年法律顾问

常年法律顾问是指律师依照合同的规定，在一个较长的时间内担任聘请方法律顾问的形式。其特点是业务范围广，服务时间长，一般合同期限在一年以上的法律顾问为常年法律顾问。合同期满，经双方协商，可以延长或重新签订协议。

2. 临时法律顾问

临时法律顾问是指聘请方就某一项或者某一类具体法律事项，聘请律师从事顾问工作。其特点是业务明确，服务时间不确定，当这一特定事项完成，合同即终止。

（三）按工作范围分类

1. 有特定范围的法律顾问

有特定范围的法律顾问是指依据聘任合同或协议约定，顾问律师只为聘请方就业务上的某一项或某几项工作提供法律服务。如只草拟、审查某一种或几种经济合同等。

2. 无特定范围的法律顾问

无特定范围的法律顾问是指在聘任合同或协议中对顾问律师的服务范围不作具体规定，而要求顾问律师为聘请方提供全方位的法律服务。

第二节　法律顾问的工作原则、方式和制度

一、法律顾问的工作原则

律师担任法律顾问的工作原则，是律师在担任法律顾问的过程中必须严格遵守的基本准则和根本性要求。首先应遵守《律师法》规定的职业原则，维护当事人的合法权益，维护法律的正确实施，维护社会的公平和正义；必须遵守宪法和法律规定，恪守律师职业道德和执业纪律。必须以事实为根据，以法律为准绳；应当接受国家、社会和当事人的监督；依法执业受法律保护，任何组织和个人不得侵害律师的合法权益；还需要接受司法行政机关、律师事务所与律师协会的监督与指导。

除此之外，为向聘请方提供更好、更优、更专业的服务，法律顾问还应遵守以下工作原则：

1. 地位平等原则

律师接受聘请方聘请，为其提供法律服务，双方的法律地位是平等的。因此应当互相尊重，互相信任，平等待人。法律顾问绝不可颐指气使，随意对企业业务进行干涉，也不可将

自己的法律意见与建议强加给对方。应当征求聘请方的意见，在其同意或授权的情况下，在自己的职责范围内完成法律服务。聘请方也应当尊重法律顾问，不可一意孤行，应主动、及时听取并采纳法律顾问的法律意见与合理化建议。

2. 预防为主原则

律师在担任法律顾问时，应当树立以预防为主，诉讼为辅的服务意识，尽量消除纠纷隐患，避免可能的失误。律师应将自己的服务重点放在聘请方的制度建设上，帮助聘请方提高法律意识，预防法律风险，防患于未然，减少不必要的纠纷。

3. 指导为主原则

律师在担任法律顾问时，应当时刻牢记自己的身份：法律顾问只是法律参谋，不是聘请方的决策者，也不是其办事员。法律顾问不可能在面对聘请方的法律问题时做到面面俱到，事事亲为。应当抓住聘请方的特征和主要法律需求，并在提供法律服务的过程中向聘请方传授处理方法。须知应授人以渔，而非授人以鱼。

二、法律顾问的工作方式

律师在担任法律顾问工作，为聘请方提供法律服务的过程中，不仅需要秉持一定的原则，也需要掌握一套方法、方式。根据聘请方业务需要的不同，法律顾问的工作方式主要有以下几种：

（1）专职式。聘请方法律事务繁多，由法律顾问常驻单位提供法律服务。

（2）定时式。法律顾问每周定时到聘方处理日常法律事务。这一方式适用于法律事务较多的大中型企业、事业单位。

（3）会晤式。法律顾问定期或不定期与聘请方会晤，交流情况，沟通信息，及时为聘请方提供法律帮助。这一方式适用于聘请方法律事务较少的单位。

（4）临时约请式。法律顾问不定时上岗，根据聘请方的要求，随请随到，随时向其提供法律服务。这一方式适用于法律事务较少的小型企业以及一般的事业单位、社会团体和公民。因为聘请方与法律顾问都不受固定时间的约束，较为灵活，因此也是一种经常被采用的方式。

三、法律顾问的工作制度

律师在进行法律顾问工作时，常常会遇到各种不同的情况，甚至是闻所未闻、见所未见的情况。加之在实务中，因聘请方的情况各有不同，相关问题的复杂程度也有所区别。因此为了提高法律顾问的服务质量，避免给聘请方带来不必要的损失，建立法律顾问工作制度也是非常必要的。

1. 建立工作日志制度

法律顾问开始工作时，应对自己处理的法律事务进行记载。如就哪些问题提供了怎样的法律意见，参与了哪些项目的谈判以及谈判的最终结果，等等。形成制度，便于总结。

2. 建立汇报制度

对重大决策，涉及面较广、影响较大或者性质较严重的问题，法律顾问在提出具体法律意见之前，不能擅自做主，应当及时向律师事务所请示汇报，以避免差错。

3. 建立集体讨论制度

集体讨论制度有两种，一种是在律师事务所内部进行的集体讨论，另一种是与聘请方进行的讨论。集体讨论可以开发思路，集思广益，形成统一的认识。尤其是涉及专业性的问题，律师应向聘请方中的专业人士请教之后才能根据具体情况做出最合理的建议。

4. 建立与聘请方业务联系制度

法律顾问应定期与聘请方进行业务联系，将在提供法律服务期间发现的问题以及相应的解决措施和建议都向聘请方进行汇报。通过业务联系，使双方合作更为紧密。法律顾问与聘请方还应就业务联系的具体时间以及具体联系人协商一致。

5. 建立资料的汇集、整理制度

资料包括相关法律、法规、政策、司法解释等文件，以及与本公司业务相关的资料。对这些资料的汇集和整理，有助于形成一个系统的专题，有助于法律顾问系统地分析与研究。

6. 建立档案制度

法律顾问对于每个聘请方都应建立一份档案，留存与该聘请方法律事务有关的材料、资料和记录，借以对工作进行总结。

7. 建立总结制度

法律顾问应对本年内的法律顾问工作，进行一次较为系统的总结，总结存在的问题，分析今后开展工作的设想。对重大问题，应进行专题总结，分别交律师事务所和聘请方存档备查。

第三节　法律顾问的聘请

根据我国现行法律法规及规范性文件的有关规定，聘请方聘请律师担任法律顾问，无论是政府机关、企事业单位、社会团体与公民个人，通常都是在双方协商一致的基础上，通过签订书面聘任合同方式进行的。

一、发聘

发聘是指聘请方向受聘方发出聘请法律顾问的邀请。聘请方一般包括政府机关、企事业单位、社会团体与公民个人，而受聘方只能是律师事务所。这是聘请方希望律师事务所指派律师为其担任法律顾问的意思表示或请求。聘请方可直接向律师事务所发出聘请的邀请，也可以通过司法行政机关或者律师协会向律师事务所发出邀请。必要时，司法行政机关或者律师协会也可以向政府机关、企事业单位、社会团体或者公民个人提出建议，希望其聘请法律顾问。

二、应聘

应聘是指律师事务所接到聘请方的邀请之后，或者是政府机关、企事业单位、社会团体与公民个人接到司法行政机关、律师协会与律师事务所的建议，决定聘请法律顾问，并向律师事务所发出邀请之后，律师事务所经过对聘请方的调查，做出同意指派律师为其担任法律顾问的意思表示。这个意思表示既可以是书面的，也可以是口头的。

律师事务所受聘指派律师担任法律顾问前，应对聘请方的资信进行初步调查。调查的内容因聘请方的不同而有所区别。当聘请方为法人、其他组织、事业单位和社会团体时，调查的内容包括但不限于：

（1）是否依法成立，是否合法存续。对于企业法人或其他组织，主要调查其工商和税务登记情况，查验营业执照等；对于事业单位和社会团体，主要调查其法人登记或成立该组织的批准文件，以防出现聘请方不适格的情形。

（2）该单位目前的基本状况。主要调查法人或其他组织的经营状况或实际运转情况是否正常，是否持续营业，有无重大的诉讼或者其他重大事项，组织机构是否完善，管理体制是否健全等。

（3）证照上所核准的经营范围，实际上的主营业务范围。主要调查公司章程规定的经营范围，营业执照上核准的经营范围，企业实际的业务范围是否超出了章程和核准的范围，经营业务有没有违法现象和其他不规范的现象。

（4）聘请方聘请法律顾问的基本目的和要求。了解聘请方为什么要聘请法律顾问，以及聘请法律顾问需要提供哪些服务，解决什么问题，对法律顾问的专业、资历、年龄、性别等是否有特别要求。

如聘请方为自然人时则应调查以下信息：① 国籍及居住地；② 职业及其他自然情况；③ 聘请法律顾问的基本目的及要求。

三、协商

聘请方与受聘方就聘请法律顾问的有关事宜交换意见。律师事务所应向聘请方说明法律顾问的职责范围、与聘请方的关系和聘请法律顾问需要办理的相关手续。聘请方应向律师事务所说明聘请法律顾问的要求和目的，并介绍自己的基本情况。此外，双方也可就律师人选，法律顾问提供法律服务的范围、方式、期限、责任、收费标准等问题进行协商。

四、签订法律顾问聘任合同

聘请方与受聘律师事务所协商一致之后，应签订法律顾问聘任合同。法律顾问聘任合同是法律顾问关系成立的依据，顾问费用与顾问时间是双方协商的主要内容。其中顾问费用的确定要根据服务对象规模的大小、日常法律事务的多少、法律培训事务的难易度来决定。一旦对此达成协议，双方应签订聘任合同。需注意的是，受聘方只能是律师事务所。

法律顾问聘任合同的主要内容如下：

（1）聘请方及受聘方的基本情况。包括双方的姓名或名称、住所、通信地址等。确定合同当事人双方的基本情况非常必要，如一方住所发生变更，未及时通知对方，对方向合同载明的原住所地寄送函件的，视为送达。

（2）法律顾问的工作范围、工作方式、履行职责的权限。工作范围是法律顾问提供法律服务的范围，应明确、具体。法律服务的范围决定了工作量的大小、服务的难易程度，也因此决定了法律顾问的收费标准。

（3）担任法律顾问的律师姓名、执业编号。聘请方要求律师事务所委派某一特定律师的，律师事务所应尽量满足，并约定在合同中。

（4）聘期起止时间。该部分由聘请方根据需要与受聘方自行约定。

（5）聘请方为保证法律顾问职责的履行，提供的必要工作条件和物质保障。这是法律顾问顺利完成合同约定义务的重要物质条件，约定应明确、具体。如有些聘请方需要律师"专职式"服务，就必须提供相应的办公场所。

（6）法律顾问应有的知情权。这是顺利开展法律顾问工作的保证，法律顾问必须要了解聘请方以及相关法律事务的情况，才能给出相应的法律意见。如果聘请方隐瞒事实，法律顾问有权拒绝提供法律服务。

（7）法律顾问费用的支付标准与支付办法。法律顾问费用应当向律师事务所发放，不能约定向律师发放。

（8）合同的变更和解除。由于常年法律顾问合同履行期限较长，可能出现一方要求解除合同的情况，因实践中聘请人解除合同的情形更多，故在合同中应对聘请人的合同解除权加以必要限制。

（9）双方约定的其他权利、义务。

（10）违约责任。由于法律顾问服务在性质上是提供咨询、参考意见的，最终决策仍由聘请人做出，因此，除非出现重大职业过失，否则不应约定受聘方承担过重的违约责任。而且事实上，多数律师事务所、律师所能承担的经济赔偿责任也十分有限。

五、颁发聘书

律师事务所按照法律顾问合同的规定，为聘请方指派执业律师。一般情况下，律师事务所应当安排聘请方指定的律师，如聘请方未指定律师，则律师事务所应根据聘请方聘请法律顾问的基本目的和要求指派合适的律师。律师代表律师事务所为聘请方提供法律服务，按照法律顾问合同约定的服务内容、范围、工作安排开展工作。聘请方可以给法律顾问颁发聘书，也可以登报声明。

未经律师事务所指派，律师不得以任何名义或形式担任法律顾问。如果律师私自接受聘请方的聘请担任法律顾问，私自收取法律顾问费，依照《律师法》的有关规定，司法行政主管部门可以依法追究其法律责任。

律师事务所及其指派的律师提供的法律服务，包括以下几种方式：① 咨询；② 出具法律意见书、律师函；③ 参与重大商务谈判；④ 起草、审查、修改合同和规章制度；⑤ 代办登记注册等法律事务；⑥ 法制宣传、教育、培训；⑦ 提供有关法律信息；⑧ 经另行委托，代理各类诉讼、仲裁、行政复议案件，参与调解纠纷等。

第四节　企业法律顾问

一、企业法律顾问概述

担任企业法律顾问是各国律师的主要业务之一。在我国，企业法律顾问已经成为社会主义法治的重要组成部分，在多数大、中型企业中，除了企业内部的法务部门以外，还另外聘请律师担任法律顾问。企业法律顾问在运用法律手段参与企业的经营、管理，维护企业的合法权益，保证企业合法运行方面发挥着重要的作用。

（1）有利于促进企业转换经营机制，建立现代企业制度。随着市场经济的发展，各企业亟须法律顾问帮助处理法律事务。现代企业制度要求，在企业经营的许多环节中都需要法律顾问的参与，同时也需要其出具的法律意见书。另外，对于企业的合法化运营，也需要有法律顾问的意见和建议。法律顾问对于建立健全企业的各项规章制度都有着积极的推动作用。因而可以说法律顾问是企业转换经营机制、推行现代企业制度、保证企业沿着法制轨道运行的重要保障。

（2）有利于企业对重大问题作出正确的决策。律师担任法律顾问，可以参与企业的经营决策，根据相关法律、法规的规定，就企业的生产经营计划、经营方向、产品质量、劳务等重大问题，向企业提出最佳的建议方案，促进企业决策合理化、合法化、科学化。

（3）有利于改善企业的经营管理，提高企业人员素质。律师担任企业法律顾问的一项重要职责就是要在提供法律服务的过程中，积极开展法制宣传和法律培训，提高聘请方人员的法律意识和法律知识水平。从根本上减少和预防违法行为的发生，促进聘请方管理法制化。

（4）有利于企业扩大对外开放，促进对外经济合作与交往。随着改革开放的深入与市场经济的发展，我国的市场逐渐与外国的市场连成一体，损益相关。企业间的涉外经济活动也越来越多，在涉外经济活动中，常常涉及一些法律问题，需要一些精通外国法律的专业人士进行协助，以保证企业对外协议和合同符合法律的规定和要求，从而促进企业对外贸易、国际经济合作与技术交流的健康发展。

（5）有利于维护企业的合法权益。市场经济的发展，使得企业间交易频繁，一个企业在市场中可能有着双重甚至多重的身份。复杂的市场环境与法律关系，使得企业在经营过程中难免会发生一些矛盾和纠纷。这些矛盾和纠纷对于企业的形象与正常运营，都有关系。律师担任法律顾问的主要目的，就是维护企业的合法权益，协助其化解矛盾和纠纷，使企业遭受的损失最小化。

二、律师担任企业法律顾问的职责范围与内容

企业法律服务产品是无形法律服务有形化的产物。针对企业经营、管理过程中的某些法律问题，通过分析企业需求、结合有关法律规定及实务处理经验，将法律解决方案系统化、规范化，增加法律服务的效率和效果。其主要服务的范围有：

（1）解答法律咨询、为企业合法经营提供建议。律师开展法律咨询，是法律赋予其的一项职责，也是律师提供法律服务的一种普遍方式。企业在经营发展的过程中不可避免地会涉及一些法律问题，而律师的建议具有专业性与针对性，对于企业的合法经营有着重要的作用。

（2）代为起草、审查或修改各类合同文本，出具法律意见。合同的起草是一个从无到有的过程，合同的审查、修改也与企业的经营与利益等各方面都息息相关，因此律师必须在合同成文或生效前发现各种问题，就所有可能影响到聘请方利益的条款出具法律意见，并根据企业的要求或决议，进行修改。

（3）受聘请方的委托，开展为聘请方做律师见证，制作法律意见书、律师函等非诉讼法律事务。律师担任企业法律顾问，应当对于企业经营决策中遇到的重大问题或存在的法律风险进行研究、提出警示，并提出内容翔实、具有可操作性的法律意见或建议，供决策层参考。律师在提供法律意见和建议时要秉持以事实为依据、以法律为准绳、维护当事人合法权益的原则，为聘请方服务。

（4）接受委托，担任聘请方的代理人，参加经济合同纠纷、劳动争议的调解、仲裁或诉讼活动，寻求纠纷或争议的公正处理，维护聘请方的合法权益。根据我国《律师法》的规定："律师担任法律顾问的，应当按照约定为委托人就有关法律问题提供意见，草拟、审查法律文书，代理参加诉讼、调解或者仲裁活动，办理委托的其他法律事务，维护委托人的合法权益。"律师代理聘请方参加调解，仲裁或诉讼的，一般应当另行办理委托手续并收费。

（5）根据聘请方需要，协助聘请方开展有关的法律宣传活动，教育员工遵纪守法，运用法律手段加强企业管理。向企业中层干部介绍相关的法律、法规及最常用的法律条款。根

据聘请方的需要，进行相关的法律知识宣讲。为企业高层提供与其业务活动有关的经常性法律咨询服务，向其提供有关的法律信息资料，解释有关的法律规定，为高层决策提出法律建议。

（6）协助企业进行风险评估与控制。根据聘请方的需要，在企业与第三方从事重大交易前，通过调查对方公司的运营情况及交易信用等，为聘请方企业提供对方的信用及商业能力评估，分析业务风险，协助企业订立合同、管理应收账款，在对方违约时，为企业制定最佳解决方案供决策层参考。

（7）协助企业建立内部管理机制。从法律的角度出发，结合公司发展战略与实际需求，协助制定企业内部管理规范，合理设置企业所有权、规划股权结构，建立知识产权、人力资源、财务监管等具体制度，提高企业竞争优势。

三、律师担任企业法律顾问时应注意的问题

（1）在签订的法律顾问聘任合同中应载明律师享有以下权利：① 查阅与承办法律事务相关的企业文件和资料；② 了解企业的生产、经营、管理和对外联系活动的有关情况；③ 列席企业领导人召集的生产、经营、管理和对外活动会议；④ 获得履行企业法律顾问职责所必需的办公、交通及其他工作条件和便利。

（2）律师担任法律顾问，应当坚持以事实为根据，以法律为准绳，发现聘请方有违法行为的，应当予以劝阻纠正。

（3）律师担任企业法律顾问，应根据合同、协议规定和企业的委托授权进行工作，不得超越委托代理权限。

（4）律师担任企业法律顾问，不得从事有损于聘请方合法权益的活动，不得在民事、经济、行政诉讼或仲裁活动中担任对立一方当事人的代理人。

（5）律师在其受聘的两个或两个以上的企业之间发生争议时，应当进行调解，但律师不得代理其中任何一方参加诉讼或仲裁。

（6）律师担任企业法律顾问的，对其在工作中接触、了解到的有关企业生产、经营管理和对外联系活动的业务秘密，负有保守秘密的义务。

（7）律师应当建立律师事务所与聘请方定期联系、律师与聘请方法定代表人定期会见等制度。

（8）律师担任企业法律顾问时，因故不能履行提供法律服务的职责，受聘律师事务所应当与聘请方协商，另行指派律师接替。

（9）律师事务所对律师担任企业法律顾问工作，应定期检查和考核，以保证其工作质量。

（10）律师应该做好提供法律服务时的工作内容记录，并整理、保存好，这是律师担任企业法律顾问具体工作的良好表现形式。

第五节　政府法律顾问

一、政府法律顾问概述

律师担任政府法律顾问，是法律赋予律师的任务之一，也是我国律师事业发展的需要和我国当前法制建设、政府工作法制化所提出的迫切要求。因此，律师担任政府法律顾问有着极其重要的意义，具体来说：

（1）有利于促进政府工作的法律化、制度化。随着社会主义民主化、法制化进程的不断发展，国家为了对社会实行高效、有序的行政管理，制定了一系列的行政法律、法规来调整行政关系。律师担任法律顾问，可以对政府在行政过程中遇到的各种问题提供法律咨询和建议，促进政府依法行政。同时，政府在制定、颁布各项规范性文件和法律文书时，也需要律师的参与、审核与修改。

（2）有利于促进政府职能转变，建立健全宏观经济调控体系。随着社会改革的深入，政府职能也需要做相应的改变，律师担任政府法律顾问，可以协助政府就宏观调控中的财政、税收、投资等方面的问题做出正确的改革决策和立法决策，促进政府职能的转变，建立健全宏观经济调控体系。

（3）有利于政府组织重大的经济活动。政府在经济活动中的调控作用不容小觑，所有的经济活动都要受到经济法律、法规的引导和制约。政府法律顾问可以为政府提供经济法律咨询，参与重大经济项目的谈判与决策，运用法律知识协助政府扩大对外开放，发展外向型经济，促进经济发展。

（4）有利于协调政府各部门之间的法律关系，解决各种疑难纠纷。律师通过代理调解、仲裁和诉讼活动，可以及时地解决经济、行政纠纷，维护政府的合法权益，协调政府各部门之间的法律关系，使政府工作能够有序、高效地开展。

（5）有利于政府领导人及其工作人员增强法制观念和法律意识。法律是一项专业性较强的科目，未受过系统法律教育的人，对于法律一知半解，反而不利于其工作的开展。因此，有必要通过律师担任政府法律顾问，加强对政府工作人员的法制宣传与教育。使政府的政令都有法可依，政府的决定都具有可行性，政府的行政行为都具有合法性、自觉性。

二、律师担任政府法律顾问的职责范围与内容

（1）就政府的重大决策提供法律方面的意见，或者应政府要求，对决策进行法律论证。政府法律顾问参与政府决策，对重大决策提供法律方面的意见，有助于避免政府在决策上出现法律依据不足的失误，促进依法行政，也使得政府决策更加合理化、合法化。政府法律顾

问参与决策的范围十分广泛，不仅包括政治决策，还包括经济决策、文化教育决策等。

（2）对政府起草或者拟发布的规范性文件，从法律方面提出修改和补充建议。参与行政立法工作，是政府法律顾问的一项重要工作。拥有法律专业知识的政府法律顾问，对此有着得天独厚的优势。政府为了规范自己的行政行为，会经常性地根据宪法、法律制定一些规范性文件，为了保证这些规范性文件合法有效，能被有效推行，保证行政活动的正常运行，需要政府法律顾问的积极参与与合理建议。

（3）参与处理涉及政府的尚未形成诉讼的民事纠纷、经济纠纷、行政纠纷和其他重大纠纷。随着法制的不断进步，社会民众法律意识的觉醒，"民告官"的情形屡见不鲜，也因为我国正处于快速发展时期，政府在进行社会管理的过程中，总不免与行政相对人出现矛盾和纠纷。行政诉讼无论对于政府或是对于社会民众而言都不是最佳解决矛盾的办法，甚至会激化社会矛盾。因此将矛盾与纠纷尽早解决，才是双方互利的行为。为防社会矛盾激化，保证行政活动的正常、有序运行，政府法律顾问应积极参与处理此类纠纷。

（4）代理政府参加诉讼，帮助政府依法行使行政职权和维护政府机关的合法权益。如果矛盾与纠纷没有得到解决而诉诸公堂，则政府法律顾问应代理政府参加诉讼。政府法律顾问不仅要防止公民的合法权益遭受来自国家机器的侵害，同时也要防止国家机器的合法权益遭受到来自外界的损害。政府法律顾问应尽自己的职责，在自己的职责范围内，保障政府依法行使职权和维护政府机关的合法权益。

（5）协助政府审查重大的经济合同、经济项目以及重要的法律文书。对合同的审查是政府法律顾问的一项重要工作内容，同时经济合同、经济项目与政府的利益相关，而法律顾问有着专业的知识，应当协助政府审查合同及项目、提供法律服务，避免其合法权益受到损害。

（6）协助政府进行法治宣传教育。我国正在建设法治化国家，民众的法律意识不断觉醒，这对于政府在行政工作中依法行政的要求更高。而律师具有专业的法律知识，在处理法律事务的过程中也积累了丰富的经验，对于宣传法制、增强政府工作人员的法制观念，有着极大的推动作用。

（7）向政府提供有关的法律信息，就政府在行政管理过程中遇到的法律问题提出建议。

（8）办理政府委托的其他法律事务。政府法律顾问能适应形势发展的需要，为政府机关提供全方位的法律服务。随着政府职能的转变，政府的管理体制可能面临较大的变革，涉及各个层面的法律问题。政府法律顾问接受办理政府委托的法律事务也会与日俱增，政府也会愈加认识到法律顾问的重要性。

三、律师担任政府法律顾问时应注意的问题

（1）律师事务所应当指派具有较高的思想政治觉悟和政策业务水平的律师担任政府法律顾问。

（2）律师担任政府法律顾问，应当根据合同规定和政府委托的权限进行活动，不得超越委托权限，也不得从事与履行法律顾问职责无关的事项。

（3）担任政府法律顾问的律师，不得同时接受他人委托办理下列事务：① 在民事诉讼、经济诉讼和行政诉讼中，担任政府对方当事人的代理人；② 办理其他有损于政府利益或者违反政府决策的事务。

（4）律师担任政府法律顾问，不得利用政府法律顾问的身份，代理他人办理法律事务。

（5）律师担任政府法律顾问，为便于其展开工作，保证按时、优质地提供法律服务，律师应享有以下权利：① 查阅政府有关文件及资料；② 参加政府召开的有关会议；③ 获得履行政府法律顾问职责所必需的其他工作条件和便利。

（6）担任政府法律顾问的律师，对其在工作中接触、了解到的机密与不宜公开的情况、资料，有保密责任。

（7）政府聘请法律顾问，根据需要可以由律师事务所指派一名或者数名律师担任，也可以由同级政府司法行政机关负责人和律师组成的法律顾问团担任，法律顾问团可设首席法律顾问。

（8）司法行政机关对律师担任政府法律顾问的工作，应当加强指导、管理和监督，对不适宜承担这份工作的律师，应当及时予以撤换。

（9）政府法律顾问中的"政府"包括各级人民政府，各级人民政府的各行政主管部门聘请律师担任法律顾问，可以参照《司法部关于律师担任政府法律顾问的若干规定》（1989年）的内容执行。

课后思考题

按照党的十八届三中全会、四中全会关于普遍建立政府法律顾问制度的要求，内蒙古自治区司法厅切实贯彻自治区党委、政府相关部署，举全系统之力大力推进盟市、旗县、乡镇政府及政府主要经济管理部门、行政执法单位法律顾问制度建设，在全国率先实现旗县级以上三级政府聘请律师担任法律顾问全覆盖。

截至2014年年底，各级政府及政府工作部门共聘请了550家律师事务所的优秀律师担任法律顾问，其中自治区、盟市、旗县三级政府聘请了156家律师事务所的优秀律师担任法律顾问。总体实现了"三级覆盖"和"三个延伸"，即律师法律顾问工作覆盖自治区、盟市和旗县三级政府，并由三级政府向乡镇级政府延伸，由各级政府向政府主要经济管理部门、行政执法单位延伸，由传统的提供法律咨询、参与处理信访等工作向提供决策论证、参与谈判、风险评估等全方位的服务延伸。

请结合以上案例，回答：

1. 内蒙古自治区大力推进政府法律顾问制度建设的作用包括（   ）。

A. 有利于促进政府工作的法律化、制度化

B. 有利于政府组织开展重大的经济活动

C. 有利于协调政府各部门之间的法律关系，解决各种疑难纠纷

D. 有利于政府领导人及其工作人员增强法制观念和法律意识

2. 政府法律顾问参与决策的范围十分广泛，包括（　　）。

A. 政治决策   B. 经济决策

C. 文化教育决策   D. 人事决策

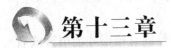

第十三章

申诉代理与仲裁代理业务

学习目标

　　本章着重介绍了律师代理申诉和仲裁业务的工作内容与方法。申诉代理，是指律师接受刑事、民事、行政案件当事人等的委托，对已经发生法律效力的判决或裁定，认为确有错误的，依法向人民法院或人民检察院提出申请，要求重新处理的一项诉讼代理活动。此外，仲裁代理也是我国律师的一项重要业务，它是指律师代理当事人在民、商事纠纷发生之前或纠纷发生之后订立仲裁协议，将争议事项提交特定仲裁机构居中做出裁决，从而解决纠纷的活动。学习本章，要求学习者对律师代理申诉和代理仲裁两项业务的概念、特征、基本规范和工作方法等进行了解和掌握。

第一节　律师申诉代理

一、申诉代理业务概述

（一）申诉代理的概念和特征

　　《律师法》第二十八条把"代理各类诉讼案件的申诉"作为律师的业务范围加以规定，这是律师代理各类申诉案件的法律依据。律师代理申诉业务作为一项法定业务，在具体实践中可操作性不强，尤其是我国的三大诉讼法对此还未作出具体规定，因此律师介入案件担任代理人的情况还比较少。相信随着立法、司法解释的进一步完善，律师代理各类申诉案件的业务会越来越成熟。

　　申诉代理具有如下特征：

　　（1）律师代理的只是各类诉讼案件的申诉，而不包括非诉讼案件的申诉。非诉讼业务由于不具有可诉性，不必经过诉讼程序来解决，所以不具有申诉的客观要求。根据相关法律规定，目前，律师可以接受刑事案件、民事案件、行政案件三类案件当事人的委托代理申诉。

　　（2）各类诉讼案件当事人可以自己提出申诉或者只能委托律师代为申诉。根据《律师法》的规定，律师可以担任各类申诉案件的当事人的代理人，由于申诉的专业性和特殊性，律师以外的人代理申诉没有相应的法律依据。

（3）律师必须是认为已经发生法律效力的判决和裁定、决定等确有错误才能申诉或者申请再审。如果判决和裁定等尚未生效，或者虽然生效但没有错误的，律师均不应该接受当事人的委托代为申诉。

（4）律师代为申诉只能向人民法院或者人民检察院提出。根据三大诉讼法的规定，人民法院的判决、裁定发生法律效力以后，只有本级人民法院、上级人民法院和最高人民法院有权决定再审；只有上级人民检察院和最高人民检察院有权按照审判监督程序提出抗诉从而启动再审。因此，律师接受当事人的委托代理申诉只能向人民法院或者人民检察院提出，否则无法引起审判监督程序的启动，从而也不可能使案件得到重新处理。需要说明的是，律师接受当事人的委托代理申诉，只是人民法院决定再审或者人民检察院提出抗诉的材料来源和重要依据，并不必然能够启动审判监督程序。

（二）律师代理申诉的意义

（1）律师代理申诉可以拓宽律师的业务范围。虽然目前我国律师代理申诉的业务还不多，但是近年来，引入律师参与化解涉法涉诉的信访案件，逐步实行律师代理申诉制度，已被认为是运用法治方式解决涉诉信访问题的有效途径。全国有不少地方都已试行了律师参与信访并向代理申诉转化的制度，2016 年 1 月 12 日，最高人民法院举办新闻发布会，介绍了自 2013 年开始，最高人民法院积极开展律师参与涉诉信访化解工作的调研，目前，已经起草了《关于实行律师代理申诉制度若干问题的规定》，正式颁布施行后，将为律师代理申诉案件创造更为有利的条件。随着《律师法》以及三大诉讼法的进一步明确，不仅律师代理申诉的业务范围得以明确、扩大，代理申诉对律师的法律专业水准和能力水平的要求也随之提高，这也有利于律师专业人才的发展以及律师业务的进一步拓展。

（2）律师代理申诉有利于化解矛盾、维护当事人的合法权益。律师作为法律专业人员，可以对当事人的委托事项和申诉材料进行初步的法律审查，如果当事人的诉求明显缺乏事实或法律依据的，律师可以告知并引导当事人息诉，当事人也比较容易接受律师的建议；如果经审查认为符合申诉条件的，律师可以根据申诉人的请求与之形成委托代理关系，由律师代为进行申诉。律师的参与能够使得申诉的程序更加规范，对事实和证据的列举也更为清晰，律师还可以根据自己的办案经验，提出新的证据或找到案件的不合理或错误之处，从而可以更好地维护当事人的合法权益。

（3）律师代理申诉业务有利于充分发挥司法功能和自身专业优势。律师作为法律职业群体的重要组成力量，肩负着维护当事人合法权益和维护国家法律正确实施、社会公平正义的法定职责。律师作为申诉当事人的代理人，不仅能够了解当事人的真实诉求和案件真实情况，而且还能利用自身专业优势和执业权利弥补当事人法律知识和法律意识的欠缺，协助司法机关与申诉当事人的沟通，消除申诉当事人的顾虑和成见，有利于司法机关更好地查清案情，适用法律准确，确保司法公正。

(三) 律师代理申诉的类型

根据我国《刑事诉讼法》《民事诉讼法》《行政诉讼法》的规定，申诉案件包括刑事申诉案件、民事申诉案件、行政申诉案件三类，与之相对应的律师代理申诉业务也包括三种类型，即刑事申诉代理、民事申诉代理和行政申诉代理。

二、刑事申诉中的律师代理

(一) 刑事申诉律师代理的概念和种类

刑事申诉律师代理，是指律师接受刑事案件申诉人的委托，代理委托人就已经发生法律效力的刑事判决、裁定、决定等向人民法院、人民检察院提出申诉，要求重新审查或审理的一种代理活动。《刑事诉讼法》规定的申诉有两种情况：

第一种情况是在审查起诉阶段对不起诉决定的申诉。因为不起诉决定有无罪的不起诉和有罪的不起诉之分，故对不起诉决定的申诉又分为两种情况：其一是第一百七十六条规定的对不起诉决定"被害人如果不服，可以自收到决定书后七日以内向上一级人民检察院申诉，请求提起公诉"；其二是第一百七十七条规定的"对于人民检察院依照本法第一百七十三条第二款规定作出的不起诉决定，被不起诉人如果不服，可以自收到决定书后七日以内向人民检察院申诉"。

第二种是在审判监督阶段对生效判决、裁定的申诉，即《刑事诉讼法》第二百四十一条规定的"当事人及其法定代理人、近亲属，对已经发生法律效力的判决、裁定，可以向人民法院或者人民检察院提出申诉"。

以上这两种刑事诉讼中的申诉，除了申诉发生的诉讼阶段的不同和申诉对象的不同外，还表现在申诉人的范围不同，接受申诉的机关不同及申诉所受时间的限制不同。

(二) 律师代理对人民检察院不起诉决定的申诉

1. 被害人不服免予起诉决定的申诉

这是指在刑事公诉案件中，被害人不服人民检察院对公安机关侦查终结移送起诉或者免予起诉的案件，或者人民检察院自行侦查终结的案件，认为被告人的行为虽已构成犯罪，但依法不需要判处刑罚或者可以免除刑罚所作出的有罪免诉决定。被害人作为犯罪行为的受害者，对被告人的处理较为关心。在被害人认为被告人犯罪情节恶劣、社会危害性大的情况下，若检察机关作出免予起诉的决定，被害人在感情上往往难以接受。从司法实践看，被害人对免予起诉决定不服主要有两种情况：一是检察机关在适用法律上确有欠妥之处，该追究刑事责任的没有追究。经复查确系此种情况，检察机关应撤销原决定，重新作出提起公诉的决定。二是免予起诉的决定正确，检察机关无论是认定事实还是适用法律都没有问题，但由于被害人不懂法律，从个人感情出发，而误认为是检察机关宽容犯罪。检察机关在复查中，如经过审查原决定确无偏颇，应向被害人耐心地讲明做出免予起诉的事实根据和法律根据，并制作复查决定书，正式答复被害人。

2. 被告人不服免予起诉决定的申诉

这种申诉本质上是被告人依法享有的辩护权的延伸。因为免予起诉是人民检察院未经审判即对被告人做出的有罪免刑的实体性处理，这里既没有审理程序，也没有被告人为自己辩护的程序。所以，允许被告人对免予起诉提出申诉，实质上是给被告人一种陈述事实、发表意见的机会。实践中，这方面的申诉主要发生在被告人的行为不构成犯罪的情况下而作出了有罪免诉决定的情形，如犯罪行为非被告人所实施，被告人行为的情节显著轻微，或者被告人的行为虽构成犯罪，但依照法律不应追诉，有的检察院对本属上述情形的案件，由于已经立案、侦查，为了照顾所谓的关系和维护自己的"形象"却采取免予起诉的决定，使那些本来不构成犯罪的被告人，在"从宽"的名义下被释放了。还有的办案人员，对事实难以查清、证据不足的疑难、复杂案件，为了减少麻烦而做了免予起诉的处理。当然，司法实践中，被告人因不服免予起诉的决定而提出申诉的情况极少。

（三）律师代理对人民法院生效判决、裁定的申诉

律师代理人民法院生效判决、裁定的申诉是指律师接受生效判决、裁定的当事人及其代理人或者近亲属的委托，对人民法院已经生效的判决、裁定向人民法院或者人民检察院提出申诉意见，要求人民法院重新审理或者要求人民检察院依审判监督程序提起抗诉的代理活动。

根据《刑事诉讼法》和有关司法解释的规定，律师在代理刑事申诉时应注意以下几个问题：

1. 审查申诉是否符合法定的申诉条件

律师在代理刑事申诉案件时，首先应审查案件是否符合申诉的条件，如果不符合申诉条件，不应该继续接受委托。根据现行《刑事诉讼法》第二百四十二条的规定，当事人及其法定代理人、近亲属的申诉符合下列情形之一的，人民法院应当重新审判：① 有新的证据证明原判决、裁定认定的事实确有错误，可能影响定罪量刑的；② 据以定罪量刑的证据不确实、不充分、依法应当予以排除，或者证明案件事实的主要证据之间存在矛盾的；③ 原判决、裁定适用法律确有错误的；④ 违反法律规定的诉讼程序，可能影响公正审判的；⑤ 审判人员在审理该案件的时候，有贪污受贿、徇私舞弊、枉法裁判行为的。

另外，根据《最高人民法院关于规范人民法院再审立案的若干意见（试行）》（以下简称《若干意见》）的第七条规定：对终审刑事裁判的申诉，具备下列情形之一的，人民法院应当决定再审：① 有审判时未收集到的或者未被采信的证据，可能推翻原定罪量刑的；② 主要证据不充分或者不具有证明力的；③ 原裁判的主要事实依据被依法变更或撤销的；④ 据以定罪量刑的主要证据自相矛盾的；⑤ 引用法律条文错误或者违反《刑法》第十二条的规定适用失效法律的；⑥ 违反法律关于溯及力规定的；⑦ 量刑明显不当的；⑧ 审判程序不合法，影响案件公正裁判的；⑨ 审判人员在审理案件时索贿受贿、徇私舞弊并导致枉法裁判的。上述规定也可以作为律师审查案件是否符合申诉条件的参考依据。

2. 审查申诉期限

律师代理申诉时，要注意申诉期限是否超限。《若干意见》第十条规定，人民法院对刑事案件的申诉人在刑罚执行完毕后两年内提出的申诉，应当受理；超过两年提出申诉，具有下列情形之一的，应当受理：① 可能对原审被告人宣告无罪的；② 原审被告人在本条规定的期限内向人民法院提出申诉，人民法院未受理的；③ 属于疑难、复杂、重大案件的。

3. 律师代理刑事申诉的步骤及注意事项

（1）在接受委托前，应要求委托人提供拟申诉的裁判文书，认真审查裁判文书是否已经生效。如果还未生效，告知当事人在法定期限内提起上诉。对于已经生效的裁判文书，应认真听取委托人的申诉理由。

（2）准备申诉材料。律师接受委托后，应当通过查阅卷宗材料等方式收集调查与案件有关的事实及证据，为申诉做好充足的准备。

（3）认真撰写申诉书，选择正确的申诉机关。申诉书在这一环节中具有不可替代的作用，往往决定着申诉能否被接受并进入再审程序，因此应该认真撰写。

（4）与司法机关保持联系，关注案件的进展情况。

三、民事申诉中的律师代理

（一）民事申诉代理的概念和条件

《民事诉讼法》对申诉没有明确的规定，仅对当事人再审申请有所规定。习惯上将民事再审申请称为"民事申诉"。民事再审申请律师代理，是指律师接受民事案件当事人或其法定代理人的委托，就已经发生法律效力的民事判决、裁定或调解协议，认为确有错误，向人民法院申请再审，也包括申请人向人民检察院申请检察建议或者申请抗诉的一种代理活动。民事申诉是宪法赋予公民的基本民主权利在民事诉讼中的具体体现，也是人民法院或人民检察院发现错误裁判的一个信息来源。申请再审要符合《民事诉讼法》第二百条的规定，当事人的申请符合下列情形之一的，人民法院应当再审：① 有新的证据，足以推翻原判决、裁定的；② 原判决、裁定认定的基本事实缺乏证据证明的；③ 原判决、裁定认定事实的主要证据是伪造的；④ 原判决、裁定认定事实的主要证据未经质证的；⑤ 对审理案件需要的主要证据，当事人因客观原因不能自行收集，书面申请人民法院调查收集，人民法院未调查收集的；⑥ 原判决、裁定适用法律确有错误的；⑦ 审判组织的组成不合法或者依法应当回避的审判人员没有回避的；⑧ 无诉讼行为能力人未经法定代理人代为诉讼或者应当参加诉讼的当事人，因不能归责于本人或者其诉讼代理人的事由，未参加诉讼的；⑨ 违反法律规定，剥夺当事人辩论权利的；⑩ 未经传票传唤，缺席判决的；⑪ 原判决、裁定遗漏或者超出诉讼请求的；⑫ 据以作出原判决、裁定的法律文书被撤销或者变更的；⑬ 审判人员审理该案件时有贪污受贿、徇私舞弊、枉法裁判行为的。

再审申请有案件范围的限制，如对已生效的离婚案件的判决就不能申请再审。再审申请必须在判决、裁定或调解发生法律效力后两年内提出。《民事诉讼法》中规定了当事人的再审申请和人民检察院的抗诉，而且人民法院还可以依职权提起再审，其原因一方面这样无论是当事人还是司法机关都已经有了对错误的生效判决、裁定和调解的司法救济手段，另一方面可能是考虑到申诉是宪法赋予公民、法人或其他组织的一项基本的民主权利。

当事人申诉必须符合法律规定的条件，人民法院才可予以再审。律师在接受当事人委托时，应认真审查当事人申请是否符合五种情况之一：

（1）有新的证据，足以推翻原判决、裁定的。新的证据是指在一审、二审中没有提出或者虽然提出但没有作为认定事实的根据，而且新的证据对于原裁判所认定的事实，明确地具有使其变更的力量。

（2）原判决、裁定认定事实的主要证据不足。人民法院审理案件应该以事实为根据，如果认定事实的主要证据不足，也谈不上事实清楚，理所当然允许再审。

（3）原判决、裁定适用法律确有错误的。民事裁判应正确适用法律，如果适用法律确有错误，当事人可以申请再审。但仅以裁定的确违背法律为限，如果没有明确具体的法律为依据，不能认为适用法律确有错误。

（4）人民法院违反法定程序，可能影响案件正确判决、裁定的。人民法院应按法定程序审理案件，如果违反法定程序，即便案件裁判的结果是正确的，也难以让当事人信服。

（5）审判人员在审理案件时有贪污受贿、徇私舞弊、枉法裁判行为的。审判人员在审理案件时有贪污受贿、徇私舞弊、枉法裁判行为的，那么由该审判人员做出的裁判就难以保证公平公正，故应予推翻。但仅有当事人怀疑，没有事实证据证明审判人员有贪污受贿、徇私舞弊、枉法裁判行为的，还不足以决定再审。

（二）律师在民事诉讼案申请再审代理时应注意的问题

诉讼在实质上是对社会冲突进行控制的最终手段，法律的正义只有通过诉讼程序的公正才能真正得以实现。因此，律师代理当事人申请再审，不但要具备法律规定的条件，而且要符合以下要求：

（1）委托人。一审结案的原告和被告，二审结案的上诉人和被上诉人，有独立请求权的第三人都可以委托律师申请再审；无独立请求权的第三人，如果人民法院判决其承担民事责任，也可以委托律师申请再审；共同原告或共同被告可以分别委托律师也可以共同委托律师代理申诉，如果设有选定代表人，应通过选定代表人委托律师代理申诉；在集团诉讼中，应通过代表委托律师代理申诉。

（2）委托代理合同。申请再审是当事人的一项诉讼权利，一般由当事人亲自行使，律师只有经过当事人委托以后方能行使诉讼权利。当事人委托律师申请再审，必须签订委托代理合同。

（3）申诉状。律师代理当事人申请再审，应提交申诉状。申诉状应载明：申诉人、诉讼代理人的基本情况，申请再审的具体诉讼请求，申请再审的理由。

（4）证据和证据来源，证人姓名和住所。

（5）管辖。原审人民法院对案情熟悉，上一级人民法院对下级人民法院负有监督职能。

在实务中，人民法院一般要求先向原审人民法院申请再审，对原审人民法院再审不服的，向上一级人民法院申请再审。律师代理当事人申请再审也不例外。

（6）期限。律师代理当事人申请再审应当在判决、裁定、调解书或调解协议发生法律效力后二年内提出。但是，人民法院提起的再审或者人民检察院抗诉引起的再审则不受期限的限制。

民事审判工作关系到人民群众的切身利益，及时、正确、合法地审理民事案件、经济纠纷案件对于维护安定团结，防止矛盾激化，促进社会主义精神文明建设有着重要作用，为了更好地发挥再审程序的补救功能，律师代理当事人申请再审应注意以下问题：

（1）解除婚姻关系的判决生效以后，当事人对财产分配、子女抚养权分配不服的可以委托律师申请再审。当事人对已经发生法律效力的解除婚姻关系的判决，不得申请再审。但是，解除婚姻关系的判决生效以后，当事人对于财产认定性质的更改或者要求变更子女抚养关系的，可以申请再审。

（2）在特别程序中，律师应告知申请人不得申请再审。因为按特别程序审理的案件，既无双方当事人，又无民事权益争执，人民法院只是确认某种法律事实，申请人对原判决不服的，仍按特别程序处理。

（3）当事人撤诉以后又反悔的案件，律师应分清情况，分别处理。在一审中撤诉的案件，人民法院对实体民事权利义务的争议没有审理，当事人申请再审也就无从谈起。在二审中撤诉的案件，一审裁定即发生法律效力，律师可以接受当事人委托代理对一审裁定申请再审。

四、行政诉讼申诉中的律师代理

（一）行政诉讼申诉代理的概念和条件

行政诉讼申诉中的律师代理，是指律师接受行政诉讼案件当事人及其法定代理人的委托，就已经发生法律效力的判决、裁定向人民法院或者人民检察院代为申诉，请求再审或者抗诉的一种代理活动。我国《行政诉讼法》第九十条、第九十一条和第九十二条对我国行政诉讼的审判监督程序的提起作出了具体规定，分别有有关当事人的申请再审，人民法院的再审以及人民检察院的抗诉三种方式，确保了行政诉讼案件的申诉程序正常启动，从而维护当事人的合法权益。

《行政诉讼法》第九十一条还规定了人民法院应当对案件进行再审的八种情形：① 不予立案或者驳回起诉确有错误的；② 有新的证据，足以推翻原判决、裁定的；③ 原判决、裁定认定事实的主要证据不足、未经质证或者系伪造的；④ 原判决、裁定适用法律、法规确有错误的；⑤ 违反法律规定的诉讼程序，可能影响公正审判的；⑥ 原判决、裁定遗漏诉讼请求的；⑦ 据以作出原判决、裁定的法律文书被撤销或者变更的；⑧ 审判人员在审理该案件时有贪污受贿、徇私舞弊、枉法裁判行为的。

（二）律师代理行政诉讼申诉案件时应注意的问题

1. 再审立案标准问题

就已经发生法律效力的行政案件，《行政诉讼法》规定，法院、检察院一旦发现违反法律、法规规定，就可以引起再审程序。前文中，引述该法第九十一条规定的八种情况即属于可进行再审立案的标准。

2. 再审申请期限问题

根据 2015 年颁布的《最高人民法院关于适用〈中华人民共和国行政诉讼法〉若干问题的解释》（以下简称《解释》）第二十四条的规定，当事人向上一级人民法院申请再审，应当在判决、裁定或者调解书发生法律效力后六个月内提出。有下列情形之一的，自知道或者应当知道之日起六个月内提出：① 有新的证据，足以推翻原判决、裁定的；② 原判决、裁定认定事实的主要证据是伪造的；③ 据以作出原判决、裁定的法律文书被撤销或者变更的；④ 审判人员审理该案件时有贪污受贿、徇私舞弊、枉法裁判行为的。

3. 法院不予再审立案的情形

除了因诉讼主体不合格、裁判尚未生效、申诉未在法定期限内提起、案件已经失去实际意义、不属受诉人民法院管辖等情形以外，《解释》第二十五条规定，人民法院基于抗诉或者检察建议作出再审判决、裁定后，当事人申请再审的，人民法院不予立案。

（三）法院关于再审改判的标准

再审改判标准问题应当严格掌握，要处理好纠正错误与维护生效裁判的既判力、稳定性与权威性的关系，公正与效率的关系，程序公正与实体公正的关系，外部监督与独立审判的关系，兼顾诉讼经济和利益衡量。改判标准应从以下四个方面进行判断：

（1）法院严重违反法定程序，足以影响案件正确裁判的，包括：① 违反《行政诉讼法》规定，没有给予当事人陈述、答辩和辩论的机会的；② 审理本案的审判人员、书记员应当回避而未回避的；③ 依法应当开庭审理而未经开庭即做出判决的；④ 未经合法传唤当事人而缺席判决的；⑤ 遗漏必须参加诉讼的当事人的；⑥ 对与本案有关的诉讼请求未予裁判的；⑦ 违反案件管辖权的；⑧ 其他违反法定程序可能影响案件正确裁判的；等等。

（2）裁判主体违法的，如：① 审判人员在审理案件的时候，有贪污受贿、徇私舞弊、枉法裁判行为的；② 应当另行组成合议庭审理而由原合议庭再次审理的；③ 其他裁判主体不合法的。

（3）适用法律法规错误，且对案件定性起决定作用的。适用法律法规错误是指生效裁判适用法律法规错误，而不是指被诉具体行政行为适用法律法规错误。适用法律法规错误的情形一般有十种：① 违反了法的位阶秩序；② 适用了立法主体超越权限的法律规范；③ 适用了立法主体违背法定程序制定的法律规范；④ 适用法律、法规性质错误；⑤ 适用了没有效力的法律规范；⑥ 没有适用法律、规范中必须适用的定性内容；⑦ 违背了法律不溯及既往的一般原则以及例外情形；⑧ 生效裁判依据的法律文书已经被撤销或者变更的；⑨ 生效裁判适用的法律规范与入世规则相抵触的；⑩ 其他适用法律、法规错误的情形。

（4）法院认定事实的主要证据不足，包括：① 生效裁判的定性证据是虚假或不真实的；② 生效裁判认定事实的主要证据不足的；③ 生效裁判认定事实的主要证据未经法庭质证的；④ 遗漏诉讼请求的；⑤ 当事人的指认是在被胁迫或被挟制的状态下被迫做出的；⑥ 生效裁判认定事实的主要证据属于没有法定理由或正当理由超过举证时限提供的证据；⑦ 当事人有新的证据，足以推翻原裁判的，该新证据为在原审程序中应当准予延期提供而未获准许的证据，在原审程序中应当调取而未调取的证据，如当事人在原审诉讼中以迟延诉讼为目的，故意不提供该证据的除外；⑧ 严重违反法定程序收集的证据；⑨ 其他违法情形。

第二节　律师仲裁代理

一、律师仲裁代理概述

1. 仲裁的概念与特征

仲裁作为我国的一项法律制度，是指当事人在民商事纠纷发生之前或纠纷发生之后订立仲裁协议，将争议事项提交特定仲裁机构居中作出裁决，从而纠纷的活动。

与诉讼制度相比，仲裁具有以下特征：

（1）民间性。这是仲裁制度的主要特征。当事人选择解决争议的仲裁机构不是司法机构，而是具有独立地位的公共服务性的组织机构。

（2）自愿性。通常在仲裁协议中，双方当事人就仲裁程序的启动、仲裁人员和仲裁规则的选定等达成一致，任何人不得强迫。

（3）独立性。仲裁委员会独立于行政机关，仲裁员依法独立评判案件争议，不受任何机构、社会团体和个人的干涉。仲裁的独立性是仲裁结果公正的必要前提。

（4）灵活性。相对于具有严格程序的诉讼而言，仲裁程序充分尊重当事人的自由意志，在仲裁的证据规则、举证质证方式等方面规定相对灵活。

（5）专业性。从仲裁案件类型和仲裁人员的选任条件可以看出，仲裁具有较强的专业性。同样，随着涉外仲裁数量的增多，对律师的专业素质提出了更高的要求。

（6）终局性。一般而言，仲裁实行一裁终局制度，因此具有便捷性。仲裁的终局性可以有效降低争议解决的成本，有利于尽快解决各类经济纠纷，具有不可替代的重要作用。

律师代理仲裁是指律师接受一方当事人的委托，代理其参加仲裁机构组织的仲裁程序，在仲裁活动中以当事人的名义，在授权范围内，代理当事人进行仲裁活动。在代理仲裁业务时，律师代理的主要程序和主要工作事项包括：审查仲裁协议、代理提起仲裁或代理答辩、代理进行调查、收集证据材料、代理参加仲裁活动、代理当事人向人民法院申请执行已生效的裁决。

2. 仲裁的类型

从相关的仲裁法律法规来看，我国的仲裁可以分为国内仲裁和涉外仲裁，国内仲裁又分为国内经济仲裁、劳动争议仲裁和农村土地承包经营纠纷仲裁。涉外仲裁包括国际经济贸易仲裁（也称国际商事仲裁）和海事仲裁。

（1）国内经济仲裁。国内经济仲裁是指依据《中华人民共和国仲裁法》（简称《仲裁法》）规定，我国公民、法人和其他组织之间发生合同纠纷和其他财产权益纠纷，按照纠纷发生之前或之后达成的仲裁协议，自愿将争议提交仲裁机构裁决的制度。国内经济仲裁的对象仅限于合同纠纷和其他财产权益纠纷。《仲裁法》第三条规定，婚姻、收养、监护、扶养、继承纠纷和依法应当由行政机关处理的行政争议不能仲裁。仲裁机构为国内各地依法设立的仲裁委员会，不实行地域管辖和级别管辖。仲裁以不公开进行为原则。

（2）劳动争议仲裁。劳动争议仲裁是劳动争议仲裁委员会对劳动关系的双方当事人之间的劳动争议依照有关法律法规加以裁决，从而解决劳动争议的制度。2007年12月通过的《中华人民共和国劳动争议调解仲裁法》（简称《劳动争议调解仲裁法》）是劳动争议仲裁的主要法律依据。

（3）农村土地承包经营纠纷仲裁。我国实行以家庭联产承包经营为基础的土地承包经营制度，由于土地问题情况复杂，近年来关于土地的纠纷一直存在。为了及时化解农村承包经营主体之间的矛盾，维护当事人的合法权益，促进农村经济的发展和社会稳定，我国于2009年颁布《中华人民共和国农村土地承包经营纠纷调解仲裁法》（简称《农村土地承包经营纠纷调解仲裁法》），专门规范此类纠纷的调解和仲裁活动。

（4）涉外仲裁。我国的涉外仲裁制度始于1954年5月6日中央人民政府作出《关于在中国国际贸易促进委员会内设立对外贸易仲裁委员会的决定》，规定了对外贸易仲裁委员会的组织、任务、受案范围和仲裁原则。1956年3月31日，中国国际贸易仲裁委员会制定了《对外贸易仲裁委员会仲裁程序规则》，并于同年4月成立了"对外贸易仲裁委员会"。它的成立标志着我国涉外仲裁制度正式产生。1958年11月21日，国务院作出《关于在中国国际贸易促进委员会内设立海事仲裁委员会的决定》。1959年1月22日，海事仲裁委员会成立。由此，我国建立起二元结构的涉外仲裁机构。1988年8月，中国国际贸易仲裁委员会更名为"中国国际经济贸易仲裁委员会"，海事仲裁委员会更名为"中国海事仲裁委员会"。1987年4月，我国成为《纽约公约》成员国，我国涉外机构的裁决在境外能够被承认和执行，使我国涉外仲裁进一步走向国际化。

与诉讼相比，国际商事仲裁以其独特的制度优点为从事跨国交易的商人们提供了更公平、有效，相对快捷和便宜的解决纠纷手段。国际商事仲裁的优点在于：第一，司法对纠纷的管辖权是以国家主权为依据的，而仲裁对纠纷的管辖权是由当事人自愿协议授予的，是建立在当事人意思自治基础之上的；由当事人通过自愿协议选择其纠纷的解决方式，使裁决更具有公信力，更能体现公平裁决的理念。第二，仲裁当事人通过协商同意，可共同选择仲裁地点；共同确定选择仲裁员的方法和仲裁庭组成方式；选择仲裁适用的法律和仲裁程序。这样就可以使当事人通过自主选择避开其不信任或不熟悉的法律或法院，选择他们信任的仲裁机构裁决他们的争议。第三，国际商事仲裁普遍实行一裁终局，对裁决结果不能上诉的制度。这样就避免了当事人在诉讼中因法院多审级上诉制度可能造成的累讼之苦，并可以减少解决纠纷的成本。第四，由于世界上的主要贸易国家都加入了联合国《承认及执行外国仲裁裁决公约》（简称1958年《纽约公约》），国际商事仲裁裁决的跨国执行，在世界范围获得了法律保证，具有法院判决所没有的域外效能。各国仲裁发展的实践表明，仲裁已经被普遍接受作为解决国际贸易、跨国投资和其他纠纷的主要法律手段。

二、仲裁协议

仲裁协议，是指当事人自愿把他们之间业已发生或者将来可能发生的特定争议交付仲裁解决的共同意思表示。在我国，仲裁协议必须具备书面形式。仲裁协议包括合同中订立的仲裁条款和以其他书面方式在纠纷发生前或者纠纷发生后达成的请求仲裁的协议。

（一）仲裁协议的形式和内容

我国《仲裁法》第十六条规定，仲裁协议应当具有下列内容：① 请求仲裁的意思表示；② 仲裁事项；③ 选定的仲裁委员会。也可具有协议约定的内容，如仲裁机构运用的仲裁规则；涉外仲裁中运用的实体法律；仲裁裁决的效力（当事人可协议排除就仲裁裁决向法院申请审查的权利，从而赋予仲裁裁决的终局性）；仲裁费用的负担。但我国实行一裁终局制，裁决做出后，当事人不能就同一纠纷再申请仲裁或者向人民法院起诉；仲裁费用的负担，仲裁员的选定，指定方法也均由法律规定；仲裁适用的仲裁规则应依据仲裁机构制定。由此可见，我国仲裁当事人协议约定的仲裁协议的内容是有限的。

（二）仲裁协议的效力

仲裁协议虽然是签订双方当事人对处理争议的自愿性协商，但不是所有的仲裁协议都能必然地启动仲裁程序，而是只有有效成立的仲裁协议才能做到。我国《仲裁法》第二十六条规定，当事人达成仲裁协议，一方向人民法院起诉未声明有仲裁协议，人民法院受理后，另一方在首次开庭前提交仲裁协议的，人民法院应当驳回起诉，但仲裁协议无效的除外；另一方在首次开庭前未对人民法院受理该案提出异议的，视为放弃仲裁协议，人民法院应当继续审理。

订立仲裁协议时不能将法定范围外的争议作为仲裁事项，仲裁协议不得违反法律的强制性规定。根据我国《仲裁法》第十七条的规定，仲裁协议无效的情形有：① 约定的仲裁事项超出法律规定的仲裁范围的；② 无民事行为能力人或者限制民事行为能力人订立的仲裁协议；③ 一方采取胁迫手段，迫使对方订立仲裁协议的。仲裁协议要产生完全的预期法律效力，就必须同时具备内容、主体、意思表示等诸多要件。如果其中一个或多个要件存在瑕疵，都可能导致仲裁协议无效。

仲裁协议效力的认定有两个主体：一为法院，二为仲裁机构。仲裁机构和人民法院都有对仲裁协议效力的确认权，二者发生冲突时，由人民法院进行确认。我国《仲裁法》第二十条规定，当事人对仲裁协议的效力有异议的，可以请求仲裁委员会作出决定或者请求人民法院作出裁定。一方请求仲裁委员会作出决定，另一方请求人民法院作出裁定的，由人民法院裁定。当事人对仲裁协议的效力有异议，应当在仲裁庭首次开庭前提出。

三、仲裁机构的选择

选择正确的仲裁机构对于纠纷的解决具有重要的作用，因为不同的仲裁机构对同一案件的处理结果可能不完全相同，下面主要介绍一些重要的仲裁机构。

（一）境内仲裁机构

1. 中国国际经济贸易仲裁委员会

中国国际经济贸易仲裁委员会（China International Economic and Trade Arbitration Commission，英文简称"CIETAC"，中文简称"贸仲委"），是世界上主要的常设商事仲裁机构之一。根据 1954 年 5 月 6 日中央人民政府政务院第 215 次会议通过的《关于在中国国际贸易促进委员会内设立对外贸易仲裁委员会的决定》，贸仲委于 1956 年 4 月由中国国际贸易促进委员会（简称"中国贸促会"）组织设立，当时名称为对"外贸易仲裁委员会"。中国实行对外开放政策以后，为了适应国际经济贸易关系不断发展的需要，根据国务院发布的《关于将对外贸易仲裁委员会改称为对外经济贸易仲裁委员会的通知》，对外贸易仲裁委员会于 1980 年改名为"对外经济贸易仲裁委员会"，又于 1988 年根据国务院《关于将对外经济贸易仲裁委员会改名为中国国际经济贸易仲裁委员会和修订仲裁规则的批复》，改名为"中国国际经济贸易仲裁委员会"。2000 年，中国国际经济贸易仲裁委员会同时启用"中国国际商会仲裁院"的名称。

贸仲委仲裁的特点是：① 受案范围宽、程序国际化。自 1956 年成立以来，贸仲委共受理了万余件国内外仲裁案件。贸仲委既可受理涉外案件，也可受理国内案件；同时，其受理案件的范围也不受当事人行业和国籍的限制。② 仲裁程序快捷高效。在贸仲委的仲裁中，当事人可以约定仲裁程序如何进行。对于当事人提交的证据和陈述，贸仲委将以书面形式在当事人之间进行充分的交换，贸仲委的开庭审理一般只需 1 至 3 天。因此，贸仲委的仲裁程序具有快捷高效的特点，其受理的仲裁案件绝大多数均在仲裁庭组成之后 6 个月内结案。③ 仲裁与调解相结合。仲裁与调解相结合是贸仲委仲裁的显著特点之一。该做法将仲裁和调解各自的优点紧密结合起来，不仅有助于解决当事人之间的争议，而且有助于保持当事人的友好合作关系。

2. 地域性仲裁机构

目前国内各主要大中城市，甚至包括一些低级别城市均设有仲裁委员会，这些地域性仲裁机构由于其地域性特点，受案范围也往往限制于本地的一些案件纠纷。

3. 专业的仲裁机构

专业的仲裁机构是指其受理的案件要求较强的专业性，需要专业素质人才，在我国主要指中国海事仲裁委员会，该仲裁委员会专门解决海事争议。

(二) 境外仲裁机构

1. 国际商会仲裁员

国际商会国际仲裁院（The ICC International Court of Arbitration，简称"ICAICC"）成立于 1923 年，是附属于国际商会的一个国际性常设调解与仲裁机构。主要是处理国际性商事争议，促进国际间的经济贸易合作与发展。该院最初受理的案件主要是有关货物买卖合同和许可证贸易的争议。国际商会国际仲裁院是国际性民间组织，具有很大的独立性，该仲裁院总部设在巴黎，理事会由来自四十多个国家和地区的具有国际法专长和解决国际争端经验的成员组成，其理事会成员首先由国际商会各国委员会根据一国一名的原则提名，然后由国际商会大会决定，任期三年。国际商会仲裁的主要特点是对提请仲裁的当事人不作限制，任何国家的当事人，无论是自然人还是法人都可以通过仲裁协议将争议提交仲裁。

2. 美国仲裁协会

美国仲裁协会（American Arbitration Association，简称"AAA"），总部位于纽约。美国仲裁协会于 1926 年成立，是一个非营利性的公共服务机构。国际争议解决中心作为美国仲裁协会的国际业务部成立于 1996 年，并全权负责美国仲裁协会所有国际仲裁案件的管理。美国仲裁协会的主要职能为管理仲裁案件。根据美国仲裁规则的规定，仲裁案件由仲裁规则中提到的"仲裁管理人"（即国际争议解决中心）全权管理。美国仲裁协会还为"临时"仲裁提供行政支持，即为可根据《联合国国际贸易法委员会仲裁规则》担任仲裁员的委任机构。

3. 英国伦敦国际仲裁院

英国伦敦国际仲裁院（London Court of International Arbitration，简称"LCIA"）成立于 1892 年 11 月 23 日，最初名称为"伦敦仲裁会"，总部设在伦敦，是国际上最早成立的常设仲裁机构。1903 年更名为"伦敦仲裁院"，1975 年与女王特许仲裁员协会（又名皇家特许仲裁员协会，简称"CIArb"）合并，现由伦敦国际仲裁院、伦敦商会和女王特许仲裁员协会三家共同组成的联合管理委员会管理，仲裁院的日常工作由女王特许仲裁员协会负责，协会会长兼任仲裁院主席。英国伦敦国际仲裁院的职能是解决国际商事争议并提供服务，它可以受理当事人依据仲裁协议提交的任何性质的国际争议。该仲裁院在组成仲裁庭方面确定了一项重要的原则，即在涉及不同国籍的双方当事人的商事争议中，独任仲裁员和首席仲裁员必须由 1 名中立国籍的人士担任。它是目前英国最主要的国际商事仲裁机构，可以审理提交给它的任何性质的国际争议，尤其擅长国际海事案件的审理。由于其较高的仲裁质量，它在国际社会上享有很高的声望。

4. 解决国际投资争端中心

解决国际投资争端中心（The International Center for the Settlement of Investment Disputes，简称"ICSID"），成立于 1966 年，是依据《解决国家与他国国民间投资争端公约》（又称 1965 年《华盛顿公约》）而建立的、世界上第一个专门解决国际投资争议的仲裁机构，通过调解和仲裁方式，专为解决政府与外国私人投资者之间争端提供便利。解决国际投资争端中心总部设在华盛顿特区，其设立的目的在于增加发达国家投资者向发展中国家进行投资的信心，并通过仲裁和调解方式来解决投资争议。它要求争议的双方须为公约的成员国，争议主体为国家或国家机构或代理机构。其解决的争议性质必须为直接由投资引起的法律争议。该中心有其自己的仲裁规则，并且仲裁时必须使用其规则。审理案件的仲裁员，调解时的调解员须从其仲裁员名册和调解员名册中选定。其裁决为终局的，争议方必须接受。

5. 瑞典斯德哥尔摩商会仲裁院

瑞典斯德哥尔摩商会仲裁院（The Arbitration Institute of the Stockholm Chamber of Commerce，英文简称"AISCC"）成立于1917年，其仲裁机构组织设立于1949年，设立的目的在于解决工业、贸易和运输领域的争议。瑞典斯德哥尔摩商会仲裁院的总部设在瑞典的斯德哥尔摩，包括秘书局和由三名成员组成的委员会。三名委员任期三年，由商会任命。三名委员中，一名须具有解决工商争议的经验，一名须为有实践经验的律师，还有一名须具备与商业组织沟通的能力。瑞典斯德哥尔摩商会仲裁院解决国际争议的优势在于其国家的中立地位，尤其以解决涉及远东争议而著称。

（三）仲裁机构的选择

选择恰当的仲裁机构，应考虑以下几方面因素：

1. 是否拥有具备专业素质的仲裁员

仲裁员是仲裁案件的审理者，直接决定和影响着案件的审理质量。仲裁由专家审理，具有权威性是当事人选择仲裁员的主要因素之一。从世界范围来看，仲裁员多数都不是专职的，没有过多的组织要求，所以在这种情况下，仲裁员自身的业务和道德水平对案件审理尤为重要。实践已证明，专业和道德水准均优异的仲裁员队伍是仲裁案件公正审理的保证。

2. 是否有规范的仲裁规则

仲裁规则是仲裁案件审理过程中仲裁机构及仲裁员必须遵守和依据的程序规范。仲裁程序的优劣决定着案件审理的效率，也在很大程度上影响着案件的实体结果。因为没有程序的正义是不可能有实体正义的。所以，一个好的仲裁机构应该有一套完善、高效率、能充分保证当事人意思自治，并能和世界接轨的仲裁规则。离开这样的仲裁规则，再好的仲裁员也不可能使案件得到公正、高效的审理。

3. 社会评价和裁决执行情况

仲裁裁决能够得到顺利执行，是当事人选择仲裁的最终目的。这也是仲裁社会价值的主要体现方式。裁决得不到执行，不仅使当事人选择仲裁的目的落空，更使仲裁失去了存在价值。选择仲裁机构一定要选择在国内、国际上有着较高声誉的机构。

4. 服务水平及案件成本

仲裁属于法律服务的范畴，服务是否热情、周到直接影响到当事人对仲裁机构的感受。在这样一个宽松的氛围里，当事人双方可以心平气和地把事实澄清，把观点列明，心情愉悦地把争议解决。所以好的仲裁机构一定特别注意服务的质量。当然，还要考虑仲裁成本，根据案件的实际情况选择合适的仲裁机构。

四、律师代理仲裁业务的程序和方法

根据我国《律师法》第二十八条的规定，律师可以接受委托，参加仲裁活动。而我国《仲裁法》第二十九条又规定，当事人、法定代理人可以委托律师和其他代理人进行仲裁活动。律师办理仲裁业务时，应遵守 2000 年 3 月 26 日全国律协四届六次常务理事会通过的《律师参与仲裁工作规则》，该规则就律师参与仲裁工作的具体原则、程序、方法等作了具体的规定。

（一）律师代理仲裁案件的职责和原则

律师代理仲裁案件的职责是根据委托人的授权参加仲裁活动，维护委托人的合法权益，维护法律的正确实施。其应当遵守的原则包括：

（1）律师在仲裁活动中，必须遵守国家法律、法规，坚持以事实为根据，以法律为准绳的原则，信守律师职业道德和执业纪律规范。

（2）律师参加仲裁活动，必须坚持依法维护委托人的合法权益，维护法律的公正实施，忠于职守，认真负责，不得损害委托人的合法权益。

（3）律师在办案过程中应当保守国家秘密和委托人的商业秘密及其个人隐私，始终不得公开仲裁内容、过程和结果。

（二）律师代理仲裁案件的程序

1. 收案阶段

律师在接受仲裁案件委托时应审查下列条件：① 除劳动合同外，仲裁协议的内容是否合法、真实、有效；② 委托代理的案件是否符合《仲裁法》第二条、第三条等规定的关于提请仲裁的条件；③ 案件是否超过法律规定的关于仲裁的时效；④ 仲裁案件的双方当事人是否明确；⑤ 仲裁请求或反请求是否合法、明确、具体；⑥ 委托人是否是本案仲裁协议的当事人；⑦ 委托人作为居住在国外的中国公民、外国人或国外企业及组织时是否提供合法的委托手续或证明。

律师接受委托时，应注意根据案情向委托人询问如下事项：① 除劳动合同外，当事人之间是否自愿达成仲裁协议，以及仲裁协议的内容是否真实；② 仲裁请求或反请求的内容。同时，还应注意根据案件的不同情况向委托人说明以下事项：第一，除劳动仲裁外，仲裁裁决是终局裁决，裁决做出后，当事人不得就同一纠纷上诉，也不能再到法院起诉；第二，劳动仲裁须先经过仲裁庭调解，如对劳动仲裁裁决不服，可向有管辖权的人民法院提起诉讼；第三，如果需要采取财产保全、证据保全措施或者仲裁裁决需要强制执行时，应向有管辖权的人民法院提出申请；第四，除劳动仲裁或独任仲裁外，代理律师应向委托人选定仲裁员的程序；第五，委托人作为仲裁案件的被申请人有权提出反请求；第六，应向委托人说明仲裁可能涉及的审理时间和费用种类。

律师接受委托后，无正当理由的，不得拒绝代理。但委托事项违法，委托人利用律师提供的服务从事违法活动或者委托人隐瞒重要事实的，律师有权拒绝代理，因此单方解除委托代理协议时，应及时通知委托人。对于不符合法律规定条件，不能申请仲裁或属于可以申请仲裁但仲裁协议内容有瑕疵的案件，律师应向委托人做好解释工作，并根据不同情况，经与委托人协商后做出相应的处理。

2. 调查取证与仲裁受理阶段

律师经了解案情后，如认为事实不清，证据不足，应在征得委托人同意后进行调查。调查内容和目的可告知委托人，调查时可请委托人提供线索和证人名单，委托人应积极配合并提供必要的帮助。律师调查时，须持律师事务所调查专用介绍信，由两人共同进行。如律师一人调查，应有与本案无利害关系的第三者在场。被调查人是未成年人的，应请其监护人或教师在场。对于律师难以取得的证据，可以申请仲裁庭收集、调取证据。仲裁庭同意收集、调取证据，经仲裁庭同意，律师可以参加。对有可能灭失或以后难以取得的证据，在仲裁进行阶段，律师应向仲裁委员会提出申请，由人民法院进行证据保全。在仲裁的其他阶段，律师可向公证机关申请证据保全公证。

仲裁申请被受理后，承办律师应协同委托人在规定期限内指定仲裁员。律师应建议委托人指定熟悉纠纷所涉及的专业领域及相关语言的仲裁员，并应避免出现仲裁规则规定的应回避的情况。

3. 审理阶段

仲裁庭开庭审理前，承办律师应充分与委托人交换意见，熟悉案情，分析证据，说明举证责任，明确请求或反请求，以便庭审时律师与委托人相互配合。律师应熟悉有关法律法规、商业习惯和国际惯例与实践。律师应事先与委托人讨论调解的可能性及可能接受调解的方案。对于委托人非法和无理的主张，律师应耐心进行解释和说服工作。律师应熟悉相关的仲裁规则和仲裁程序，特别是受理仲裁的仲裁机构的仲裁规则和仲裁员守则。为保证仲裁裁决的顺利执行，律师发现仲裁过程中任何不符合仲裁程序的做法应及时告知委托人，并及时向仲裁机构提出异议，充分维护委托人的合法权益。

承办律师应按照法律和仲裁规则的要求准备并向仲裁庭提交申请文件或答辩文件，并及时提交补充文件，拟好询问提纲，认真撰写代理词。代理词应清楚叙述事实，正确引用法律，证据确凿，理由充分。

在仲裁庭主持调解或双方当事人希望庭外和解时，应帮助委托人分析调解方案和最终执行的可行性。在符合法律法规，不损害委托人合法利益并征得其同意的前提下达成和解。仲裁庭只审理仲裁请求范围内的事项，如果在案件审理过程中涉及的问题超出仲裁请求的范围，承办律师应及时告知委托人，以便采取相应的对策，或补充提出仲裁请求，或向仲裁庭提出异议。律师承办的仲裁活动结束后，应写出办案总结，整理案卷归档。

4. 执行阶段

律师接受有关仲裁裁决执行的委托，应与委托人签订委托代理协议，审查仲裁裁决的效力和有关请求的时效，并在委托人的配合下准备有关的法律文件。律师接受被申请执行方委托后，应审查该案是否属于受案法院管辖，发现法院管辖不当的，应及时以书面方式向法院提出，请求移送。

法院裁定撤销仲裁裁决或不予执行仲裁裁决或调解后，双方当事人重新达成仲裁协议，或者经人民法院通知仲裁庭重新仲裁的，同一律师继续接受委托代理仲裁活动的，应与委托人重新办理委托手续。

五、仲裁裁决的撤销与执行

虽然仲裁裁决具有一裁终局的性质，但是，这并不意味着裁决生效后无论正确与否都必须执行，法律赋予了当事人通过司法途径依法维护自己的合法诉求的权利。而对于裁决生效后当事人不予履行的情况，也可以申请法院执行。

（一）申请仲裁裁决的撤销

撤销仲裁裁决是指有管辖权的法院，根据一方当事人的申请，依据特定的事由，依法裁定否决仲裁裁决效力的司法监督活动。按照我国《仲裁法》的规定，申请撤销仲裁裁决必须符合下列条件：① 提出撤销仲裁裁决申请的主体必须是仲裁当事人。由于仲裁当事人与仲裁裁决的结果有直接的利害关系，仲裁裁决也决定着当事人的合法权益是否得到了保护或者受到了侵害。因此，法律规定提出申请撤销仲裁裁决的主体是当事人，包括仲裁申请人和被申请人。② 必须向有管辖权的人民法院提出撤销仲裁裁决的申请。当事人申请撤销仲裁裁决，必须向仲裁委员会所在地的中级人民法院提出。向其他人民法院提出的，人民法院不予受理。③ 必须在法定的期限内提出撤销仲裁裁决的申请。我国《仲裁法》规定，当事人申请撤销仲裁裁决的，应当自收到裁决书之日起 6 个月内提出。如果当事人在规定的期限内没有提出撤销仲裁裁决的申请，则表明他放弃了此项权利，双方当事人都应自觉履行裁决书中规定的各自的义务，否则，权利方当事人可以申请执行。④ 必须有证据证明仲裁裁决有法律规定的应予撤销的情形。仲裁当事人提出申请撤销仲裁裁决时必须有证据对该仲裁裁决具有法律规定的应予撤销的情形加以证明。没有证据，人民法院不予受理；当事人所提供的证据能否证明，则需要人民法院审查认定。

当事人申请撤销仲裁裁决，必须具有法定依据。根据《仲裁法》的规定，有下列情形之一的，当事人可以申请撤销仲裁裁决：

1. 没有仲裁协议的

仲裁协议是当事人自愿将他们之间的争议提交仲裁解决的书面文件，是当事人申请仲裁和仲裁机构受理当事人的仲裁申请的前提和基础。对于没有仲裁协议而申请仲裁的，仲裁委员会不予受理，更不能对案件作出裁决。如果仲裁机构对没有仲裁协议的纠纷案件予以受理并作出了裁决，则违反了当事人自愿的原则，该仲裁裁决也就是违法裁决，当事人有权向人民法院申请撤销此裁决。

2. 裁决的事项不属于仲裁协议的范围或者仲裁委员会无权仲裁的

当事人申请仲裁的事项，必须是仲裁协议确定的事项，仲裁机构也只能就仲裁协议范围内的争议事项作出裁决。如果当事人申请仲裁的事项超出仲裁协议约定的范围，而仲裁机构仍予受理并作出裁决，或者虽然当事人确定了申请仲裁的范围，但仲裁机构所作出的仲裁裁决超出了当事人的请求范围，则此仲裁裁决也应予撤销。

我国《仲裁法》规定了婚姻、收养、监护、扶养、继承纠纷和依法应当由行政机关处理的行政争议不能仲裁。如果当事人在仲裁协议中约定的事项违反了此条规定，并且当事人依据此仲裁协议将本不能提交仲裁的争议事项提交仲裁，那么，仲裁机构以此为基础作出的仲裁裁决应予撤销。

3. 仲裁庭的组成或者仲裁的程序违反法定程序的

根据《仲裁法》的规定，仲裁庭是由 3 名仲裁员组成，还是由 1 名仲裁员组成，由双方当事人约定；仲裁员应当由当事人选定或委托仲裁委员会主任指定。只有当事人没有在规定的期限内约定仲裁庭组成方式或者选定仲裁员时，才由仲裁委员会依照职权指定。当仲裁庭的组成违反了仲裁法的规定，则该仲裁庭所作出的仲裁裁决应予撤销。

仲裁必须按照法定的程序进行。如果仲裁机构没有按照仲裁程序规则所规定的期限将全部文件或材料送达双方当事人，或者当事人未能在仲裁程序中获得充分的陈述或辩论的机会，或者有关仲裁员有法定回避情形而未予回避，等等，均是违反仲裁程序的做法。在违背法定仲裁程序基础上所作出的仲裁裁决，应予撤销。

4. 仲裁裁决所依据的证据是伪造的

证据是仲裁庭查明案件真实情况、分清是非、确定双方当事人的责任界限并作出仲裁裁决的根据。当事人必须向仲裁庭提供真实的证据。如果当事人提供了伪造的证据，必定会影响仲裁庭对案件事实做出正确判断，从而会影响仲裁裁决的客观性和公正性。因此，以伪造的证据为基础作出的仲裁裁决应予撤销。

5. 对方当事人隐瞒了足以影响公正裁决的证据的

如果一方当事人为了自身的利益，隐瞒了可能对自己不利的且不为他人所掌握的证据，那么仲裁庭对事实的判断，对是非的认定和对责任的划分等，就会与实际情况不相符，那么由此所作出的仲裁裁决必定会给另一方当事人带来不公正的结果。所谓"足以影响公正裁决的证据"，是指直接关系到仲裁裁决的最后结论的证据，这些证据通常与仲裁案件所涉及的纠纷或争议的焦点或重要情节有着直接的联系，同时这些证据也直接影响着仲裁庭对案件事实的正确判断。因此，在当事人隐瞒了足以影响公正裁决的证据的情况下所作出的仲裁裁决应当被撤销。

6. 仲裁员在仲裁该案时有索贿受贿、徇私舞弊、枉法裁决的行为的

仲裁员在仲裁案件的过程中非法索要或非法接受当事人财物或其他不正当利益；仲裁员为了谋取私利或为了报答一方当事人已经或承诺给予自己的某种利益而弄虚作假；仲裁员在仲裁案件时，颠倒是非甚至故意错误适用法律，都是仲裁过程中的严重的违法行为。这些行为必然影响案件的公正审理和裁决，损害一方当事人的合法权益。在此基础上作出的仲裁裁决应当予以撤销。

根据《仲裁法》的规定，除上述几项外，如果仲裁裁决违背社会公共利益，人民法院也应当裁定撤销该仲裁裁决。这是因为，社会公共利益和个人利益、局部利益既有统一协调的一面，又有矛盾冲突的一面，保护社会公共利益，是现代各国的通例，也是我国的仲裁准则之一。对于国内仲裁裁决的撤销，有管辖权的人民法院可以直接裁定撤销；对于涉外仲裁裁决的撤销，则实行"逐级报告制度"。撤销仲裁裁决的裁定一经作出，即发生完全否定仲裁裁决效力的法律效力，当事人不得就该裁定提出异议。仲裁裁决被依法撤销后，当事人可以重新达成仲裁协议，通过仲裁的方式解决纠纷，或者向人民法院提起诉讼。

（二）仲裁裁决执行

由于仲裁机构并非国家司法机关，没有强制执行权，因此《仲裁法》及《民事诉讼法》均确定对依法设立的仲裁机构的裁决，一方当事人不履行的，对方当事人可以向有管辖权的人民法院申请执行。受申请的人民法院一般为财产所在地的基层人民法院。人民法院接到当事人的执行申请时，应当及时采取执行措施。但是，如果被执行申请人提出证据证明仲裁裁决有不予执行的情形，可以请求人民法院不予执行该裁决，人民法院组成合议庭审查核实后，裁定不予执行。按照《民事诉讼法》第二百三十七条第二款规定，被申请人提出证据证明仲裁裁决有下列情形之一的，经人民法院组成合议庭审查核实，裁定不予执行：① 当事人在合同中没有订有仲裁条款或者事后没有达成书面仲裁协议的；② 裁决的事项不属于仲裁协议的范围或者仲裁机构无权仲裁的；③ 仲裁庭的组成或者仲裁的程序违反法定程序的；④ 裁决所根据的证据是伪造的；⑤ 对方当事人向仲裁机构隐瞒了足以影响公正裁决的证据的；⑥ 仲裁员在仲裁该案时有贪污受贿，徇私舞弊，枉法裁决行为的。人民法院认定执行该裁决违背社会公共利益的，裁定不予执行。

仲裁裁决被人民法院裁定不予执行的，当事人可以根据双方达成的书面仲裁协议重新申请仲裁，也可以向人民法院起诉。

不予执行仲裁裁决和撤销仲裁裁决都是人民法院对仲裁行使司法监督权的体现，都是在符合法律规定的特定情形下对仲裁裁决的否定。但两者也有不同之处，其具体体现在：

（1）提出请求的当事人不同，有权提出撤销仲裁裁决申请的当事人可以是仲裁案件中的任何一方当事人，不论其是仲裁裁决确定的权利人还是义务人；而有权提出不予执行仲裁裁决的当事人只能是被申请执行仲裁裁决的一方当事人。

（2）提出请求的期限不同，当事人请求撤销仲裁裁决的，应当自收到仲裁裁决书之日起6个月内向人民法院提出；而当事人申请不予执行仲裁裁决则是在对方当事人申请执行仲裁裁决之后，法院对是否执行仲裁裁决作出裁定之前提出。

（3）管辖法院不同，当事人申请撤销仲裁裁决，应当向仲裁委员会所在地的中级人民法院提出，而当事人申请不予执行仲裁裁决只能向申请执行人提出执行申请的法院提出。

（4）法定理由不同，申请撤销仲裁裁决理由是裁决所依据的证据是伪造的，对方当事人隐瞒了足以影响公正裁决的证据的；而申请不予执行仲裁裁决理由的是认定事实的主要证据不足的、适用法律确有错误的。而且，人民法院还可以以违背社会公共利益为由撤销仲裁裁决。法定理由的不同表明，人民法院在审查撤销仲裁裁决时，侧重于对仲裁裁决的事实认定进行审查；而在审查不予执行仲裁裁决时，既审查仲裁裁决所认定的事实，又审查仲裁裁决所适用的法律。

（5）法律程序不同，在撤销仲裁裁决的程序中，法院认为可以由仲裁庭重新仲裁的，应通知仲裁庭在一定期限内重新仲裁；而在不予执行仲裁裁决的程序中，法院不可要求仲裁庭重新仲裁。

课后思考题

1992 年 12 月 25 日，海南省海口市上坡下村 109 号楼房突然起火，消防人员扑灭大火后，发现了楼房看管人钟某某的尸体。经法医鉴定，被害人钟某某身有多处锐器伤，系颈动脉被割断造成失血性休克死亡。租住在 109 号楼房的陈某被海口市公安局确认为犯罪嫌疑人。1994 年 11 月 9 日，海口市中级人民法院以故意杀人罪判处陈某死刑，缓期二年执行，剥夺政治权利终身，以放火罪判处有期徒刑九年，决定判处死刑，缓期二年执行，剥夺政治权利终身。海南省高级人民法院二审认定的事实与一审基本相同，认为陈某的行为已分别构成故意杀人罪和放火罪，手段残忍，情节恶劣，后果严重，依法应予严惩。

判决发生法律效力后，陈某父母和陈某始终不服，坚持向相关政法机关申诉。2014 年 4 月 14 日，陈某委托代理律师向最高人民检察院提出申诉。陈某向最高人民检察院申诉的理由主要包括：一是陈某根本没有作案时间，也没有实施被指控的犯罪，应当宣告陈某无罪；二是原审裁判认定陈某犯罪的证据没有达到确实充分的标准；三是陈某的供述是在刑讯逼供下作出的，应当予以排除。经最高人民检察院检察委员会讨论认为，陈某案原审裁判事实不清，证据不足，2015 年 2 月 10 日，最高人民检察院将陈某案向最高人民法院提出抗诉。2015 年 4 月 24 日，最高人民法院采纳最高人民检察院意见，指令浙江省高级人民法院异地再审。2015 年 12 月 29 日，浙江省高级人民法院在海南公开开庭审理陈某申诉案。2016 年 2 月 1 日，浙江省高级人民法院在海南省美兰监狱公开宣判：陈某无罪。陈某被当庭释放。

结合该案例，回答以下问题：

1. 该案中，通过律师申诉可以促使最高人民检察院确实发现案件处理中存在的问题，进而进行抗诉，启动（　　），纠正原判决的错误，真正使法律得以正确实施。

A. 复核程序　　　　　　　　　　B. 审判监督程序

C. 纠错程序　　　　　　　　　　D. 排查程序

2. 依据我国法律，陈某及其代理人除了向最高人民检察院提出申诉外，还可以向（　　）申诉。

A. 公安部　　　　　　　　　　　B. 国务院

C. 最高人民法院　　　　　　　　D. 全国人大

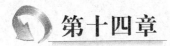

第十四章

法律咨询业务

学习目标

　　法律咨询业务是律师业务中一项独立的业务，根据我国《律师法》第二十八条规定，律师可以从事"解答有关法律的询问"。事实上，律师的各项业务过程中都贯穿着法律咨询活动，如房地产业务、公司业务、知识产权业务、婚姻家庭业务、刑事业务等，不过，本章所指的法律咨询业务，主要是指正式签订委托代理合同之外的一般法律咨询业务。希望学习者通过本章学习，了解并掌握律师答复当事人法律咨询的方法以及在法律咨询业务中可能碰到的常见问题的答复方法。

第一节　法律咨询概述

一、法律咨询的概念

　　在中国古代，"咨"和"询"原是两个词，"咨"是商量，"询"是询问，后来"咨询"逐渐形成了一个复合词，具有询问、商量、磋商等意思。广义的法律咨询主要指整个律师行业。法律咨询不仅仅限制于律师对于法律求助者的法律知识的解答，而是涉及更广泛的法务工作者对法律问题的释疑。狭义的法律咨询主要指律师传统业务中的咨询业务，是指律师就自然人、国家机关、企事业单位、社会团体、其他组织等涉及法律问题所提出的询问，以口头或者书面形式给予解答、作出说明、提出建议以及提供解决问题方案的一种业务活动。由于法律的复杂性，非专业人士在遇到法律问题时，往往需要求助于律师一类的法律专业人士。

　　在律师事务所的日常业务活动中，客户会提出各种各样的法律问题请求律师给予解答。如，公司招聘职工，劳动合同如何签订？离婚财产如何分配？公司大股东侵害小股东的权益怎么办？外商投资方案如何起草？货款被诈骗后怎么办？等等。律师作为法律方面的专家，应通过提供咨询建议，指导客户采取合理的措施，最大限度地维护自身的合法权益。

二、法律咨询的特点

1. 法律咨询具有专业性

法律咨询是律师事务所提供的一项专业服务，提供法律咨询服务的机构是依法设立的律师事务所，律师解答法律咨询是律师的一项重要业务，有着特定的工作方式和要求。律师提供的法律咨询服务不同于其他咨询服务，法律咨询主要针对的是法律方面的问题，要求律师具备较强的法律专业知识。

2. 法律咨询具有广泛性

法律咨询的服务对象包括社会各界人士，不仅包括内地各级国家机关、社会团体、企事业单位和公民，还包括港、澳、台地区以及国外的公民、法人和其他经济组织、群众团体。另外，律师咨询业务所涉及的问题也具有广泛性，涉及国内法律的各个领域，还可能涉及国外法律，涉及国际条约和国际惯例；不仅涉及现行法律和政策，还可能涉及历史上的法律和政策；不仅涉及一般的法律问题，还可能涉及其他社会生活的各个领域。因而，法律咨询服务的内容也具有广泛性。其中，关于婚姻家庭关系、公司合同关系、劳动关系、消费者权益保护、医疗纠纷、交通事故、人身权利、相邻关系、购房纠纷、各种诉讼程序的基本问题等占了法律咨询绝大部分内容。

3. 法律咨询形式多样，业务具有经常性、普遍性

法律咨询的形式呈现出多样性。客户既可以直接到律师事务所当面咨询律师，也可以通过电话、电子邮件、传真等形式提出自己的疑问，还可以在网络上向网络注册律师进行询问。对律师提供法律咨询服务的方式没有固定要求，客户有疑问可以通过各种方式向律师咨询；对律师提供法律咨询服务的时间也没有限制，不分白天黑夜，是一种经常性、普遍性的业务活动。

4. 律师咨询的意见和建议不具有法律约束力

一般来说，咨询者和律师事务所之间没有签订书面合同，二者并没有形成权利义务关系。律师提供法律咨询服务时，只是根据咨询者自己的陈述，针对咨询者提出的问题进行回答，并不具有法律上的约束力，其内容也仅供咨询者参考。因此律师提供法律咨询服务时所提出的意见和建议没有法律约束力。但是，律师对于咨询者的疑问，应当以负责的态度充分运用自己的经验和专业的知识进行解答。

律师咨询业务可以是免费的，也可以收取一定的费用。为贯彻落实《中共中央转发〈中央司法体制改革领导小组关于司法体制和工作机制改革的初步意见〉的通知》精神，规范律师服务收费行为，维护委托人和律师事务所的合法权益，国家发展改革委、司法部特制定了《律师服务收费管理办法》。实行市场调节的律师服务收费制度，由律师事务所与委托人协商确定具体费用。律师事务所与委托人协商律师服务收费应当考虑以下主要因素：① 耗费的工作时间；② 法律事务的难易程度；③ 委托人的承受能力；④ 律师可能承担的风险和责任；⑤ 律师的社会信誉和工作水平等。

律师服务收费可以根据不同的服务内容，采取计件收费、按标的额比例收费和计时收费等方式。计件收费一般适用于不涉及财产关系的法律事务；按标的额比例收费适用于涉及财产关系的法律事务；计时收费适用于全部法律事务。

三、法律咨询的意义

1. 有利于保护咨询者的合法权益

在现实生活中，自然人、法人和其他经济组织在其合法权益遭受侵害时，往往不知道通过何种途径来救济，所以权益无法得到有效的维护，律师通过提供法律咨询服务，可以帮助咨询者合法保护自身的权益，正确解决纠纷。

2. 普及法律知识，有助于社会主义法制宣传

律师通过提供法律咨询服务可以有效地告知咨询者什么是合法的，什么是非法的，通过何种途径有效维护自身权益，并向咨询者宣传法律、法规和政策。律师通过解答咨询者的法律困惑，使咨询者能够自觉地学法、守法、用法，从而提高公民的法律意识。

3. 有助于预防犯罪，维护社会的稳定

律师通过提供法律咨询服务帮助社会民众排忧解难，增强公民的法律意识，正确对待社会生活中的各种矛盾，处理或解决各种纠纷，化解矛盾，预防和减少违法犯罪的发生，有利于促进社会的安定团结，维护社会的稳定。

4. 有助于律师提高自身业务素质，拓展业务

律师提供法律咨询服务可以全面锻炼自身的业务能力。法律咨询业务具有广泛性，涉及领域多，情况通常比较复杂，对律师的业务水平要求较高。通过提供法律咨询服务，律师可以接触到新问题、遇到新情况，比如在房地产法律业务中，要能全面把握我国繁杂的房地产法律、法规，对于律师来说是非常不易的。通过房地产法律咨询服务工作，律师能够接触到各种各样的问题，从落实城镇私房、华侨房产政策，到解决农村宅基地纠纷；从讲解房地产租赁、转让、抵押等相关法律规定，到办理房地产开发手续，涉及与房地产有关的法律、法规和政策的方方面面，这对于提高律师的业务知识、水平和能力而言，是大有裨益的。这样就为律师积累了大量的第一手材料，促使律师进一步丰富法律知识，提高业务素质。同时，通过法律咨询服务工作，可以帮助律师扩大和社会各界的接触，增强和社会各界的联系，有利于律师事务所和律师进一步拓展业务。

第二节　法律咨询业务的基本原则

法律咨询业务的基本原则，是指律师在解答询问者提出的问题时应该遵循的基本准则，是律师执业的基本要求，体现了律师工作公平、正义、严谨、求实的精神。律师在解答法律

咨询问题时，会涉及国家的法律、法规和政策，更关系到咨询者的切身利益，律师应该认真对待每一次咨询，同时也应把握每一个提高自身业务知识和能力的实践机会。具体而言，律师在提供法律咨询服务时应遵循以下基本原则：

1. 恪守"以事实为依据，以法律为准绳"的原则

"以事实为依据，以法律为准绳"是法律适用过程中的一项重要原则，这一原则同时也贯穿于律师全部业务活动中。在法律咨询服务工作中，律师不能一味迎合甚至助长询问人的错误观点，也不能逃避各种压力，避重就轻，敷衍了事。律师在向询问人提供法律意见时，一定要严格以事实为依据，以法律为准绳，在全面了解客观事实和分析适用法律的基础上，负责、真实地表达自己的法律意见和建议，不可信口开河、随意发挥。要做到言之有据，不能妄下结论，要对症下药，在法律规定的框架内灵活运用法律，为询问人提供最有效的法律建议。

律师在提供法律咨询服务时，应该运用法律思维解决实际问题。法律思维是在决策过程中按照法律的逻辑，来观察、思考、解决社会问题的一种思考模式。法律思维总是和决策相联系的，只有在决策过程中，才涉及法律思维。在解决涉及法律的社会问题时，需要有法律思维。法律思维的基本规则是围绕权利与义务来思考问题，这是法律思维中最重要的规则。对于权利与义务的分析能力是法律工作者最基本的能力。法律问题解决的是当事人之间的法律关系问题，也就是权利与义务问题。法律责任是由权利与义务衍生出来的。合法性思考就是通过针对权利与义务的分析，对各种行为、利益、请求、期待做出合法性评价。律师应该在客观真实地分析有关事实的基础上，根据自己掌握的法律知识和自身经验，对案件事实进行法律分析，要准确独立地适用法律，不能一味迎合询问人从而助长其错误认识和主张。

如果询问人在陈述案情的过程中，存在前后矛盾或不符合逻辑规律等不妥之处，作为律师，有责任告知询问人如实陈述案件的重要性。要支持询问人有法律依据的利益主张，保护其合法权益；对于其无法律依据的要求，绝对不能纵容。

2. 坚持"抓问题的本质，掌握基本情况"的原则

由于询问人的法律素养参差不齐，在陈述事实的过程中，往往会不得要旨，混淆重点和非重点，且由于其不清楚案情中的利害关系，所以会事无巨细地陈述，内容非常烦琐。这就要求律师能迅速把握住其中的权利与义务关系，在认真听取陈述的基础上，分析事实并理清案情中的要旨，从而抓住询问人的真实意图和诉求。对有关部门与群众矛盾方面的咨询要持慎重态度，要讲明利弊，做好群众疏导工作，防止事态扩大；对询问人关于决策方面的咨询要注意从正反两方面分析利害得失，要为询问人提供可行性参考意见，但不应代替询问人进行决策，从而避免相应的法律风险；对具体涉案引用条文的解释要分析清楚案情，可以对相关条款的引用是否正确进行解释。但对适用该条款的幅度大小、情节轻重等方面，律师因对相关证据情况不了解，一般不宜作解释。

3. 坚持"最大限度维护当事人的合法权益"原则

律师的本职工作就是最大限度地维护好当事人的合法权益，作为掌握专业知识和技能的

人才，律师应在执业活动中充分发挥自己的才能，帮助客户解决实际问题，并不断积累经验提高自身的法律素养。在法律咨询业务中，凡是涉及询问人合法权益的内容，律师都要着重强调，对不利于询问人的问题，律师也不能隐瞒，并对上述两种情况都要尽可能给出可行的解决方案。

4. 避免激化矛盾，尽量减少当事人的诉讼之累原则

律师的职责是根据当事人的诉求，找到化解矛盾的最佳方案，而不是激化本来可能不激烈的矛盾。通过激化矛盾从中收取更高的费用的做法不符合当事人的根本利益，也严重违反了律师的职业道德，应该坚决杜绝。律师应该在自身的能力范围内，尽最大的努力给予询问人合法且合理的意见和建议，从而化解其中的矛盾，而不是有争议就必然诉诸法庭。在听取案情的过程中，帮助询问人分析其中的利害关系，减少其不必要的诉讼之累才是真正符合其根本利益的做法。

5. 坚持公平正义的原则

公平正义是人类的不懈追求，不论在哪个时代，哪个国家和地区，正义是人类永恒的主题。法律是正义的化身，律师作为法律工作者应公正地维护当事人的合法权益，为当事人提供高质量的服务。对涉及其他部门的咨询，如具体规定或细节不清楚的，可以指引当事人去相关部门咨询。律师不能混淆是非、畏惧强权或者为金钱所左右。

第三节 法律咨询的基本环节

一、寻求法律咨询的途径

1. 直接向律师或者律师事务所咨询

这种方式比较适合急需法律帮助的询问人，通过当面询问律师可以快速有效地获得相关意见，及时获取解决问题的方法。一般当面法律咨询的地点直接选在律师事务所，如果询问人满意还可以直接委托律师作为代理人，处理相应的法律问题。当面法律咨询的收费标准没有全国统一的规定，一般按小时收费，15 分钟以内不收咨询费。选择当面咨询律师时，询问人最好提前约好律师，并带上相关的详细案件资料，以便律师可以充分掌握案情，提供有效意见。

2. 通过电话联络律师或者律师事务所（法律服务机构）进行咨询

电话法律咨询具有方便快捷的优点，一般不收取费用，适合案情不需马上解决，矛盾纠纷不大的询问人。如果询问人获取到一些提供电话法律咨询服务的律师事务所或者律师的联系方式，可以从其中选择相关专业领域的律师。当然，在打电话之前，询问人最好先整理好思路，准备好相关材料，想好问题的重点，尽量简要地概括出案情的基本事实。

3. 通过网络的方式获取法律咨询服务

一些律师事务所或者律师会通过网站提供法律咨询服务，询问人可以在相应的网络平台

上发布问题，等待律师的答复。网上免费法律咨询服务以互联网为载体，电脑为媒介，当事人可以随时在网站上提出自己的疑问，还可以上传材料、图片，补充问题等。但是，也会遇到律师回答不及时等问题。此外，在互联网时代，微信、QQ 等即时通信工具也为询问人提供了有效的平台，通过这些软件和互联网可以为律师和询问人搭建桥梁，打破时间和地域上的限制，随时随地获取律师的咨询服务。

4. 其他咨询方式

除了上述提到的比较常见的咨询方式之外，询问人还也可以通过发邮件、传真等方式获取咨询服务，还可以在电视、电台、报纸等传统媒体上进行咨询。

二、律师解答法律咨询的方式

律师解答法律咨询问题，通常使用口头解答或书面解答两种方式。在律师的执业过程中，提供咨询服务是一项经常性的工作，这也是考验和锻炼律师职业素养的重要途径。律师只有不断积累、学习和钻研，才能在工作中给客户提供令人满意的回答和有效地解决问题的方案。

1. 口头解答

在实务操作中，口头解答是律师在解答法律咨询问题时最常用到的方式，是指律师当面或者通过电话等其他形式听取询问人的陈述和提问，经过思考分析后，以口头的形式立即给予其回答。口头解答包括听取咨询和解答咨询两个阶段。

在听取咨询的阶段，律师的任务是听清询问人陈述的案情事实，以及需要解答的问题，在这个阶段律师要把握好"倾听、记录、提问、观察"这几个环节。这一阶段也是为下一个阶段做好准备，在解答咨询时，律师要正确分析问题和认真回答问题，这一阶段律师要把握好"分析、解答"两个环节。在实际的工作中，这两个阶段是紧密联系在一起的，并没有严格的区分，需要律师在实务中灵活把握，综合运用。

2. 书面解答

书面解答法律咨询，是指针对公民、法人或其他组织来访时提出的问题、针对询问人带来的书面材料或者询问人寄来的信函中所提出的问题，律师根据相关的法律知识以及有关法律法规和政策的规定，通过书面的形式予以解答的方式。书面解答包括两种，一种是一般性的书面解答，主要针对询问人信函中或书面材料中所提出的问题。另一种是律师出具的法律意见书，是律师提供法律服务的一种综合性书面文件，其内容包括向询问人提供法律依据、法律建议和解决问题的方案。律师就询问人提出的专门性的重要法律问题，一般会通过出具法律意见书的形式给予解答。

在书面解答询问人的问题时，首先，律师应该认真阅读信函或书面材料的内容，准确提炼出相关事实和问题。对于事实、问题清晰的，律师可以直接依据法律、法规作出解答；对于事实不清、内容不详的问题，则要慎重对待，应与询问人进行及时沟通，不可轻率答复。

其次，律师在进行书面解答时，要严格根据自己掌握的客观事实、询问人的特殊情况，有针对性地给予解答。

三、律师解答法律咨询的基本环节

律师在解答法律咨询时，应该把握局势，争取主动，引导谈话顺利进行。不管律师采取何种方式进行解答，就整个工作流程而言，应当遵循如下步骤：

1. 登记和记录

登记，是指律师在提供法律咨询服务时，对于询问人基本信息的记录。首先，了解询问人的基本信息，如姓名、性别、年龄、民族、职业、工作单位、地址、联系方式等，对某些重大问题或案件的咨询，如询问人拒绝公开身份、不同意登记的，律师可以不予解答。其次，律师应了解并登记询问人的文化程度以及家庭背景等基本情况。在了解这些基本情况之后，有针对性地进行询问，然后按照《法律咨询登记表》的要求，对询问人的问题进行记录，并留作资料存档，便于日后的总结和统计分析。最后，根据所记录的信息，如果能够当即予以解答的，律师就当即解答并把结果填入表内；如果当即不能作出解答，可以约定时间解答，或者以打电话、写邮件或其他方式予以解答，并按规定收取费用。

记录，就是律师将咨询中遇到的主要问题及情况加以记录，以便在解答咨询时，准确把握事实，有效给予答复。律师根据个人经验和需要，对咨询过程中出现的重要信息、发现的问题都需要一一记录。记录的目的是整理思路、抓住重点，方便今后综合分析并且有针对性地解答咨询问题。

2. 听取询问人的陈述

听取询问人的陈述是律师解答法律咨询问题的前提和基础。只有认真倾听询问人的问题并予以详细的记录，才能充分了解询问人的要求，并从中提炼出事实真相和需要解决的问题。注意耐心弄清问题的来龙去脉，一定要保持耐心，准确把握案情的主要内容、关键情节和细节，并做必要的记录，听准问题的焦点、关键和实质，可以向询问人进行必要的核对，确保信息准确无误。

3. 认真观察和审阅

观察，是指观察询问人的精神状态、情绪反应、感情变化等，弄清其真实意图，找出问题的症结所在。律师在观察的过程中，要避免表面化和片面化，不能只看到询问人的外在表现，对于一时感情过激的询问人要善于稳定他们的情绪，透过现象看到本质，分析矛盾的根源，找到最佳的化解矛盾的办法。

审阅，是指律师需要仔细查看询问人提供的证据与其陈述事实是否具有关联性，所提供的书面材料是否与案情相关联。由于询问人本身可能不具有较高的法律素养，所以很难分清楚事实与法律之间的关系，其带来的证据、资料等有关的书面材料，可能对案件没有帮助，这就要求律师要认真审阅，弄清楚哪些是需要的证据材料，哪些是无关的。根据《民事诉讼法》"谁主张，谁举证"的原则，证据对案件的胜负往往具有决定性的作用，所以应认真仔细审阅相关证据材料，理清案件涉及的基本法律关系。

4. 有针对性地提出问题

在听取询问人的陈述过程中，除了要认真观察和仔细审阅之外，律师还应该在询问人陈述时，有针对性地提出一些问题，找到事实争议的焦点，进而省去询问人不必要的和重复性的叙述，帮助其迅速理顺事件发生的先后顺序，以及涉及的法律问题，为分析、回答咨询问题找到相应的依据。提问的方式，应该根据不同的对象、不同的问题而各不相同。可以根据具体的情况灵活使用不同的提问方式，通过提问的引导作用达到询问的目的。

（1）谈心式提问，适用于询问人心存顾虑、欲言又止的情况。这种方式可以打消询问人内心的顾虑，更容易与律师建立起信任，鼓励询问人讲出内心真实的想法和事实的真相。

（2）探讨式提问，这种方式比较适合那些重大疑难问题，或者是在司法实践中出现的新情况、新问题。需要通过探讨的方式慢慢探明事实的真相，找到问题的根源，从而更好地解决问题。

（3）发问式提问，适用于询问人不知如何陈述或者一时难以说明的情况。律师通过引导式的提问，指引询问人回忆起一些重要的过程和细节，有效的提问可以使叙述者省去不必要和重复的叙述，并叙述清楚问题的焦点所在。

5. 综合分析

经过上述的一系列步骤之后，律师通常会对询问人的问题有一个大概的了解，也记录和收集了相关的证据和资料。在此基础上，律师需要对这些信息以及资料进行系统的梳理分析，从法律思维出发，分析问题，判断问题的性质，从而确定正确的法律依据和处理方法。对了解到的上述情况进行综合分析，判断得出具体的问题实质，确定相关的法律依据。对于比较复杂的问题，要进行综合分析，弄清楚事实的本质和法律性质，在把握事实整体性质的基础上，再对具体事件进行具体分析，以便抓住整个事实的细节，从而有针对性地提出相应的对策和建议，找到切实可行的解决办法和途径。

在提供法律咨询服务时，分析是一个很重要的环节，只有通过分析才可以正确地把握事实的本质，所以律师必须重视这一环节，对于一些概念不清、界限模糊的问题，要通过查阅相关的法律、法规以及政策文件或者向老同事请教等方式，确保每个决策的作出都有理有据、合法准确，不能凭自己的记忆或想象做出判断，一时弄不清楚的问题，要坦诚地向询问人说明情况。

6. 解答

这一环节也是咨询过程的最后一个阶段，通常也是询问人寻求律师帮助的主要目的——获得问题的解答或者获取相关的意见和建议。在经过律师的分析判断之后，除一时难以给出明确解答的问题之外，对于其他问题一般应及时给予解答。回答问题要求实事求是，符合法律、法规规定，提出的方案切实可行，并给以适当的解释说明，使解答有理有据。具体来说，就是要做到以下几点：

第一，解答问题要具有针对性，不能答非所问。如询问人咨询如何在本地成立一家公司，律师不能一开始就讲公司的组织机构等具体制度问题，而是应该针对公司的具体性质，在分析相关法律政策的基础上，告知询问人公司成立前应该准备的材料，以及办理相关注册登记等法律规定。

第二，解答问题一定要以法律、法规为依据，不能敷衍了事，更不能规避法律，提供不合法的意见。

第三，解答问题时用语要考虑到询问人的接受水平，避免使用法言法语，尽量让询问人听明白，应深入浅出地解答疑问。

第四，律师对案情的解答要具体可行，作出的结论和提供的解决方案都必须具体可行，不能以不切实际、空洞的理论作为回答。

第五，对不合理的要求律师进行劝说，不可激化矛盾。维护询问人的合法权益，对于明显不合理、不合法的要求，要耐心地进行劝说，消除询问人内心的不满。

第六，解答法律咨询，涉及一些机密或隐私的问题，律师应做好保密工作，避免泄露秘密而给询问人带来不必要的麻烦。

第四节　法律咨询中的常见问题与答复

律师在提供法律咨询服务时，可能会遇到很多问题，现就律师在咨询过程中可能遇到的几种常见问题分析如下：

一、关于法律条文理解方面的咨询

由于律师行业的专业性，询问人通常会就具体的法律条文如何理解询问律师，这是咨询中常见的问题。对于询问人的询问，律师应该根据具体情况给予解答。

1. 单纯的法律条文解释

对于这类问题的回答要注意，律师要严格按照法律的相关规定进行解释，有明文规定、司法解释、立法解释的，要按规定、司法解释或立法解释进行解释；没有相关的司法解释或立法解释的条文，要根据立法意图和学理解释进行解释说明。

实务中，在婚姻家庭纠纷和交通事故纠纷中律师经常会碰到的问题是询问人比较关心自身的财产以及人身权利，有关这两类纠纷的问题也比较多。下面，我们来看一些实例：

【问题一】

在婚姻家庭纠纷中，夫妻双方往往对离婚财产如何分割产生疑问，尤其是婚前父母出资购房，离婚时房产应如何分割？

对于这些规定，一定要按照《中华人民共和国婚姻法》（简称《婚姻法》）的解释，与询问人说明白，通常分三种情况：

（1）父母在一方当事人结婚前为其出资首付购买房屋一套，并在银行办理了贷款，产权登记在一方名下，如果婚后夫妻双方两人共同还贷，之后双方离婚的，根据《最高人民法院关于适用〈中华人民共和国婚姻法〉若干问题的解释（三）》的规定，双方先行协商，协商不成，则房屋产权归一方所有，一方父母婚前出的首付以及尚未归还的贷款部分视为这一方的个人债务。婚后共同还贷部分及相对应财产增值部分，由一方当事人进行补偿给另一方。

（2）双方结婚后，一方父母出全资为其购买房屋一套，产权登记在一方名下，之后离婚的。这种情况下，根据《最高人民法院关于适用〈中华人民共和国婚姻法〉若干问题的解释（三）》的规定，该房屋可视为一方父母对个人的赠与，应当认定为一方的个人财产，不参与分割。

（3）双方结婚后，双方的父母分别出资为二人购买房屋一套，产权登记在其中一方的名下，双方对此没有其他约定，之后离婚的，那么该房屋按照双方父母的出资份额，由两人按份共有。

【问题二】

关于夫妻之间的婚前债务能否因结婚而消灭？

对于这一问题律师可以告诉询问人，《婚姻法》第十八条规定，一方的婚前财产，结婚后仍为夫妻一方的财产。这里的婚前财产包括债务，意味着一方的婚前债务也应该由该方承担。换言之，夫妻之间可以是债权人和债务人的关系。其婚前债务不因为结婚而消灭。

【问题三】

在有关交通事故纠纷的法律咨询中，有时询问人除了关心事故的责任方如果确定外，也会对机动车一方无过错是否就等于无赔偿责任有疑惑。

在解答这一问题时，律师可以从相关法律条文入手，对询问人进行耐心的解释，道路交通事故侵权责任根据不同的情况采用不同的归责原则：① 机动车之间发生交通事故的，适用过错责任原则。② 机动车与非机动车之驾驶人、行人之间发生交通事故的，适用无过错原则，机动车一方即便无过错，也须承担不超过 10% 的赔偿责任。只有事故是对方故意行为引起的，机动车一方才可以免责。

2. 相近或者相似的法律条文及罪名的解释

相近或者相似的法律条文及罪名的解释是指界限不清、容易发生混淆的条文和罪名，需要对其进行区分和界定。对于这类问题的解答，需要律师具有较高的法律知识和素养，抓住相关概念之间的区别和本质特征，就司法文书中引用具体法律条文的解释应该结合具体案件，针对案情的具体内容进行解释。

在刑事案件中，很多罪名在构成要件方面具有相似性，没有专业的法律知识很难区分，在实务中如果遇到这类问题，律师应根据自己的专长，对询问人的问题进行详细的解释和说明。下面，我们来看一个实例：

【问题四】

什么是抢夺罪？它与抢劫罪有什么区别？

在回答有关抢夺罪这一罪名的咨询时，律师可以作如下解释：首先，抢夺罪是指以非法占有为目的，乘人不备，公然夺取数额较大的公私财物的行为。其次，抢夺罪的构成需要满足四个要件：① 该罪侵犯的客体是公私财产的所有权；② 客观方面表现为乘人不备，公然夺取公私财物，数额较大的行为；③ 犯罪主体为一般主体，即年满 16 周岁并具有刑事责任能力的自然人，都可以构成本罪；④ 该罪的主观方面是直接故意，且故意的内容是以非法占有公私财物为目的，过失不构成本罪。最后，还要说明，根据法律规定，抢夺公私财物的行为，除需具备以上构成要件外，还必须达到"数额较大"的程度，才构成犯罪。

如果询问人还希望了解如何区分抢夺罪与抢劫罪，此时，律师应当向询问人说明，两者虽然看似都是"抢"，犯罪的目的也相同，但有着本质的区别：① 侵犯的客体不同。抢夺罪侵犯的是单一客体，即公私财产的所有权，而抢劫罪是双重客体，即不仅侵犯了公私财产的所有权，还侵犯了被害人的人身权利。② 实施犯罪的方法、手段不同。抢夺罪不使用暴力，而使用强力，并作用于被抢夺的财物，而抢劫罪则是使用暴力，并施加于被害人，强制其身体，以排除被害人的抵抗。③ 抢夺罪以"数额较大"为构成要件，而抢劫罪则不以"数额较大"为构成要件。④ 犯罪主体不尽相同。抢夺罪的主体是年满 16 周岁以上的人，而抢劫罪的主体则可以是年满 14 周岁以上的人。

不过，律师也应当提醒询问人注意抢夺罪转化为抢劫罪的法定条件：

（1）犯抢夺罪者，为窝藏赃物、抗拒抓捕或者毁灭罪证而当场使用暴力或者以暴力相威胁的，应当依照《刑法》第二百六十三条规定的抢劫罪定罪处罚。2005 年发布的《最高人民法院关于审理抢劫、抢夺刑事案件适用法律若干问题的意见》第五条规定，行为人实施盗窃、诈骗、抢夺行为，未达到"数额较大"，为窝藏赃物、抗拒抓捕或者毁灭罪证当场使用暴力或者以暴力相威胁，情节较轻、危害不大的，一般不以犯罪论处；但具有下列情节之一的，可依照刑法第二百六十九条的规定，以抢劫罪定罪处罚：① 盗窃、诈骗、抢夺接近"数额较大"标准的；② 入户或在公共交通工具上盗窃、诈骗、抢夺后在户外或交通工具外实施上述行为的；③ 使用暴力致人轻微伤以上后果的；④ 使用凶器或以凶器相威胁的；⑤ 具有其他严重情节的。

（2）携带凶器并有意加以显示而进行抢夺的，应当依照《刑法》第二百六十三条规定的抢劫罪定罪处罚。

对于有些罪名，律师只需要把主要的构成要件向询问人作简要解释即可，询问人更多的是想知道是否构成犯罪，以及构成犯罪后所应承担的法律责任是什么，所以也并非每次咨询都需要介绍得面面俱到，更重要的是告诉询问人他最关心的问题的答案是什么，以及相应的解决问题的方案或建议是什么。律师不必为了体现自己的专业水准而告诉询问人一些他根本听不懂的法律术语，咨询答案应该具有针对性和有效性。但是，律师在答复法律咨询时，一定要明白法律条文之间的联系与区别，确实分清相似罪名之间的关系，必要时可以查找相关的法条等资料加以确认，不能模棱两可。

二、关于诉讼常识方面的咨询

关于诉讼常识方面的咨询，一般是指涉及相关诉讼及其诉讼程序的问题，具体包括诉状的写法、管辖、审级、当事人的权利和义务、执行的申请期限等。对于这方面的咨询，要严格按照有关的法律规定，准确无误地告知询问人法律条文的具体规定。

有关诉讼程序的问题也是询问人比较在意的。发生纠纷后，询问人为了使案件尽快有效解决，会选择通过诉讼程序寻求法律帮助，这就会涉及很多程序性的严格规定，因此询问人会咨询专业律师，寻求解答。

比如，在交通事故案件中，当事人在事故发生时没有报案，而事后又想报案，就会咨询律师，对于这样的问题，律师应在了解案件基本情况的基础上，给予合法的解答。通常情况下对于事故发生时未能报案而事后报案的，公安机关应当责令当事人在报案后十日内提供相关证据材料，相关部门自接到相关证据材料之日起对该交通事故进行调查。如果当事人未能提供证据，公安机关也未能查证出交通事故的事实，公安机关应当通知当事人向人民法院提起民事诉讼。

【问题五】

道路交通事故责任的认定流程如何？

（1）交通事故认定书是公安机关交通管理部门根据交通事故现场勘验、检查、调查情况和有关的检验、鉴定结论，而制作的作为处理交通事故的证据。交通事故认定书应当载明交通事故的基本事实、成因和当事人的责任，并送达当事人。事故责任分为：全责和无责、主要责任和次要责任、同等责任。

（2）公安机关交通管理部门对经过勘验、检查现场的交通事故应当在勘查现场之日起十日内制作交通事故认定书。对需要进行检验、鉴定的，应当在检验、鉴定结果确定之日起五日内制作交通事故认定书。换言之，交通事故认定书通常在事故发生后十日内完成，而需要检验、鉴定的通常也不会超过二十八日，特殊情况需上级机关批准最长是在六十八日内。对于交通事故逃逸尚未侦破，受害一方当事人要求出具交通事故认定书的，公安机关交通管理部门应当在接到当事人书面申请后十日内制作交通事故认定书，并送达受害方当事人。

当今社会，通过网络渠道咨询法律问题已经越来越普遍，在一些大型法律网站上，我们可以发现，律师在提供在线法律咨询服务时经常遇到的问题包括：

【问题六】

离婚后房屋过户需要办理什么手续？

不论是协议离婚还是起诉离婚，房产都是财产分割的大头。对房产进行分割的，办理过户时需要准备的材料，应当区别协议离婚和起诉离婚两种情况。

（1）协议离婚的房产过户需要准备的材料有：① 关于房产分割的离婚协议书；② 离婚证及复印件；③ 离婚财产归属协议，权利人一方申请登记的，需要提交经公证的离婚财产归属协议；④ 房产证；⑤ 身份证明及复印件。

（2）诉讼离婚的房产过户需要准备的材料有：① 生效的法院判决书及复印件；② 判决书中明确房产归属的可由权利人一方申请登记房产证；③ 身份证明及复印件；④ 房产证。

当准备好以上的材料后，就可以按照以下流程办理离婚房产过户了：① 协议离婚，签订离婚协议书的到公证处办理析产公证，如有离婚判决书的话无需办理公证；② 到交易中心办理转绘；③ 到房管局办理免征契税申请；④ 办理析产登记手续并缴纳 50 元登记费；⑤ 取证。

【问题七】

业主家里失窃，物业公司有责任吗？

物业管理合同是一种服务合同，而不是保管合同，物业公司是否应对小区内的失窃进行赔偿，并不能一概而论。《物业管理条例》第三十六条规定：物业服务企业应当按照物业服务合同的约定，提供相应的服务。物业服务企业未能履行物业服务合同的约定，导致业主人身、财产安全受到损害的，应当依法承担相应的法律责任。据此，如果小区的保安执勤和巡逻工作、对外来人员的管理、监控录像服务、防盗设施等方面达不到服务合同的要求或存在明显的管理漏洞、失误，则应根据其过错对小区失窃造成的损失承担相应的赔偿责任。因此，业主如果能够举证证明物业公司的管理达不到合同的要求或者存在明显的失误，是可以向物业公司要求赔偿的。并不是所有的损失都由物业公司来承担，物业仅就过错部分承担责任。

【问题八】

开发商无正当理由延期交房的，违约金、赔偿损失、解除合同可以同时主张吗？

首先，违约金和赔偿损失不能同时适用。如果合同中约定的延期交房的违约金较高，发生纠纷诉诸司法后，开发商以约定的违约金过高为由请求减少的，应当以违约金超过造成的损失 30% 为标准适当减少；如果合同中约定的延期交房的违约金过低，购房者可以请求增加，法院会支持以违约造成的实际损失确定违约金数额。由此可知，合同既约定违约金又约定了赔偿损失的，不能同时适用，可择一较高者适用。其次，解除合同与违约、赔偿可以同时主张。违约金或赔偿损失基本都是对违约造成一方损失的补偿，解除合同后，一方仍然会存在损失，至少会发生购房款利息的损失，该损失应当补偿，因此解除合同和违约赔偿可以同时主张。业主因开发商延期交房造成损失的，可以主张赔偿和解除合同。

【问题九】

因冒名顶替，工伤认定申请不被受理时，如何维权？

当前，不少劳动岗位均可招用未成年工，但相关法律、法规对未成年工的招录及使用有着严格的规定，故一些未成年工采取谎报年龄或冒用其他成年人之名等方式进行虚假登记，以便被成功招录。还有一些劳动者身份证丢失或外出时忘记携带身份证，于是向亲戚朋友借用身份证以应聘工作。有些用人单位为缓解招工压力，没有对职工身份进行严格的审查。但是，如果这些未成年工在工作期间发生伤害事故，往往会因身份材料不符合规定而被有关部门拒绝认定为工伤，导致其利益受损。若他们发生工伤，同样也会面临着认定困难或被拒绝认定的问题。

有一些用人单位在职工发生工伤时也会授意其采取冒名行为，特别是一些较小规模的用人单位为降低成本费用，只为少数职工缴纳工伤保险费。其他职工发生工伤时，用人单位会授意其冒充已办理保险手续的职工进行治疗和工伤认定，企图蒙混过关。而一旦社会保险行政部门查明实际发生工伤的职工与已办理保险手续的职工不一致并拒绝认定工伤，用人单位则矢口否认其授意行为，增加了职工维权的难度。

受到工伤以后，由于超过了申请工伤的期限，有的单位拒绝给受伤的员工赔偿，那么，超过了申请工伤时间就没有赔偿金了吗？

员工既可以自行提起工伤认定，也可以直接要求公司承担赔偿责任。根据《工伤保险条例》第十七条第二款规定，用人单位未按前款规定提出工伤认定申请的，工伤职工或者其近亲属、工会组织在事故伤害发生之日或者被诊断、鉴定为职业病之日起一年内，可以直接向用人单位所在地统筹地区社会保险行政部门提出工伤认定申请。用人单位没有在三十天的时限内提交工伤认定申请的，在此期间发生符合《工伤保险条例》规定的工伤待遇等有关费用由该用人单位负担。也就是说，如果单位没有履行申请义务导致职工个人不能被认定为工伤的，单位负有支付所有工伤费用的责任。

律师作为法律领域的专门技术人才，职责就是为有需要的人提供法律服务。提供法律咨询服务是律师的日常工作之一。法律咨询业务是一项群众性和业务性都很强的法律服务工作，律师需要在法律咨询业务工作中提供高质量的服务，给予询问人合法、合理的建议，帮助询问人解决案件的矛盾，维护好询问人的合法权益；同时，在业务工作中，律师可以不断提高自身的业务水平和执业素养，增强解决实际问题的能力。

📖 课后思考题

易某某，40 岁，江西九江人。首届国家司法考试前 50 名，2002 年年底开始律师生涯，在九江执业 6 年后，于 2009 年到北京发展。现为北京市某律师事务所高级合伙人，刑事部主任。曾荣获"十大优秀辩护人""全国十大优秀律师""北京市优秀律师"称号。第二届中国律师原创文章大赛刑事组第二名。作家协会会员，北京师范大学、清华大学法学院硕士研究生联合导师。2013 年被《亚洲法律周刊》评为中国顶级诉讼律师 TOP10。在他起步之初，曾十分困难，法律咨询业务成了他开拓业务的工具。后来他总结出了"法律咨询四步法"。

结合以上案例，回答：

1. 法律咨询对于律师的意义在于（　　）。

A. 履行法律职责　　　　　　　　　　B. 履行社会义务

C. 提高业务素质 D. 拓展业务

2. 律师出具的法律意见书是法律咨询中（　　）的一种。

A. 书面解答 B. 专业解答

C. 法定解答 D. 特定解答

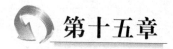

第十五章

律师代书

●**学习目标**●

　　本章主要介绍律师代书的基本概念、特点、范围和程序等，并列出了几种常见的法律文书及其写作方法。希望学习者通过本章的学习，熟练掌握常用法律文书的写作方法，并注意多加练习。

第一节　律师代书概述

一、律师代书的概念和特点

　　律师代书，是我国律师的主要业务之一，是指律师接受委托人的委托，以委托人的名义，以事实为依据，以法律为准绳，根据委托人的意志，代理书写有关法律文书的业务活动。根据《律师法》的规定，律师可为委托人代写诉讼文书和有关法律事务的其他文书。律师代书是律师的主要业务活动之一。

　　律师代书有以下特点：

　　（1）律师必须以委托人的名义书写，反映委托人的合法意志，法律后果由委托人承担。律师代书工作是基于委托人的委托而进行的，因此法律文书是根据委托人的陈述，遵循委托人的意志，表达委托人的基本诉求，最终的落款也是委托人本人，而不是代书的律师。律师在代书法律文书时，可以选择用第一人称"我"或"我们"等书写，也可以用第三人称如"原告""自诉人""答辩人""上诉人""申请人"等书写。但无论使用哪一种人称，一定要保证前后一致。

　　（2）文书是委托人本人合法意志的表达。律师在代理代书业务时，需要正确反映委托人的真实意志。此外，不能一味地迎合委托人的请求，不顾法律事实，对于委托人不合法、不合理的要求，律师应该作出解释并予以拒绝。

　　（3）根据客观事实，依照法律，体现"以事实为根据，以法律为准绳"这条基本原则和根本要求。文书的内容必须具有法律意义，这是不同于其他文书写作的根本区别，法律文书范围应限于诉讼文书和其他法律事务文书，法律文书通常体现着一定的权利和义务关系，能够产生、变更或终止一定的法律关系内容，具有明确的法律属性。

（4）律师代书是一项创造性的业务活动。代书并不是对委托人陈述的简单书写和记录，而是律师根据委托人反映的事实和有关情况，综合运用其掌握的法律专业知识和自身积累的经验，撰写出反映委托人合法意志，旨在保护委托人合法权益的诉讼文书，需要律师充分发挥专业技能，运用法律知识创造性地完成这一任务。

二、律师代书的范围

根据法律规定和律师的业务实践，律师代书的范围包括以下几个方面：

1. 代写诉讼文书

诉讼文书是指侦查机关、检察机关、审判机关和诉讼参与人，按照法定程序，记载和处理刑事、民事和行政诉讼案件的文书。这里讲的律师代写文书主要是指诉讼参与人为了进行刑事、民事或行政诉讼，依据国家法律向人民法院提出的书面文件。其中主要有刑事自诉状、民事起诉状（其中包括刑事附带民事诉状）、行政起诉状、刑事上诉状、刑事附带民事上诉状、民事上诉状、行政上诉状、刑事答辩状、民事答辩状、行政答辩状、刑事上诉答辩状、民事上诉答辩状、行政上诉答辩状、申诉状、撤诉状等。

2. 代写其他有关法律事务文书

有关法律事务的其他文书，是指诉讼文书以外的其他有关法律事务的文书。其中主要有协议书，委托书，各种合同书，遗嘱，分单，申请收养子女的申请书，申办社会救济、抚恤金、减免税收、恢复工作的申请书，办理法律行为、具有法律意义的事实和文书公证的申请书，办理专利、商业登记的申请书，当事人请求代写的声明书以及检举书，等等。

三、律师代书的基本要求

律师开展代书业务，与从事的其他法律业务一样，都必须坚持以事实为依据、以法律为准绳的原则，以维护法律的公正和当事人的合法权益为宗旨。具体而言，律师从事代书工作时，由于律师代书的类别或格式内容的不同，代书的具体要求也各有差别，以下几个问题是律师在代书工作中应共同注意的：

1. 代书的主题要明确

确定代书主题是律师代书工作所需解决的首要问题。律师在接受代书委托后，应认真听取委托人的要求，在了解委托人的真实想法后，询问有关案情，然后调查取证，迅速摸清案情，确定代书的中心议题。要注意弄清委托人要求解决的问题的性质是刑事纠纷、民事纠纷、非讼查证，还是法律见证等。不同的代书主题有不同的格式要求和注意事项，应严格按照法定的或者按照惯例形成的格式要求书写，不得随意更改。

2. 内容叙述全面真实，详略得当

在掌握了基本案情后，律师在代书过程中应注意对其内容进行合理的加工和删减，对于一些与诉讼主张相关的内容应加以详述，而不是对代书委托人所提供的事实内容不加修改的简单重复。这就要求律师首先要对代书内容所涉及的法律问题做主次分析，要学会运用相关法律知识分析问题的症结所在并加以详述，而对一般问题则相对略述，从而使文书内容主次分明，层次清楚。

3. 使用文字简练，语言规范

法律文书无论在内容上还是形式上都有严格的规范要求，需要用法律术语表述且要通俗易懂，法律文书是一种规范的书面文件，所以，代书要力求用法律术语来表述，特别是对事实的叙述，既要客观反映事实原貌，又得言简意赅，忌用修辞语。严格规范地使用法律上特定的词语，如"代理权""处分权""股东权""受益人"等，不能随意曲解或自我发挥。当然，在注意运用法律术语的同时，还要在表述事实和理由时注意语言通俗易懂。既使法律工作人员能够理解，也使委托人及有关的阅读人能够基本理解。这里所说的"通俗"并非要完全口语化，而是相对顾及代书委托人的文化水平。律师代书应当准确地表达委托人的观点和主张，文字表述应当高度准确，文书中的观点和主张都应该符合法律的规定。

4. 引证要充分可靠，有理有据

律师的代书是对法律事实的陈述和评价，而对法律事实的分析和判断，必须依靠证据来加以证明，不然是难以确认当事人之间的权利与义务关系的。所以，律师在代书中必须引用充分可靠的证据来证明对有关法律事实的陈述和评价。引证的充分可靠是提高法律文书可信度的关键因素之一。为了做到引证充分可靠，律师可以要求委托人提供必要的证据，证据不充分的，律师可要求委托人补充提供或亲自调查取证。

5. 坚持合法、合情、合理的原则

律师在代书活动中必须奉行"以事实为根据，以法律为准绳"的宗旨。在代书过程中，除了要考虑委托人的主张外，还要充分注意法律原则的适用，这也是所代书的法律文书能够产生法律效力的基本前提。在此前提下，律师可以适当地就一些情理问题加以分析，从而强调说明合法请求提出的必要性，但情理分析切忌长篇大论。妥善处理好合法、合情、合理的关系，既能够使所代文书体现严肃的法律精神，又能够使之充分反映人们感情上所能接受的道德习惯。

四、律师代书的程序

律师代书，一般应遵循以下程序进行：

1. 了解委托者的基本情况，其要求代书的主要目的和要求

律师在代书之前应该与委托人进行细致的沟通，并耐心地听取委托人对委托事项的陈述，仔细查阅委托人提供的各种书面材料，对于关键性问题，应反复仔细地与委托人核对，

询问并做好记录，对于缺乏的文字资料，应要求委托人及时提供。通过以上的工作，明确当事人要求代书的目的和具体要求。

2. 了解代书所涉案件的来龙去脉

律师在代书过程中，应该充分了解整个事件的事实和具体细节，对于当事人有所隐瞒的事情，应细心与委托人沟通，获取其信赖。只有充分了解事件的来龙去脉，才能书写出最佳的保护委托人合法权益的法律文书。

3. 对代书案件作分析判断并及时告知委托人相关事宜

律师在全面了解案件的事实之后，应综合分析判读，把握案件本质，抓住主要问题，运用专业的术语书写出委托人的合法请求及相关权益。

4. 代写法律文书

代写法律文书是代书工作的中心环节，也是律师提供代书业务的最终产品。律师代书时一定要严格按照法定格式要求规范书写，认真负责，写出高水平、高质量的法律文书。

第二节 几种常见法律文书及其写作方法

一、民事起诉状

(一) 民事起诉状概述

民事起诉状，是指公民、法人或其他组织，在认为自己的合法权益受到侵害，或者与他人发生争议时，又或需要确权时，向人民法院提交的请求人民法院依法裁判的法律文书。

民事起诉状是人民法院受理民事诉讼案件的依据，也是人民法院启动民事诉讼程序的途径之一。因此，律师应该严格按照法律的要求制作民事起诉状，发挥其应有的作用，维护当事人的合法权益。

(二) 民事起诉状的写作方法

《民事诉讼法》第一百二十一条规定，起诉状应当记明下列事项：① 原告的姓名、性别、年龄、民族、职业、工作单位、住所、联系方式，法人或者其他组织的名称、住所和法定代表人或者主要负责人的姓名、职务、联系方式；② 被告的姓名、性别、工作单位、住所等信息，法人或者其他组织的名称、住所等信息；③ 诉讼请求和所根据的事实与理由；④ 证据和证据来源，证人姓名和住所。

据此，一份完整的民事起诉状的内容应当包括：

1. 首部

（1）标题。单列一行在正中写"民事起诉状"或"民事诉状"。

（2）诉讼参与人身份等基本情况。原告如是公民的，写明姓名、性别、年龄、民族、籍贯、职业、工作单位和住址。如果原告是不满 18 周岁的未成年人，则需写明法定代理人的姓名，以及与原告的关系。原告如是机关、团体、企业事业单位的，首先写单位名称、地址。次行写法定代表人姓名及职务，法定代表人应为单位的主要负责人。原告不论是公民或者法人，如有委托代理人的，在原告的下方还要写明委托代理人的姓名、职务，以及与原告的关系。被告栏的事项和写法与原告栏的事项和写法相同。

（3）诉讼请求。这一部分主要写明请求人民法院依法解决原告一方要求的有关民事权益争议的具体问题，如要求损害赔偿、债务清偿、履行合同、产权归还等。诉讼请求应写得明确、具体、简明扼要。

2. 正文

这一部分是民事诉状的正文和核心部分，是请求人民法院裁决当事人之间权益纠纷和争议的重要根据。具体来说，包括以下三个部分：

（1）事实。主要是写明被告侵权行为的具体事实或当事人双方权益争执的具体内容，以及被告人所应承担的责任。包括发生争执的时间、地点、原因、情节和事实经过都应具体写明，其中，应着重写清楚被告侵权行为所造成的后果和应承担的责任，以及双方当事人争执的焦点和实质性分歧。主要写清当事人之间的法律关系，双方纠纷的发生和发展情况，当事人之间争执的主要焦点和双方对民事权益争执的具体内容，以及与案件有直接关联的客观情况和实质性分歧意见。

（2）理由。根据事实和证据，写明认定被告侵权或违法行为的性质和所造成的后果及应承担的责任；根据有关法律规定阐明理由，分清是非责任，以论证其诉讼请求的合情、合理、合法

（3）证据。写明向人民法院提供的人证、物证、书证及其他足以证明原告起诉有理的证据。

3. 尾部

（1）写明诉状所递交的人民法院的名称。在诉状的最后，可以这样写："为此，特向你院起诉，请依法判决！此致（提行）××××人民法院。"

（2）具状人签名或者盖章，并注明提交诉状的年、月、日。

4. 附件

（1）本诉状副本的份数。一般而言，诉状副本份数应按被告（含第三人）的人数提交。

（2）其他有关证据及证明材料。

【格式示范】

民 事 起 诉 状

原告：_____ 性别：_____ 民族：_____

出生日期：_____ 身份证号：_____

家庭住址：_____ 电话：_____

委托代理人：_____ 性别：_____

工作单位：_____ 电话：_____

被告：＿＿＿＿　性别：＿＿＿＿　民族：＿＿＿＿＿

出生日期：＿＿＿＿＿　身份证号：＿＿＿＿＿＿＿＿

家庭住址：＿＿＿＿＿＿＿＿＿＿＿＿　电话：＿＿＿＿＿＿

委托代理人：＿＿＿＿＿＿　性别：＿＿＿＿＿

工作单位：＿＿＿＿＿＿＿　电话：＿＿＿＿＿＿

诉讼请求：

＿＿＿＿＿＿＿＿＿＿＿＿＿＿＿＿＿＿＿＿＿＿＿＿＿＿＿＿＿＿

＿＿＿＿＿＿＿＿＿＿＿＿＿＿＿＿＿＿＿＿＿＿＿＿＿＿＿＿＿＿

＿＿＿＿＿＿＿＿＿＿＿＿＿＿＿＿＿＿＿＿＿＿＿

事实与理由：

＿＿＿＿＿＿＿＿＿＿＿＿＿＿＿＿＿＿＿＿＿＿＿＿＿＿＿＿＿＿

＿＿＿＿＿＿＿＿＿＿＿＿＿＿＿＿＿＿＿＿＿＿＿＿＿＿＿＿＿＿

＿＿＿＿＿＿＿＿＿＿＿＿＿＿＿＿＿＿＿＿＿＿＿

　　此致

＿＿＿＿＿＿人民法院

具状人（姓名）

年　　月　　日

附：1. 起诉状副本＿＿＿份。

　　2. 其他证明文件＿＿＿份。

二、民事答辩状

（一）民事答辩状概述

民事答辩状，是民事被告、被上诉人针对原告或上诉人的起诉或上诉，阐述自己认定的事实和理由，予以答复和辩驳的一种书状。依照《民事诉讼法》的规定，人民法院应当在立案之日起 5 日内将起诉状副本发送被告或被上诉人，被告或被上诉人在收到之日起 15 日内提出答辩状。提出答辩状是当事人的一项诉讼权利，不是诉讼义务；但被告人或被上诉人逾期不提出答辩状，不影响人民法院审理。

（二）民事答辩状的写作方法

1. 首部

（1）标题。居中写明"民事答辩状"。

（2）答辩人的基本情况。写明答辩人的姓名、性别、出生日期、民族、职业、工作单位和职务、住址等。如答辩人系无诉讼行为能力人，应在其项后写明其法定代理人的姓名、性别、出生日期、民族、职业、工作单位和职务、住址，及其与答辩人的关系；答辩人是法人或其他组织的，应写明其名称和所在地址、法定代表人（或主要负责人）的姓名和职务。如答辩人委托律师代理诉讼，应在答辩人下方写明代理律师的姓名及代理律师所在的律师事务所名称。被答辩人栏的事项和写法与答辩人栏的事项和写法相同。

（3）答辩缘由。写明"答辩人因××一案进行答辩"。

2. 正文

（1）答辩的理由。答辩的理由是答辩状的主体部分，通常包括以下内容：就案件事实部分进行答辩；就适用法律方面进行答辩。应针对原告或上诉人的诉讼请求及其所依据的事实与理由进行反驳与辩解。被上诉人的答辩主要从实体方面，针对上诉人的事实、理由、证据和请求事项进行答辩，全面否定或部分否定其所依据的事实和证据，从而否定其理由和诉讼请求。一审被告的答辩还可以从程序方面进行答辩，例如提出原告不是正当的原告，或原告起诉的案件不属于受诉法院管辖，或原告的起诉不符合法定的起诉条件，说明原告无权起诉或起诉不合法，从而否定案件。无论一审被告，还是二审被上诉人提出答辩理由，都要实事求是，要有证据。

（2）答辩请求。答辩请求是答辩人在阐明答辩理由的基础上针对原告的诉讼请求向人民法院提出应根据有关法律规定保护答辩人的合法权益的请求。

一审民事答辩状中的答辩请求主要有：① 要求人民法院驳回起诉，不予受理；② 要求人民法院否定原告请求事项的全部或一部分；③ 提出新的主张和要求，如追加第三人；④ 提出反诉请求。

如果民事答辩状中的请求事项为两项以上，在写请求事项时应逐项写明。对上诉状的答辩请求应为支持原判决或原裁定，反驳上诉人的要求。

（3）证据。答辩中有关举证事项，应写明证据的名称、件数、来源或证据线索。有证人的，应写明证人的姓名、住址等。

3. 尾部

（1）致送人民法院的名称。

（2）答辩人签名。答辩人是法人或其他组织的，应写明全称，加盖单位公章。

（3）答辩时间。

4. 附件

（1）答辩状副本份数。答辩状副本份数应按原告（含第三人）的人数提交。

（2）其他有关证据及证明材料。

【格式示范】

民 事 答 辩 状

答辩人：＿＿＿＿＿＿　性别：＿＿＿＿＿　民族：＿＿＿＿＿＿

出生日期：＿＿＿＿＿＿　身份证号：＿＿＿＿＿＿＿＿＿

家庭住址：＿＿＿＿＿＿＿＿＿＿　电话：＿＿＿＿＿＿＿

委托代理人：＿＿＿＿＿＿　性别：＿＿＿＿＿

工作单位：＿＿＿＿＿＿＿＿　电话：＿＿＿＿＿＿＿

被答辩人：＿＿＿＿＿＿　性别：＿＿＿＿＿　民族：＿＿＿＿＿＿

出生日期：＿＿＿＿＿＿　身份证号：＿＿＿＿＿＿＿＿

家庭住址：＿＿＿＿＿＿＿＿＿＿　电话：＿＿＿＿＿＿＿

委托代理人：＿＿＿＿＿＿　性别：＿＿＿＿＿

工作单位：＿＿＿＿＿＿＿＿　电话：＿＿＿＿＿＿＿

请求事项：＿＿＿＿＿＿＿＿＿＿＿＿＿＿＿＿＿＿＿＿＿＿＿＿＿＿

＿＿＿＿＿＿＿＿＿＿＿＿＿＿＿＿＿＿＿＿＿＿＿＿＿＿＿＿＿＿＿＿＿＿

＿＿＿＿＿＿＿＿＿＿＿＿＿＿＿＿＿＿＿＿＿＿＿＿

事实和理由：＿＿＿＿＿＿＿＿＿＿＿＿＿＿＿＿＿＿＿＿＿＿＿＿＿＿

＿＿＿＿＿＿＿＿＿＿＿＿＿＿＿＿＿＿＿＿＿＿＿＿＿＿＿＿＿＿＿＿＿＿

＿＿＿＿＿＿＿＿＿＿＿＿＿＿＿＿＿＿＿＿＿＿＿＿＿＿＿＿

此　致

＿＿＿＿＿＿＿＿人民法院

答辩人：＿＿＿＿＿

＿＿＿年＿＿＿月＿＿＿日

附：1. 答辩状副本＿＿＿＿＿份。

2. 其他证明文件＿＿＿份。

三、民事上诉状

（一）民事上诉状概述

民事上诉状，是指诉讼当事人，有独立请求权的第三人和被人民法院判决承担法律责任的无独立请求权的第三人在上诉期限内不服第一审判决裁定，请求上一级人民法院撤销、变更原审判决或裁定而写的司法文书。

民事上诉状应主要采用反驳法进行写作，写作时应讲究针对性、说明性和逻辑性。要针对上诉人对原裁判的不服之处，有的放矢；要针对反驳的论点，摆出客观事实和证据，摆出正确引用的法律条款，据理论证，分清是非；要根据论证所得出的结论，明确提出对原裁判的主张。

（二）民事上诉状的写作方法

1. 首部

（1）标题。居中写明"民事上诉状"。

（2）当事人的基本情况。写明上诉人的姓名、性别、出生日期、民族、职业、工作单位和职务、住址等。如果有第三人，应写明第三人的姓名、性别、出生日期、民族、职业、工作单位和职务、住址等。如果上诉人是法人或其他组织的，应写明其名称和所在地址、法定代表人（或主要负责人）的姓名和职务。如果上诉人委托律师代理诉讼，应在上诉人下方写明代理律师的姓名及代理律师所在的律师事务所名称。被上诉人栏的事项和写法与上诉人栏的事项和写法相同。

（3）上诉请求。写明上诉人请求二审人民法院依法撤销或者变更原审裁判，以及如何解决本案民事权益争议的具体要求，写明第一审人民法院的名称、判决书或裁判书的编号及案由。

2. 正文

（1）上诉理由。明确提出原审裁判在认定事实方面、适用法律或诉讼程序方面存在的错误或不当之处，可以是其中的一个方面，也可以是两个、三个方面，但都必须运用充分的事实证据和有关的法律依据加以论证，以说明自己的上诉请求是合法的。

（2）证据。如有新的证据、证人，应写明证据的名称、件数、证人姓名和地址。

3. 尾部

（1）致送人民法院的名称。

（2）上诉人签名。

（3）上诉时间。

4. 附项

（1）上诉状副本份数。上诉状副本份数应按本案被上诉人的人数提交。

（2）其他有关证据及证明材料。

【格式示范】

民 事 上 诉 状

上诉人：＿＿＿＿＿ 性别：＿＿＿＿ 民族：＿＿＿＿＿

出生日期：＿＿＿＿＿ 身份证号：＿＿＿＿＿＿＿＿＿＿

家庭住址：＿＿＿＿＿＿＿ 电话：＿＿＿＿＿＿＿

委托代理人：＿＿＿＿＿ 性别：＿＿＿＿

工作单位：＿＿＿＿＿＿ 电话：＿＿＿＿＿＿＿

被上诉人：＿＿＿＿＿ 性别：＿＿＿＿ 民族：＿＿＿＿＿

出生日期：＿＿＿＿＿ 身份证号：＿＿＿＿＿＿＿＿＿＿

家庭住址：＿＿＿＿＿＿＿ 电话：＿＿＿＿＿＿＿

委托代理人：_____　性别：_____

工作单位：_____　电话：_____

上诉人因_____一案，不服_____人民法院于____年____月____日（×××）××字第××号民事判决，现提出上诉。

诉讼诉求：_____

_____

_____

事实与理由：_____

_____

_____

此致

_____人民法院

上诉人_____

____年____月____日

附：1. 本诉状副本____份；

2. 其他证明文件__份。

四、刑事自诉状

（一）刑事自诉状概述

刑事自诉状是法律规定的自诉案件中，由受害人或者他们的代理人，直接向人民法院控告刑事被告人，要求法院追究其刑事责任所递交的书面请求。根据我国《刑事诉讼法》第二百零四条的规定，自诉案件主要包括：① 告诉才处理的案件；② 被害人有证据证明的轻微刑事案件；③ 被害人有证据证明对被告人侵犯自己人身、财产权利的行为应当依法追究刑事责任，而公安机关或者人民检察院不予追究被告人刑事责任的案件。

《刑事诉讼法》同时规定，人民法院对自诉案件，可以进行调解；自诉人在宣告判决前，可以同被告人自行和解或者撤回自诉，但上述第三种情况除外。自诉案件的被告人在诉讼过程中，可以对自诉人提起反诉。反诉适用自诉的规定。

（二）刑事自诉状的写作方法

1. 首部

（1）标题。居中写明"刑事诉状"或"刑事自诉状"。

（2）当事人的基本状况。首先，列出自诉人的姓名、性别、出生日期、民族、籍贯、职业（或职务）、单位（或住址）。自诉人如果有代理人的，在列过自诉人之后，另起一行列出其代理人称谓,是法定代理人、指定代理人,还是委托代理人。在称谓之后,列出该代理人的姓名、性别、出生日期、民族、籍贯、职业(或职务)、单位(或住址),与被代理人的关系。其次,写明被告人的姓名、性别、出生日期、民族、籍贯、职业(或职务)、单位(或住址)自诉人和被告人不止一人的,应根据主次情节,顺序排列。先把自诉人一一列出,然后再逐一列出被告人。

(3)请求事项。也称"案由",主要说明按《刑法分则》规定的罪名,被告人所犯何罪并提出具体的诉讼要求。

2. 正文

事实和理由是刑事自诉状的主要内容,是提起诉讼,请求人民法院受理案件和依法审判的重要依据,要叙写清楚。正文可分为三部分:

(1)事实。主要写被告人对自诉人(被害人)实施犯罪行为的具体事实。应写明被告人实施犯罪行为的时间、地点、动机、目的、手段、情节、危害后果等内容,并写清当事人双方的关系和犯罪的原因及案情的关键性问题,以便人民法院调查研究,认定案情,正确审判。

(2)理由。理由部分应列举证据。按照《刑事诉讼法》的规定,自诉人负有提出证明被告人犯罪的证据材料的义务。即对刑事自诉状中所控告的犯罪事实,必须提出证据材料,以便人民法院进行调查核实证据。在叙述事实和列举证据基础上,援引法律相应条款,讼证案情的性质和情节,对照《刑法》有关条款说明被告人犯了什么罪,并说明具有哪些从轻、从重、减轻、加重情节。

理由部分在写法上,要先述"情",后说"理",再引"法",最后推出理由,证明所诉案件有理有据。

(3)结束语。最后提出明确而且具体的请求目的。可以写为:"综上所述,被告人××的行为,触犯了《中华人民共和国刑法》第×条×款的规定,构成××罪,后果严重,情节恶劣,请求对被告人依法惩处。"

3. 尾部

(1)写明致送机关名称。

(2)自诉人签名或盖章。

(3)具状时间。

4. 附项

(1)本状副本份数。

(2)其他证据的名称和件数及证明资料。

【格式示范】同民事起诉状,略。

五、财产保全申请书

（一）财产保全申请书概述

财产保全申请书分为诉讼财产保全申请书和诉前财产保全申请书。财产保全是指人民法院在审理给付之诉的案件中，为了保证将来发生法律效力的判决能够得到全部执行，在作出判决之前，对当事人的财产或者争执标的物采取查封、扣押、冻结或者法律规定的其他方法进行保护的措施。

我国《民事诉讼法》第一百条规定，人民法院对于可能因当事人一方的行为或者其他原因，使判决难以执行或者造成当事人其他损害的案件，根据对方当事人的申请，可以裁定对其财产进行保全、责令其作出一定行为或者禁止其作出一定行为；当事人没有提出申请的，人民法院在必要时也可以裁定采取保全措施。人民法院采取保全措施，可以责令申请人提供担保，申请人不提供担保的，裁定驳回申请。人民法院接受申请后，对情况紧急的，必须在四十八小时内作出裁定；裁定采取保全措施的，应当立即开始执行。

采取财产保全的程序有两种：一种是人民法院根据当事人的申请裁定采取的，另一种是人民法院依职权主动采取的。当事人申请财产保全的文书即诉讼财产保全申请书。

（二）诉讼财产保全申请书的写作方法

1. 首部

（1）标题。居中写明"财产保全申请书"。

（2）申请人、被申请人的基本情况。写明申请人、被申请人的姓名、性别、出生日期、民族、职业、工作单位和职务、住址等。如果申请人、被申请人是法人或其他组织，应写明其名称和所在地址、法定代表人（或主要负责人）的姓名和职务。

（3）请求事项。写明要求保全的财物情况。包括申请人与被申请人的关系，申请人和被申请人与要求被保全财物的关系及财物名称、数量、质量、形状、花色、品种、价格、所在地点及现状等。

（4）必须写明要求保全财产的总金额，如无法计算准确，也可以写作"或以相应价值的财产"，这一点非常重要。

2. 正文

（1）申请的事实和理由。主要写明需要保全的财物遭受侵害的情况，以及采取保全措施的重要性、紧迫性及在裁判执行中的意义。

（2）证据。写明能够证明申请请求的证据的名称、件数和证据来源。有证人的，应写明证人的姓名和地址。如果证据不在申请人手里，应向人民法院提供证据线索。

3. 尾部

（1）致送人民法院的名称。

（2）申请人签名或盖章。

（3）申请时间。

4. 附项

除附上有关证据外，还应附上担保材料。

（三）诉前财产保全申请书的写作方法

诉前财产保全，是在特殊情况下因一方利害关系人的行为或其他原因可能造成对方利害关系人财产的重大损失，以至于无法挽回和难以补救的，对方利害关系人在起诉以前先向人民法院提出的财产保全。

我国《民事诉讼法》第一百零一条规定，利害关系人因情况紧急，不立即申请保全将会使其合法权益受到难以弥补的损害的，可以在提起诉讼或者申请仲裁前向被保全财产所在地、被申请人住所地或者对案件有管辖权的人民法院申请采取保全措施。申请人应当提供担保，不提供担保的，裁定驳回申请。人民法院接受申请后，必须在四十八小时内作出裁定；裁定采取保全措施的，应当立即开始执行。

诉前财产保全申请书的写作内容和制作方法大致和诉讼财产保全申请书一致，因此可以参照上述诉讼财产保全申请书的写作内容与方法执行。其中，要特别强调诉前财产保全申请的必要性和紧迫性，提出证据，并提供担保。

【格式示范】

财产保全申请书

申请人：×××（写明姓名、性别、年龄、民族、籍贯、家庭住址、工作单位等情况）

被申请人：×××（写明姓名、性别、年龄、民族、籍贯、家庭住址、工作单位等情况）

请求事项（请求人民法院对被申请人的下列财产进行诉讼保全，写明财产的位置、数量、金额等情况）：

1. ……

2. ……

本申请人提供如下担保：

1. ……

2. ……

特此申请。

此致

×××人民法院

申请人：×××（签字或者盖章）

×年×月×日

252

六、先予执行申请书

（一）先予执行申请书概述

先予执行申请书就是原告因生活或其他方面急需，在案件起诉后判决前要求人民法院责令被告先行给付一定数量款项时使用的法律文书。我国《民事诉讼法》第一百零六条规定，人民法院对下列案件，根据当事人的申请，可以裁定先予执行：① 追索赡养费、扶养费、抚育费、抚恤金、医疗费用的；② 追索劳动报酬的；③ 因情况紧急需要先予执行的。第一百零七条规定，人民法院裁定先予执行的，应当符合下列条件：① 当事人之间权利义务关系明确，不先予执行将严重影响申请人的生活或者生产经营的；② 被申请人有履行能力。人民法院可以责令申请人提供担保，申请人不提供担保的，驳回申请。第一百零八条规定，当事人对保全或者先予执行的裁定不服的，可以申请复议一次。复议期间不停止裁定的执行。

（二）先予执行申请书的写作方法

1. 首部

（1）标题。居中写明"先予执行申请书"。

（2）申请人（原告）、被申请人（被告）的基本情况。写明申请人、被申请人的姓名、性别、出生日期、民族、职业、工作单位和职务、住址等。如果申请人（原告）、被申请人（被告）是法人或其他组织的，应写明其名称和所在地址、法定代表人（或主要负责人）的姓名和职务。

（3）案由。写明案件起因。

2. 正文

（1）申请事项。这一项应将申请人（原告）要求先予执行的内容写清楚，如先予执行赡养费或赔偿金等，并将要求给付的物品、款项写明白。

（2）申请理由。应围绕申请事项来写。一般地说，一个案件从收案，经过审理，到结案，中间虽然需要一定的时间，但毕竟不是遥遥无期的；申请先予执行，是因为事情紧急，"等不得"，如不先予执行一定款项，申请人（原告）就无法正常生活。因此，应详细地将"等不得"的紧急情况写出来，以达到让人民法院认可，从而责令被申请人（被告）先予执行的目的。

3. 尾部

（1）致送人民法院的名称。

（2）申请人签名或盖章。

（3）申请时间。

【格式示范】

先予执行申请书

申请人：×××（写明姓名、性别、年龄、民族、籍贯、家庭住址、工作单位等情况）

被申请人：×××（写明姓名、性别、年龄、民族、籍贯、家庭住址、工作单位等情况）

请求事项（请求人民法院责令被申请人先行给付的内容）：

1. ……

2. ……（写明给付数量、金额等）

事实和理由：＿＿＿＿＿＿＿＿＿＿＿＿＿＿＿＿＿＿＿＿＿＿＿＿

＿＿＿＿＿＿＿＿＿＿＿＿＿＿＿＿＿＿＿＿＿＿＿＿＿＿＿＿＿＿＿

＿＿＿＿＿＿＿＿＿＿＿＿＿＿＿＿＿＿＿＿＿

此致

××××人民法院

申请人：＿＿＿＿＿＿

＿＿年＿＿月＿＿日

七、强制执行申请书

（一）强制执行申请书概述

强制执行申请书是公民、法人或其他组织在对方拒不履行裁判确定的义务的情况下，根据已经发生效力的法律文书，向有管辖权的人民法院提出申请，责令对方履行义务时使用的文书。

我国《民事诉讼法》第二百三十六条规定，发生法律效力的民事判决、裁定，当事人必须履行。一方拒绝履行的，对方当事人可以向人民法院申请执行，也可以由审判员移送执行员执行。调解书和其他应当由人民法院执行的法律文书，当事人必须履行。一方拒绝履行的，对方当事人可以向人民法院申请执行。

（二）强制执行申请书的写作方法

1. 首部

（1）标题。居中写明"强制执行申请书"。

（2）申请人和被申请人的基本情况。写明申请人、被申请人的姓名、性别、出生日期民族、职业、工作单位和职务、住址等。如果申请人、被申请人是法人或其他组织的，应写明其名称和所在地址、法定代表人（或主要负责人）的姓名和职务。

（3）申请事项。写明申请执行的生效法律文书的制作单位、文书标题、案件编号、案由、执行的具体要求。

2. 正文

（1）事实和理由。写明申请执行的事项，即各种生效法律文书中的主文部分涉及的财产执行内容。写明被执行人应当给付事项的种类、范围、数量等；被执行人逾期拒不履行法律文书中指定义务的情况。

（2）被申请执行人可供执行的财产状况，包括被申请人的经济收入、有无履行义务的能力以及财产所在地等。

3. 尾部

（1）致送人民法院的名称。

（2）申请人签名或盖章。

（3）申请时间。

【格式示范】

强制执行申请书

申请人：×××（写明姓名、性别、年龄、民族、籍贯、家庭住址、工作单位等情况）

被申请人：×××（写明姓名、性别、年龄、民族、籍贯、家庭住址、工作单位等情况）

请求执行事项：

1. ……

2. ……

申请理由：＿＿＿＿＿＿＿＿＿＿＿＿＿＿＿＿＿＿＿＿＿＿＿＿＿＿＿

＿＿＿＿＿＿＿＿＿＿＿＿＿＿＿＿＿＿＿＿＿＿＿＿＿＿＿＿＿＿＿＿＿

＿＿＿＿＿＿＿＿＿＿＿＿＿＿＿＿＿＿＿＿＿

此致

××××人民法院

申请人：＿＿＿＿＿＿
＿＿＿年＿＿月＿＿日

八、遗嘱

（一）遗嘱概述

律师代书遗嘱是指非由立遗嘱人自行书写的遗嘱，而是由律师根据立遗嘱人的意思表示代为书写的遗嘱。由于其非自书性，在实践中产生的争议比较多，在对其效力的认定上也存在一些争议。

遗嘱是立遗嘱人对自己的财产或其他事项所作的处理，应当由立遗嘱人自己完成。但是，因立遗嘱人不识字或生病等原因不能书写，或者不愿意自己书写的，可以委托他人代写遗嘱。《继承法》第十七条第三款规定，代书遗嘱应当有两个以上见证人在场见证，由其中一人代书，注明年、月、日，并由代书人、其他见证人和立遗嘱人签名。

（二）遗嘱的写作方法

1. 首部

（1）标题。居中写明"遗嘱"。

（2）订立遗嘱的基本情况：立遗嘱人的姓名、性别、出生日期、民族、籍贯、职业、住址等。

2. 正文

（1）写明立遗嘱人订立遗嘱的原因。要依据客观事实，简要写明立遗嘱人订立遗嘱的真实意图。

（2）写明立遗嘱人所有的财产名称、特征、数额及所在地。

（3）写明立遗嘱人对遗产的处理意见。分别列明继承人的具体情况，与立遗嘱人的关系，继承人应继承的份额，以及立遗嘱人对继承人的要求，如需要，可以列表附后。

（4）应注意立遗嘱人处分遗产的行为必须在法律、法规的范围内进行，对附条件、附期限的遗嘱一定要审查其所附条件是否合法。

（5）写明订立遗嘱的时间、地点及证明人的情况。

3. 尾部

立遗嘱人、见证人、代书人等分别签名或盖章，另外要写明订立遗嘱的日期、订立遗嘱的份数、执行人及执行单位。

【格式示范】

遗嘱

立遗嘱人：_____（写明姓名、性别、出生日期、民族、籍贯、职业或者工作单位和职务、住址）

为了_____，特请_____和_____作为见证人，并委托_____律师事务所_____律师代书遗嘱如下：

一、立遗嘱人所有的财产名称、数额、价值、位置及特征：_____

_____

_____

二、立遗嘱人对所有财产的处理意见：_____

_____

_____

三、其他：

本遗嘱一式____份，由_____保存。

立遗嘱地点：_____

立遗嘱时间：_____

立遗嘱人：_____

见证人：_____
代书人：_____ 律师
_____ 律师事务所
____年____月____日

九、其他律师常用法律文书

（一）法律意见书

法律意见书是律师提供法律服务的一种综合性的书面文件，其内容包括向询问人提供法律依据、法律建议以及解决问题的方案。律师以出具法律意见书的方式提供法律询问服务，应当注意为询问人提出的法律问题作出准确、肯定、有法律依据的回答，为询问人的决策提供具体、明确、可靠的参考意见。

制作法律意见书不仅要求律师对相关事实做到由表及里、由此及彼、去粗取精、去伪存真地深入掌握，同时要参考不同法律渊源、不同效力等级、不同适用范围的相关法律文件进行细致分析，从而为解决核心法律问题提供正确的分析意见、出具最有优的操作方案。因此一份优秀的法律意见书不仅是律师法律素养的具体实践和延伸，更是一种律师实践操作技能的理性升华。律师只有通过大量实践经验的积累和细致的分析研究，做好调查工作，即针对提出的问题，做好充分的准备，包括寻找有关的法律依据，参阅有关的文件、规定、批件，到实际部门进行实地调查、查询等，才能保证其法律意见书真正做到以事实为依据、以法律为准绳，才能保障客户在法律意见书指引下开展的各项业务顺畅和高效地进行。

法律意见书的制作方法和主要内容如下：

1. 首部

（1）标题。在文书顶端居中标明"法律意见书"。

（2）致送单位（或人）的称谓。在标题的下一行顶格写明接受文书的单位名称或人的名称。如："××有限责任公司""尊敬的××国×××先生（女士）""××董事长"等。

（3）说明解答内容的缘起和依据。要求用简明扼要的文字概括交代解答的是什么内容，即就提出的什么问题予以答复，这是法律意见书的开头部分。

（4）审查材料。审查材料是委托人提供的与案件有关的材料。

（5）调查活动。即律师事务所根据需要，在征得委托人的同意并就费用负担达成一致意见后，派员前往现场进行调查的活动。

2. 正文

这部分是法律意见书的主体部分。正文根据法律、法规来详细解答询问人所提出的问题。一般而言，这一部分需要进行严密的论证、科学的分析，从而给询问人一个满意的答案。一般包括以下五项内容：① 本案当事人基本信息；② 基本事实；③ 法律分析；④ 解决方案；⑤ 结论。

3. 结尾

正文写完之后，一般应另起一段，用几句话对所述问题进行总结，加以概括，起到归纳全文的作用。最后在文末右下角处写上律师的工作单位、职务及姓名，并注明制作日期。

（1）声明。声明大多是固定的格式化语言。

（2）署名。一般以法律事务机构名义署名，也可是企业法律顾问个人署名；以法律事务机构名义署名时，其负责人应签名，以示负责。

（3）成文日期。

（二）诉讼代理词

诉讼代理词是诉讼代理人（律师、法律工作者、公民）在庭审过程中独自使用的非正式文书，诉讼代理词最重要的部分是质证和辩论，质证和辩论是诉讼代理人多年的心得。完成一份诉讼代理词，通常需要查阅案卷材料、调查取证等大量的准备工作，耗时较长，疑难案件的诉讼代理词甚至需要花费数月的时间进行准备和写作。

撰写诉讼代理词正文，应当着重注意下列问题：

第一，根据案件的具体情况，抓住争执点，鲜明地提出代理意见，并围绕这一观点从多角度、多侧面展开论证。要从事实、证据、法理、逻辑等多方面进行分析。

第二，立足于事实和法律，针对实质性委托，进行准确、详尽而深入的剖析，支持其诉讼请求。

第三，诉讼代理词应当随着诉讼进程不断修改、充实和完善，注意及时吸收新出现的情况，弥补庭审过程中出现的漏洞。

第四，诉讼代理词的语言应当生动、简练，论点明确，逻辑性强；客观、全面，重点突出；通俗易懂，用词恰当，又留有余地。

一般的诉讼代理词由以下几个部分组成：

1. 首部

每一份诉讼代理词都应有一个确切的标题，标题应反映案件性质和所代理的当事人在案中的地位，例如"民事原告诉讼代理词"等，使听众一开始就了解诉讼代理词的性质。因为诉讼代理词是一种讲演辞，主要向合议庭陈述，因此开头的习惯称呼语是，"审判长、审判员："。

2. 序言

序言亦即开场白，要尽量简洁，重点在代理意见部分。序言包括：第一，说明代理人出庭的合法性，概述接受委托或受指派，担任本案当事人哪一方面的代理人；第二，说明代理人接受代理后进行工作的情况，即在出庭前做了哪些方面的工作，如查阅案卷、调查了解案情等；第三，表明代理人对本案的基本看法，也可以不说。如系上诉案件，则要说明对一审判决的看法和意见。

3. 正文

正文是诉讼代理词的核心内容。这一部分应根据具体案情、被代理人所处的诉讼地位、诉讼目的和请求以及被代理人与对方当事人的关系等因素来确定其内容。代理人应当在代理权限内，依据事实和法律，陈述并论证被代理人提供的事实与理由成立，从而支持其主张和请求，同时揭示、驳斥对方的错误。代理意见通常从认定事实、适用法律和诉讼程序等几个方面或其中一两个方面展开论述。一般来讲，代理意见的内容主要应从以下方面进行阐述：① 陈述纠纷事实，提出有关证据，反驳对方叙述的不实之处；② 对纠纷的主要情节、形成纠纷的原因以及双方当事人争执的焦点进行分析，以分清是非，明确责任，认定性质；③ 阐明当事人双方的权利和义务，促使当事人彼此之间互相谅解，把权利和义务有机地统一起来；④ 提出对纠纷解决的办法和意见，这部分内容既要保护当事人的合法权益，又要考虑有利于纠纷的解决；⑤ 如系二审，还应对原判决进行评论，提出要求和意见，这部分内容，要从具体案情出发，抓住本案的特点，有针对性地阐明几个问题，为解决纠纷提出切实可行的主张、意见、办法和要求，使案件得到正确、合法、及时的处理。

4. 结束语

本部分是归纳全文的结论性见解和具体主张，为被代理人提出明确的诉讼请求。要求要言不烦、简洁明了，使听众对整个代理词留下深刻、鲜明的印象。最后是代理人具名和注明日期。

诉讼代理词在写法上应注意以下问题：

第一，诉讼代理词主要用证明的方法来写，对错误的观点有时也可以进行必要的驳斥，用反驳的方法来写。但通常是把正面说理与反面驳斥有机地结合起来，以正面说理为主，或两种方法兼而有之。

第二，诉讼代理词必须在律师熟悉案情，了解真相，掌握材料的基础上动笔制作，这样才能在法庭上立于不败之地。

第三，诉讼代理词要尊重事实，忠于法律，对纠纷事实和证据进行透彻的分析论证。不能歪曲事实和法律，强词夺理，向法庭提出无理要求。

第四，诉讼代理词所提意见要切合实际，掌握分寸；要以理服人，体现出解决问题的诚意；要晓之以理，动之以情，措词恳切，语气平和，这样才能为对方当事人和法庭所接受。

课后思考题

一位执业十五年的老律师在谈到自己的经验时说：庭审时间毕竟有限，法官对案件事实、证据认定、庭审和判决的思路，绝大部分都源于庭审之外的阅卷过程。因此，律师提交给法官的文书，形式上必须美观，文字的排版与文书的装帧必须整洁，这是律师职业化的需求。现实中，仍有不少律师不注重文书的组织，证据材料杂乱无章，装帧随意；代理词、辩护词没有章法，逻辑关系不清，怎能指望法官愿意读你写的文书。几天前，我和一位法官交谈，她告诉我，多年前在法庭当书记员时就知道我的名字。我很好奇，就问缘由。原来她们庭长说起过，说我提交的证据目录、代理词井井有条，从而给他们留下了好印象。

结合以上案例，请回答：

1. 律师在了解委托人的真实想法后，询问有关案情，然后调查取证，迅速摸清案情，确定代书的（　　　）。

A. 收费标准   B. 所需时间

C. 大致脉络   D. 中心议题

2. 法律文书是一种规范的（　　　），所以，律师代书要力求用法律术语来表述。

A. 样本文件   B. 书面文件

C. 标准文件   D. 格式文件

附　录

课后思考题参考答案

第一章

1. 答："律师"一词在我国古已有之，在长达两千多年的封建历史中，出现了一种专门为当事人写诉状、在公堂之上为其辩驳的人，被称为"讼师"或"刀笔先生"。他们所执行的职能在一定程度上可谓是律师的一部分职能，是中国律师的雏形。

2. 答：我国的律师制度受"反右运动"的影响，空白长达21年，加上中国传统封建观念对律师的排斥，在这种大背景下，1980年，将律师的性质定义成为国家工作人员，既有利于促进律师制度的恢复和发展，也有利于提高律师的社会地位，使律师具有较强的法律权威性，在制约司法权力滥用的同时，也能保障公民、法人和其他组织的合法权益。

第二章

1. C
2. D

第三章

1. ABCD
2. D

第四章

1. B
2. C

第五章

1. D
2. A

第六章

1. A
2. AC

第七章

1. C

2. A

第八章

1. A

2. D

第九章

1. ABCD

2. ABC

第十章

1. B

2. BCD

第十一章

1. C

2. AB

第十二章

1. ABCD

2. ABC

第十三章

1. B

2. C

第十四章

1. CD

2. A

第十五章

1. D

2. B